ratio
LESEBUCH

Band 30

electio

Von Plautus bis Plinius

bearbeitet
von Heiner Moskopp
und Manfred Stoffels

C. C. Buchners Verlag · Bamberg

ratio

Lernzielbezogene lateinische Texte
Begründet von Erich Happ und Klaus Westphalen
Herausgegeben von Wolfgang Flurl und Wilfried Olbrich

Die Zeichnungen zu dieser Ausgabe schuf Herr Dr. Vieth, Mönchengladbach.

Stellennachweis der Motti

Plautus:	Quintilian, inst. orat. X 1, 99
Cicero:	Oratio in Catilinam I 2
Caesar:	De bello Gallico I 44, 8
Nepos:	Atticus 11, 6
Catull:	c. 85
Sallust:	Coniuratio Catilinae 5, 1
Horaz:	Sermones I 1, 24
Ovid:	Tristien 4, 10, 26
Augustus:	Sueton, De vita Caesarum, Divus Augustus 99, 1
Phaedrus:	R. Dithmar, Die Fabel. Geschichte, Struktur, Didaktik UTB 73, Paderborn 1971, S. 5
Seneca:	Ep. mor. 7, 8
Plinius:	J. W. v. Goethe, Italienische Reise, in: Goethes Werke Bd. XI, S. 204, München 1982 (Hamburger Ausgabe)

2. Auflage 2 5 4 3 2 99

Dieses Werk folgt der reformierten Rechtschreibung und Zeichensetzung. Ausnahmen bilden Texte, bei denen künstlerische, philologische oder lizenzrechtliche Gründe einer Änderung entgegenstehen.

Alle Drucke dieser Auflage sind, weil untereinander unverändert, nebeneinander benutzbar.

ISBN 3 7661 **5860** 0

Gesamtherstellung: Friedrich Pustet, Regensburg

Inhalt

	Vorwort	6
Plautus	Motto	7
	Kurzbiographie	8
	Einführung in „Miles gloriosus“	9
	Der Prahlhans und der Schmeichler (Miles gloriosus 1. Akt, 1–78)	10
	Zum Nach-Denken	16
Cicero	Motto	17
	Kurzbiographie	18
	Verres – ein skrupelloser Sammler von Kunstgegenständen (in Verrem II 4, 105–115)	20
	Zum Nach-Denken	28
	Cicero rettet den Staat vor Catilina (in Catilinam I 1–17)	30
	Zum Nach-Denken	40
	Zu den Briefen Ciceros	41
	Über verschiedene Arten von Briefen (ep. ad fam. II 4)	42
	Schicksal eines Politikers (ep. ad fam. IV 14)	44
	Bücher sind Freunde (ep. ad fam. IX 1)	47
	Zum Nach-Denken	50
Caesar	Motto	51
	Kurzbiographie	52
	Geographie Galliens (BG I 1, 1–4)	54
	Ariovist – ein ebenbürtiger Gegner Caesars (BG I 30–54)	56
	Expedition nach Britannien (BG IV 20–36)	83
	Zum Nach-Denken	94
Nepos	Motto	95
	Kurzbiographie	96
	Freundschaft in einer politisch bewegten Zeit (Atticus 1, 6–12)	97
	Zum Nach-Denken	106

Catull	Motto	107
	Kurzbiographie	108
	Widmung (c. 1)	109
	Einladung zu einer Party (c. 13)	110
	Der eingebildete Dichter (c. 22)	111
	Ein Mädchen mit langer Nase (c. 41)	112
	Konkurrenz zu Lesbia (c. 43)	112
	Eifersucht (c. 51)	113
	Zum Nach-Denken	114
Sallust	Motto	115
	Kurzbiographie	116
	Zu Sallusts „Coniuratio Catilinae“	117
	Die Vorgeschichte der catilinarischen Verschwörung (coni. Catilinae 4, 3–14,1; 60,4–61,4)	118
	Zum Nach-Denken	128
Horaz	Motto	129
	Kurzbiographie	130
	Die Schwätzersatire (serm. I 9)	131
	Die Unzufriedenheit der Menschen mit ihrem Beruf (serm. I 1)	136
	Zum Nach-Denken	144
Ovid	Motto	147
	Kurzbiographie	148
	Zu Ovids Metamorphosen	149
	Einleitung (metamorphoses I 1–4)	149
	Des Menschen Traum vom Fliegen (metaporphoses VIII 183–235)	150
	Zum Nach-Denken	154
	König Midas – der schöne Schein des Goldes (metamorphoses XI 85–145)	156
	König Midas – Eselsohren für den König (metamorphoses XI 146–193)	160
	Zum Nach-Denken	164

Augustus	Motto	165
	Kurzbiographie	166
	Zu den „Res Gestae“ des Augustus	167
	Selbstdarstellung eines Herrschers (res gestae I–V, XII–XIII, XX, XXXIII–XXXV)	168
	Zum Nach-Denken	174
Phaedrus	Motto	175
	Kurzbiographie	176
	Der Wolf und das Lamm (I 1)	177
	Die Dohle und der Pfau (I 5)	178
	Der Esel und der alte Hirte (I 15)	179
	Der Frosch und der Ochse (I 24)	180
	Die Fehler des Menschen (IV 10)	181
	Simonides (IV 23)	181
	Zum Nach-Denken	183
Seneca	Motto	185
	Kurzbiographie	186
	Zu den Briefen des Seneca	187
	Meide die Masse und suche dich selbst (ep. mor. 7)	188
	Reisen – wozu? (ep. mor. 104, 1–2; 6–22)	193
	Zum Nach-Denken	200
	Ein gesunder Geist in einem gesunden Körper (ep. mor. 15,1–6)	201
	Zum Nach-Denken	204
Plinius	Motto	205
	Kurzbiographie	206
	Zu den Vesuv-Briefen des Plinius	207
	Der Tod des Admirals und Wissenschaftlers Plinius (ep. VI 16)	208
	Der Vesuvausbruch als persönliches Erlebnis (ep. VI 20)	214
	Zum Nach-Denken	219
Inschrift	Zum Sieg Octavians über seinen Rivalen M. Antonius bei Actium (AE 1977, S. 778)	220
	Anhang Metrik	221
	Stellennachweis	224

Vorwort

ELECTIO bietet gemäß der Bedeutung dieses Wortes eine Auswahl von Texten lateinischer Autoren von Plautus bis Plinius. Die Textsorten sind mannigfaltig und reichen von der Fabel über die Geschichtsschreibung, die Briefliteratur bis hin zur römischen Poesie. Außer Vergil und Tacitus, die wegen ihrer Schwierigkeit wohl den Abschlussklassen der Oberstufe vorbehalten bleiben, sind fast alle klassischen Schulautoren vertreten, so dass ELECTIO, obwohl sie nur einen Minimalkanon der römischen Literatur repräsentiert, viele Einzelausgaben ersetzt. So wird ein breites Spektrum an Themen hauptsächlich für die Klassen 9 bis 11 angeboten. Die Texte, von unterschiedlichem Schwierigkeitsgrad, sind in chronologischer Folge angeordnet. Aus ihnen sollen Schülerinnen und Schüler, sicher mit Lenkung und Unterstützung der Lehrerinnen und Lehrer, ihre Auswahl treffen und neben einer unabdingbaren optima lectio auch eine plurima lectio betreiben, da ja in E-LECTIO auch das Verb „legere" enthalten ist.

Auf diese Weise können sich Schülerinnen und Schüler einen, wenn auch gewiss nur kleinen Überblick über „ihr" Fach Latein verschaffen und einen Einblick in die Bereiche römische Gesellschaft, Geschichte und Kultur vor 2000 Jahren gewinnen.

Die in ELECTIO vorgelegten Texte zeichnen sich durch eine thematische Vielfalt aus, so dass die Schülerinnen und Schüler, vielleicht gestützt durch ein Bild oder eine Karikatur, angeregt werden, sich mit einem Thema, einem Problem oder Autor eingehender zu befassen; das wird dann letztlich über die ELECTIO-Texte hinausführen und zu einer vertiefenden Themen- oder Autorenlektüre in der Oberstufe hinüberleiten.

Lateinische Texte, auch wenn sie schon ein hohes Maß an Bekanntheit besitzen, weisen wegen ihrer historischen Distanz eine gewisse Andersartigkeit und Fremdheit auf, so dass sie, gleichwohl zugänglich und ohne Zweifel ihren genuinen Wert besitzend, für die meisten Schülerinnen und Schüler oft stumm bleiben. Erst wenn es gelingt, diese Schwelle zu überwinden, die Andersartigkeit und die Vergleichbarkeit, die unterschiedlichen und gleichen Verhaltensmuster von Antike und Gegenwart deutlich erkennbar zu machen, können die ELECTIO-Texte ihre Wirkung entfalten und den Schülerinnen und Schülern helfen, über eine vertiefende Reflexion sich ihrer eigenen Position bewusst zu werden. Eben dazu wollen auch die modernen Texte „Zum Nachdenken", die zwar im Anschluss an die lateinischen Texte abgedruckt sind, aber auch als Anregung verstanden werden können, beitragen.

Die Aufgaben im Anschluss an die modernen Texte sind als Impulse gedacht; sie sind zwar ebenso wie die Texte im Unterricht erprobt, können und sollen jedoch „vor Ort" durch weitere oder auch andere Arbeitsanweisungen erweitert und vertieft werden.

Die biographischen Angaben zu den einzelnen Autoren sollen möglichst genaue Kenntnisse der römischen Geschichte und Kultur vermitteln. Sie führen in den gesellschaftlichen und politischen Hintergrund und die Bedingtheit der Schriftsteller ein, die für ein Verständnis der Texte und ihre Interpretation unbezweifelbar notwendig sind.

Des Weiteren wird auf das Weiterwirken und die Bedeutung der lateinischen Autoren für die europäische Literatur bis zur Gegenwart hingewiesen; hier bieten sich Ansätze für ein fächerübergreifendes Lernen.

Der sub-linea-Kommentar, der in der Regel die Vokabeln aufgenommen hat, die nicht in den gängigen Wortkunden im Grundwortschatz verzeichnet sind, gibt an kritischen Stellen selbstverständlich auch grammatische Hilfen; Sachhinweise sind jedoch knapp gehalten, um eine flüssige Lesbarkeit des Kommentars nicht zu stören.

PLAUTUS

Musas Plautino sermone locuturas fuisse, si Latine loqui vellent

Die Musen selber würden, wenn sie römisch reden wollten, plautinisches Latein sprechen. (Varro)

PLAUTUS

Titus Maccius Plautus war – neben Terenz – der bedeutendste römische Komödiendichter. Geboren um 250 v. Chr. in Sarsina (Umbrien), lebte er in einer Zeit, in der Rom sich zur Vormacht im Mittelmeerraum entwickelte: 202 Sieg über Karthago, 197 über Makedonien und 190 über Syrien. Gestorben ist er sehr wahrscheinlich im Jahre 184 v. Chr. Ähnlich ungesichert wie seine Lebensdaten sind auch Berichte, wonach er ziemlich früh in Beziehung zum Theater trat, als Schauspieler oder Bühnenarbeiter sich ein kleines Vermögen erwarb, das er als Kaufmann wieder verlor, daraufhin als Mühlenarbeiter schwere Arbeit verrichten musste. Während dieser Zeit sollen seine ersten Komödien entstanden sein. 21 Komödien sind überliefert, davon eine jedoch nur fragmentarisch. Plautus schuf ausschließlich Komödien, deren Stoffe und Typen er der neuen griechischen Komödie (z. B. Menander) entlehnte; da sogar das griechische Kostüm *(pallium)* übernommen wurde, nannte man diese Art des Lustspiels „Palliata". Andererseits ging Plautus mit seinen griechischen Vorlagen recht großzügig um; die griechische Welt der Stücke wird von römischen Elementen durchsetzt, die Einheit der Handlung wird bisweilen zugunsten der Komik einer Einzelszene aufgelöst. Die *vis comica* der plautinischen Komödien offenbart sich nicht zuletzt in der überaus bildkräftigen lateinischen Sprache, die, nicht selten derb und burlesk, übersprudelt vor Witz und Schimpfwörtern, Neubildungen und Ausdrücken der Alltagssprache. Die lateinische Sprache zeigt hier ihre lebendigsten, farbigsten Seiten.

Die Wirkung der plautinischen Komödien auf die neuzeitliche Lustspieldichtung bis hin zur Gegenwart ist gewaltig. So wurde z. B. der Stoff des „Amphitruo" u. a. von Molière, Kleist, Giraudoux, Georg Kaiser, Hacks und in Filmen wieder aufgenommen. In der bekannten Komödie „L'Avare" Molières lebt Plautus' „Aulularia" weiter, aus dem „Miles gloriosus" taucht bei Shakespeare (Falstaff), Gryphius (Horribilicribifax) und J. M. R. Lenz (Der großprahlerische Offizier) der bramarbasierende Soldat wieder auf. „In der Gestalt wie in der Wirkung der Werke des Plautus zeigt sich der Januskopf der römischen Literatur in aller Klarheit. Das griechische Erbe wird empfangen und aufgenommen, es wird neu belebt an spätere Generationen weitergegeben".

Zum „Miles gloriosus“ des Plautus

Um die Zuschauer in Stimmung zu bringen und für das folgende Lustspiel einzunehmen, schickt Plautus einen witzigen Dialog zwischen dem Titelhelden, einem Offizier, und einem Parasiten voraus.
Durch dessen glatte Schmeicheleien und phantastische Übertreibungen werden die jämmerliche Dummheit, die großsprecherische Selbstgefälligkeit und lächerliche Arroganz des Offiziers deutlich. Auch der Ablauf der Handlung und das Verhalten der auftretenden Personen werden für den Zuschauer verständlicher.
Die beiden Personen des 1. Aktes tragen bezeichnende Namen. „Pyrgo-poly-nices“ bedeutet soviel wie „Turm-viel-Sieger“ oder „Festungsknacker“. „Arto-trogus“ kann man mit „Brot-Nager“ oder „Brot-Knabberer“ wiedergeben. Für eine Mahlzeit ist er zu jeder auch noch so übertriebenen Schmeichelei bereit.
Die Handlung spielt in Ephesus (Kleinasien). Die ersten Worte des „Stars“ sind an Untergebene, die nicht in Erscheinung treten, gerichtet.

Maske einer Flötenspielerin und eines Sklaven (Mosaik, Rom)

PLAUTUS

Der Prahlhans und der Schmeichler

ACTUS I

Pyrgopolynices (miles) Artotrogus (parasitus)

PY. Curate ut splendor meo sit clipeo clarior
quam solis radii esse olim, quom sudumst, solent,
ut, ubi usus veniat, contra conserta manu
praestringat oculorum aciem in acie hostibus.
Nam ego hanc machaeram mihi consolari volo,
ne lamentetur neve animum despondeat,
quia se iam pridem feriatam gestitem,
quae misera gestit fartem facere ex hostibus.
Sed ubi Artotrogus hic est? AR. Stat propter virum
fortem atque fortunatum et forma regia,
tum bellatorem – Mars haud ausit dicere
neque aequiperare suas virtutes ad tuas.
PY. Quemne ego servavi in campis Curculioneis,
ubi Bumbomachides Clutomistharidysarchides
erat imperator summus, Neptuni nepos?

---

1 **curate** (PY. wendet sich an seine Untergebenen) – **clipeus**: der Schild

2 **radius**: Strahl – **olim, quom** *(= cum)*: dann, wenn – **sudum**: heiteres Wetter; **sudumst** ~ *sudum est*

3 **veniat** ~ *opus sit* – **contra** (Adv.) – **conserta manu**: beim Handgemenge

4/5 **praestringere** h. blenden – **machaera**: Schwert – **mihi** (Dat. ethicus)

6 **lamentari**: jammern – **animum despondēre**: ganz mutlos werden

7 **se** ~ *eam* – **feriatus** *(feriae)*: untätig, frei von Arbeit – **gestitare**: gewöhnlich tragen

8 **gestire**: größte Lust haben, verlangen – **fars, -tis** f.: Füllung; h.: Hackepeter – (Auf das Stichwort *fartem* erinnert sich PY. des Artotrogus.)

9 **propter**: neben

11 **bellator**: Kriegsheld – **ausit** ~ *ausus sit*

12 **aequiperare ad**: gleichsetzen, vergleichen mit

13 **Quem-ne** ~ *eum-ne* – **campi Curculionii** (Phantasiename des Plautus; *curculio*: Kornwurm): Kornwurmfelder

14 **Bumbomachides** (griech.): einer aus dem Geschlecht derer, die mit Getöse kämpfen – **Clutomistharidysarchides** (griech.): der berühmte, für Sold ganz unsinnig kommandierende Sohn eines Feldherrn, „General Bumbum von Donnerschlag“ (Thierfelder)

Ar. Memini. Nempe illum dicis cum armis aureis,
quoius tu legiones difflavisti spiritu
quasi ventus folia aut paniculum tectorium.
Py. Istuc quidem edepol nihil est. Ar. Nihil hercle hoc quidemst,
praeut alia dicam – quae tu numquam feceris.
Periuriorem hoc hominem si quis viderit
aut gloriarum pleniorem quam illic est,
me sibi habeto, ego me mancipio dabo;
nisi unum, epityrum estur insanum bene.
Py. Ubi tu es? Ar. Eccum. Edepol vel elephanto in India,
quo pacto ei pugno praefregisti bracchium.
Py. Quid, bracchium? Ar. Illud dicere volui, ‚femur'.
Py. At indiligenter iceram. Ar. Pol si quidem
conixus esses, per corium, per viscera
perque os elephanti transmineret bracchium.
Py. Nolo istaec hic nunc. Ar. Ne hercle operae pretium quidemst
mihi te narrare, tuas qui virtutes sciam.

---

16 **nempe**: gewiss doch – **dicere alqm**: jd. meinen

17 **quoius** ~ *cuius* – **difflare**: auseinanderblasen, zerblasen

18 **paniculus tectorius**: Rohrbüschel (zum Dachdecken)

19 **istuc** ~ *istud* – **edepol** (Ausruf): beim Pollux! – **hercle** (Ausruf): beim Herkules!

20 **praeut** (Adv.): im Vergleich dazu, dass (nach dem Gedankenstrich wendet AR. sich ans Publikum.)

21 Ⓚ *Si quis viderit hominem periuriorem quam hunc ...* – **periurus**: lügenhaft

22 **illĭc** ~ *ille*

23 **me sibi habeto**: der soll mich haben (Imperativ II aus der Rechtssprache) – **mancipium** (Rechtssprache): Sklave

24 **epityrum, -i** n.: Olivensaft – **estur** ~ *editur* (*edere*: essen) – **insanum bene**: wahnsinnig gut

25 **eccum** (~ *ecce eum*): da ist er! – **vel**: zum Beispiel (an V. 20 *praeut alia dicam* anknüpfend.)

26 **quo pacto**: irgendwie – **pugnus, i** m.: Faust – **prae-fringere**: (vorn-)zerbrechen

27 **femur, -minis** n: Schenkel

28 **icere,** *ico, ici, ictum:* treffen – **pol** ~ *edepol* (↗ V. 19)

29 **co-niti** ~ *niti* – **corium**: Leder, Haut

30 **transminēre**: hindurchragen (Impf. statt Plqpf.)

31 **Nolo** (erg. *dicere*) – **istaec** ~ *ista* – **quidemst** (↗ V. 2) – (V. 33–35: AR. wendet sich ans Publikum.)

Venter creat omnis hasce aerumnas: auribus
perhaurienda sunt, ne dentes dentiant,
et adsentandumst quidquid hic mentibitur.
Py. Quid illuc quod dico? Ar. Ehem, scio iam, quid vis dicere.
factum herclest, memini fieri. Py. Quid id est? Ar. Quidquid est.
Py. Habes – ? Ar. Tabellas vis rogare. Habeo, et stilum.
Py. Facete advortis tuom animum ad animum meum.
Ar. Novisse mores tuos me meditate decet
curamque adhibere, ut praeolat mihi quod tu velis.
Py. Ecquid meministi? Ar. Memini centum in Cilicia
et quinquaginta, centum in Scytholatronia,
triginta Sardos, sexaginta Macedones –
sunt homines, quos tu – occidisti uno die.
Py. Quanta istaec hominum summast? Ar. Septem milia.
Py. Tantum esse oportet. Recte rationem tenes.
Ar. At nullos habeo scriptos: sic memini tamen.
Py. Edepol memoria's optuma. Ar. Offae monent.
Py. Dum tale facies quale adhuc, adsiduo edes,

---

33 **aerumna**: Mühsal

34 **per-(h)aurienda** (erg. *haec*), mit Anklang an *auribus*; **perhaurire**: verschlingen – **dentire**: Zähne bekommen, zahnen – **ne dentes dentiant** ~ damit die Zähne was zum Knabbern haben

35 **adsentari**: Intens. zu *assentiri* – **mentibitur** (Fut.-Bildung im Altlatein)

36 **Quid illuc** (~ *illud*; erg. *est*) **quod dico**: was wollt' ich doch gleich sagen? (Eine Aufforderung an AR., weitere phantastische Heldentaten aufzutischen.) – **Ehem** (freudiger Ausruf): ach ja!

37 **quidquid est**: d. h. alles, was du willst

38 **tabella**: Notizbuch (für die Großtaten des Miles)

39 **facete** (Adv.): fein; freundlich – **advortere** ~ *advertere*: hinwenden – **tuom** ~ *tuum*

40 **meditate** (Adv.): recht genau

41 **praeolit mihi**: es steigt mir in die Nase, es schwant mir

43 **Scytholatronia** (Phantasiename): Skythensöldnerland

44 **Sardi**: Sarden – **Macedones**: Makedonen

46 **istaec** ~ *ista*

47 **recte rationem tenes** ~ du rechnest richtig, die Rechnung stimmt

49 **memoria's** ~ *memoria es* – **offa**: Bissen

50 **edere**: ↗ 24

communicabo semper te mensa mea.
AR. Quid in Cappadocia, ubi tu quingentos simul,
ni hebes machaera foret, uno ictu occideras?
PY. At peditastelli quia erant, sivi viverent.
AR. Quid tibi ego dicam, quod omnes mortales sciunt,
Pyrgopolynicem te unum in terra vivere
virtute et forma et factis invictissumum?
Amant te omnes mulieres neque iniuria,
qui sis tam pulcher; vel illae, quae here pallio
me reprehenderunt. PY. Quid eae dixerunt tibi?

---

51 **communicare alqm alqa re**: jd. an etwas teilnehmen lassen (Aufgrund dieser Aussichten weiß der Parasit noch von größeren ‚Heldentaten' des Miles zu erzählen.)

53 **ni** ~ *nisi* – **hebes, -etis**: stumpf – **foret** ~ *fuisset*

54 **peditastellus**: erbärmlicher Fußlatscher – **sivi viverent** ~ *sivi, ut viverent*

59 **vel** ↗ V. 25 – **here** ~ *heri* – **pallium** (griech.): Mantel

60 **reprehendere** h.: festhalten, fassen

Ar. Rogitabant: ‚Hicine Achilles est?‘ inquit mihi.
‚Immo eius frater‘ inquam ‚est.‘ Ibi illarum altera
‚Ergo mecastor pulcher est‘ inquit mihi
‚et liberalis. Vide, caesaries quam decet.
Ne illae sunt fortunatae, quae cum isto cubant!‘
Py. Itane aibant tandem? Ar. Quaen me ambae obsecraverint,
ut te hodie quasi pompam illa praeterducerem?
Py. Nimiast miseria nimis pulchrum esse hominem. Ar. Immo itast.
Molestae sunt; orant, ambiunt, exobsecrant,
videre ut liceat; ad sese arcessi iubent,
ut tuo non liceat dare operam negotio.
Py. Videtur tempus esse, ut eamus ad forum,
ut in tabellis quos consignavi hic heri
latrones, ibus dinumerem stipendium.
Nam rex Seleucus me opere oravit maxumo,
ut sibi latrones cogerem et conscriberem.
Regi hunc diem mihi operam decretumst dare.
Ar. Age eamus ergo! Py. Sequimini, satellites!

---

61 **rogitare** ~ *saepe rogare* – **hicine** ~ *nonne hic* – (Achill galt als der Schönste und Tapferste im Griechenheer vor Troja.)

62 **frater** (Achill hatte keinen Bruder.) – **ibi** (temporal)

63 **ergo**: darum also – **mecastor**: beim Kastor!

64 **liberalis** h.: von vornehmem Aussehen – **caesaries, -ei**: Lockenhaar, Mähne (in der Tragödie Kennzeichen des Helden)

65 **Ne** (griech.): fürwahr, wahrlich

66 **aibant** ~ *aiebant* – **tandem** h.: wirklich – **quaen** ~ *eae-ne*

67 **illa** (~ *illac*): auf jener Straße (, wo sie wohnen)

68 **immo** h.: allerdings

69 **ambire**: umschmeicheln

70 **vidēre** *(te)* – **arcessi** *(me)*

71 **tuo ... negotio**: Der Miles sollte als „Werbeoffizier“ Soldaten gewinnen.

73 **con-signare** h.: aufzeichnen, notieren

74 **latro, -nis** m.: Trabant, Söldner – **ibus** ~ *iis* – **dinumerare**: auszahlen – Ⓚ *ut iis latronibus, quos hic heri in tabellis consignavi, dinumerem stipendium.*

75 **rex Seleucus** (Das römische Publikum dachte dabei wahrscheinlich an irgendeinen orientalischen König.) – **opere ... maxumo** ~ *magnopere*

Plaudite,
plaudite,
lectores!
PLAVTVS

Zum Nach-Denken

ARISTOTELES (384–322 v. Chr.)

Wer sich über das Tatsächliche hinaus – ohne weiteren Zweck – einen gewissen Schein verleiht, ist nicht gerade wertvoll. Sonst würde ihm das Schwindeln keinen Spaß machen. Indes mag es wohl eher hohle Eitelkeit sein denn Böswilligkeit. Steckt dagegen dahinter ein bestimmter Zweck, so ist es zwar Aufschneiderei, aber doch nicht so schlimm, falls dieser Zweck Ansehen oder Geltung ist. Ist der Zweck aber Geld oder geschäftliche Aktionen, so ist der Eindruck schon peinlicher.

Übersehen wir dabei nicht, dass nicht der ein Aufschneider ist, der nur die Fähigkeit dazu hat, sondern wer zu deren Betätigung entschlossen ist. Denn die Grundhaltung und die Entschlossenheit machen den Aufschneider aus. – Es gibt eine Parallele: der eine ist lügnerisch, weil ihm das Schwindeln an sich Spaß macht, der andere, weil er damit Ansehen oder Gewinn zu erreichen hofft. Wer nun ein aufschneiderisches Gebaren zeigt, weil er angesehen sein möchte, legt sich Vorzüge bei, mit denen Anerkennung und hoher Lobpreis verbunden ist. Wer Profit im Auge hat, arbeitet mit Vorzügen, von denen die Mitmenschen Vorteil haben und deren tatsächliches Fehlen man geschickt verbergen kann, z. B. die Geschicklichkeit eines Sehers, eines Weisen, eines Arztes. Daher schwindeln und prahlen die meisten in diesen Formen, denn in ihnen liegen die genannten Möglichkeiten beschlossen.

Aufgaben

1. Welche Unterscheidung stellt Aristoteles beim aufschneiderischen Gebaren fest? Welcher Richtung würdest du den Prahlhans des Plautus zuordnen?
2. Inwieweit fügt sich das Auftreten des Schmeichlers in die von Aristoteles genannten Haltungen?

CICERO

O tempora, o mores!
(Cicero)

CICERO

Marcus Tullius Cicero (106–43 v. Chr.), Sohn eines römischen Ritters, übte nach Abschluss seines Studiums (Philosophie, Rhetorik, Rechtswissenschaft) zunächst den Beruf eines Rechtsanwalts aus. Diese Tätigkeit unterbrach er allerdings wegen eines zweijährigen Bildungsaufenthaltes in Athen.
Nach seiner Rückkehr nach Rom schlug er die politische Laufbahn ein, deren Höhepunkt das Amt des Konsuls war (63 v. Chr.). Während seines Konsulats vereitelte er den Umsturzversuch Catilinas und seiner Anhänger, deren Hinrichtung ihm jedoch politische Feindschaft einbrachte: Für ein Jahr musste er in die Verbannung gehen; danach war er politisch einflusslos. Ein neuer Mann nämlich diktierte die Richtlinien der römischen Politik: Caesar. Zwischen den politischen Überzeugungen der beiden bestand eine tiefe Kluft, da Cicero republikanische Ideale vertrat, Caesar dagegen die Errichtung einer Monarchie anstrebte. Die Ermordung Caesars ließ dann in Cicero die Hoffnung auf Wiederherstellung der *res publica* und auf Einfluss in ihr keimen.
Doch die Übernahme der Macht durch Antonius, Octavian und Lepidus (2. Triumvirat) machte seine Hoffnung zunichte. Er wurde geächtet. Auf der Flucht vor den Anhängern des Antonius wurde er am 7. Dezember 43 v. Chr. getötet. Kopf und Hände wurden ihm abgeschlagen und zu Antonius gebracht, der sie auf der Rednertribüne *(rostra)* am Forum aufstellen ließ.
Ciceros sprachliche und literarische Leistung haben ihn zu einem der bedeutendsten römischen Schriftsteller gemacht. Neben Caesar repräsentiert er die klassische Phase der lateinischen Prosa. Seine zahlreichen Schriften lassen sich in fünf Bereiche gliedern:

1. Die Reden (z. B. In Verrem, In Catilinam, Pro Archia poeta, Orationes Philippicae)
2. Die Rhetorischen Schriften (z. B. De oratore, Brutus)
3. Die Staatstheoretischen Schriften (z. B. De re publica, De legibus)
4. Die Philosophischen Schriften (z. B. De officiis, Tusculanae disputationes)
5. Die Briefe (z. B. Ad Atticum, Ad familiares).

Schon in der Antike war die Nachwirkung Ciceros bedeutend. Über Jahrhunderte waren besonders seine Reden Gegenstand des Grammatikunterrichts und dienten als Vorbild für Sprache und Bildung („Ciceronianismus“).

Das Mittelalter schätzte Cicero auch, allerdings traten seine Schriften in den Hintergrund. Erst in der Renaissance und im Humanismus gewann der Schriftsteller Cicero wieder an Bedeutung. So schrieb ihm voller Bewunderung der Dichter Francesco Petrarca (1304–1374) einen (fiktiven) Brief. Der berühmte Humanist Erasmus von Rotterdam (1466–1536) forderte sogar die Jugend auf, Ciceros Werke auswendig zu lernen.
In der Neuzeit begeisterten sich der französische Philosoph Voltaire und Friedrich der Große ebenso für ihn wie Johann Wolfgang v. Goethe und Friedrich v. Schiller.
Dass ciceronianische Beredsamkeit auch heute noch ein Begriff ist, weiß jeder, der in Italien einmal eine Führung miterlebt hat; allzu gerne bezeichnen sich italienische Fremdenführer als „Cicerone“.

Denkmal für Cicero in seiner Heimatstadt Arpinum (heute: Arpino)

CICERO

Verres – ein skrupelloser Sammler von Kunstgegenständen

Nach seiner Rückkehr vom Studienaufenthalt in Griechenland wird Cicero Quästor (75 v. Chr.) in Sizilien. Hier erfährt er von den skrupellosen Machenschaften des Statthalters Verres, dessen Amtsführung von hemmungsloser Geldgier, Neigung zu Gewalttaten, Raub von Kunstwerken, Erpressung und Verachtung jeglicher Menschenwürde gekennzeichnet ist. Da nach römischem Recht eine Anklage erst nach Ablauf der jeweiligen Amtszeit möglich war, kommt es erst 70 v. Chr. zum Prozess gegen Verres, in dem Cicero die Interessen der Sizilianer vertritt.

Nimium mihi diu videor in uno genere versari criminum; sentio, iudices, occurrendum esse satietati aurium animorumque vestrorum. Quam ob rem multa praetermittam; ad ea autem, quae dicturus sum, reficite vos, quaeso, iudices, per deos immortalis – eos ipsos, de quorum religione iam diu dicimus –, dum id eius facinus commemoro et profero, quo provincia tota commota est. De quo si paulo altius ordiri ac repetere memoriam religionis videbor, ignoscite; rei magnitudo me breviter perstringere atrocitatem criminis non sinit.

Vetus est haec opinio, iudices, quae constat ex antiquissimis Graecorum litteris ac monumentis, insulam Siciliam totam esse Cereri et Liberae consecratam. Hoc cum ceterae gentes sic arbitrantur, tum ipsis Siculis ita persuasum est, ut in animis eorum

---

1 **mihi videor**: ich glaube

2 **occurrere**: entgegentreten, etwas tun gegen – **satietas**: Überdruss

4 **se reficere**: sich erholen – **immortalīs** ~ *immortales*

5 **eos ipsos** (Appos. zu *deos immortalīs*)

6 **proferre**: bekannt machen

7 **altius ordiri** h.: weiter ausholen – **memoriam repetere**: auf die Geschichte zurückgreifen – **religio**: Kult

8 **perstringere**: flüchtig besprechen – **atrocitas**: Abscheulichkeit

10 **constare ex**: beruhen auf

11 **litterae ac monumenta**: hist. Überlieferung

12 **Cerēs, -eris**: röm. Göttin des Ackerbaus; entspricht der griech. Göttin Demeter, die von den Sizilianern besonders verehrt wurde – **Lībera**: ursprünglich altröm. Fruchtbarkeitsgöttin, gleichgesetzt mit Proserpina (griech. Persephone), Tochter der Ceres und des Jupiter

13 **Siculi**: die Sizilianer

insitum atque innatum esse videatur. Nam et natas esse has in his locis deas et fruges in ea terra primum repertas esse arbitrantur et raptam esse Liberam, quam eandem Proserpinam vocant, ex Hennensium nemore, qui locus, quod in media est insula situs, umbilicus Siciliae nominatur. Quam cum investigare et conquirere Ceres vellet, dicitur inflammasse taedas iis ignibus, qui ex Aetnae vertice erumpunt; quas sibi cum ipsa praeferret, orbem omnem peragrasse terrarum. Henna autem, ubi ea, quae dico, gesta esse memorantur, est loco perexcelso atque edito, quo in summo est aequata agri planities et aquae perennes, tota vero ab omni aditu circumcisa atque directa est; quam circa lacus lucique sunt plurimi atque laetissimi flores omni tempore anni, locus ut ipse raptum illum virginis, quem iam a pueris accepimus, declarare videatur. Etenim prope est spelunca quaedam conversa ad aquilonem infinita altitudine, qua Ditem patrem ferunt repente cum curru exstitisse abreptamque ex eo loco virginem secum asportasse et subito non longe a Syracusis penetrasse sub terras, lacumque in eo loco

---

14 **innatus**: angeboren
15 **fruges, -um**: Getreide
16 **eandem** h.: auch – **Proserpina**: Gemahlin Plutos, der sie auf Sizilien (in der Nähe von Henna) beim Blumenpflücken in die Unterwelt entführt hatte
17 **Hennenses**: Einwohner von Henna ↗ Z. 21
18 **umbilicus**: Nabel
19 **taeda**: Fackel – **Aetna**: Vulkan auf Sizilien
20 **vertex, -icis**: Gipfel – **praeferre**: vor sich hertragen
21 **peragra***(vi)***sse** – **Henna**: Stadt (in der Mitte Siziliens) mit einem Tempel der Ceres
22 **perexcelsus**: sehr hoch gelegen
23 **aequata agri planities**: Hochebene – **perennis**: nie versiegend – **tota** (erg. *planities*)
24 **circumcisus**: ringsum abgeschnitten – **directus**: jäh abfallend – **quam circa** ~ *circa quam*; **quam** ~ *planitiem*
25 **laetissimus**: üppig blühend
27 **spelunca**: Höhle – **conversa ad aquilonem**: nach Norden gewandt
28 **Dīs, Dītis**: röm. Bezeichnung für den griech. Gott der Unterwelt Pluton – **ferunt**: man sagt
29 **asporta***(vi)***sse**
30 **Syracusae**: Syrakus (Stadt an der Ostküste Siziliens), 212 v. Chr. von den Römern erobert – **penetra***(vi)***sse**; **penetrare**: eindringen

repente exstitisse, ubi usque ad hoc tempus Syracusani festos dies anniversarios agunt celeberrimo virorum mulierumque conventu. Propter huius opinionis vetustatem, quod horum in his locis vestigia ac prope incunabula reperiuntur deorum, mira quaedam tota Sicilia privatim ac publice religio est Cereris Hennensis. Etenim multa saepe prodigia vim eius numenque declarant; multis saepe in difficillimis rebus praesens auxilium eius oblatum est, ut haec insula ab ea non solum diligi, sed etiam incoli custodirique videatur. Nec solum Siculi, verum etiam ceterae gentes nationesque Hennensem Cererem maxime colunt. Etenim si Atheniensium sacra summa cupiditate expetuntur, ad quos Ceres in illo errore venisse dicitur frugesque attulisse, quantam esse religionem convenit eorum, apud quos eam natam esse et fruges invenisse constat? Itaque apud patres nostros atroci ac difficili rei publicae tempore, cum Tiberio Graccho occiso magnorum periculorum metus ex ostentis portenderetur, P. Mucio L. Calpurnio consulibus aditum est ad libros Sibyllinos. Ex quibus inventum est Cererem antiquissimam placari

---

31 **Syracusani**: Einwohner von Syrakus

32 **anniversarius**: jährlich – **celeber, -bris, -bre**: stark besucht

34 **incunabula, -orum**: Wiege – **quidam** (b. Adj.): geradezu

35 **Hennensis** (Adj.)

37 **praesens**: persönlich – **offerri**: (Hilfe) bringen, leisten

39 **Siculi** ↗ Z. 13 – **Hennensis** ↗ Z. 35

40 **sacra**: Feiern (d. h. der Demeterkult von Eleusis/Athen)

41 **expetere**: aufsuchen

42/43 **fruges** ↗ Z. 15

44/45 **Tiberius Gracchus**: Bruder des Reformers Gaius Gracchus, Volkstribun, scheiterte beim Versuch, eine Bodenreform durchzuführen, am Widerstand des Senates; 133 v. Chr. ermordet

45 **ostentum**: Wunderzeichen

45/46 **portendere**: ankündigen

46 **Publius Mucius (Saevola)**: Freund der Gracchen – **Lucius Calpurnius (Piso)**: war wegen seines ausgeprägten Rechtsgefühls bekannt – **adire ad** h.: befragen

46/47 **libri Sibyllini**: die Sibyllinischen Bücher (9 an der Zahl) enthielten alte Weissagungen, die der Sibylle von Cumae (heute Kyme, Hafenstadt in Kampanien) zugeschrieben wurden. Der röm. Sage nach soll sie dem König Tarquinius Superbus drei verkauft haben. Sie wurden im Tempel des Jupiter aufbewahrt, standen unter staatlicher Kontrolle und durften nur in Krisenzeiten von besonders ausgewählten Priestern befragt werden oportere. Tum ex amplissimo collegio decemvirali sacerdotes populi Romani, cum esset in urbe nostra Cereris pulcherrimum et magnificentissimum templum, tamen usque Hennam profecti sunt. Tanta enim erat auctoritas et vetustas illius religionis, ut, cum illuc irent, non ad aedem Cereris, sed ad ipsam Cererem proficisci viderentur. Non obtundam diutius; etenim iam dudum vereor, ne oratio mea aliena ab iudiciorum ratione et a cotidiana dicendi consuetudine esse videatur. Hoc dico, hanc ipsam Cererem antiquissimam, religiosissimam, principem omnium sacrorum, quae apud omnis gentis nationesque fiunt, a C. Verre ex suis templis ac sedibus esse sublatam. Qui accessistis Hennam, vidistis simulacrum Cereris e marmore et in altero templo Liberae. Sunt ea perampla atque praeclara, sed non ita antiqua. Ex aere fuit quoddam modica amplitudine ac singulari opere cum facibus perantiquum, omnium illorum, quae sunt in eo fano, multo antiquissimum; id sustulit. Ac tamen eo contentus non fuit. Ante aedem Cereris in aperto ac propatulo loco signa duo sunt, Cereris unum, alterum Triptolemi, pulcherrima ac perampla. His pulchritudo periculo, amplitudo saluti fuit, quod eorum demolitio atque asportatio perdifficilis videbatur. Insistebat in manu Cereris dextra grande simulacrum pulcherrime factum Victoriae; hoc iste e signo Cereris avellendum asportandumque curavit.

---

48 **collegium decemvirale**: Priesterkollegium
51 **religio** h.: Kultstätte
53 **obtundere**: belästigen – **iam dudum**: schon längst
54 **cotidianus**: gewöhnlich
56 **princeps**: Urheberin
57 **omnīs gentīs** ~ *omnes gentes* – **Gaius Verres** ↗ Einleitung
59 **Līberae** (erg. *simulacrum*) – **peramplus**: sehr groß
61 **fax, facis**: Fackel – **perantiquus** ~ (verstärktes) *antiquus*
64 **propatulus**: frei – **Triptolemus** wurde von Ceres (Demeter) ausgesandt, die Menschen den Getreideanbau zu lehren
65 **peramplus** ↗ Z. 59
66 **demolitio**: (gewaltsamer) Abbau – **asportatio**: Abtransport
67 **insistere**: auf etwas stehen
68 **avellere**: wegreißen

CICERO

Qui tandem istius animus est nunc in recordatione scelerum suorum, cum ego ipse in commemoratione eorum non solum animo commovear, verum etiam corpore perhorrescam? Venit enim mihi fani, loci, religionis illius in mentem; versantur ante oculos omnia, dies ille, quo, cum ego Hennam venissem, praesto mihi sacerdotes Cereris cum infulis ac verbenis fuerunt, contio conventusque civium, in quo, ego cum loquerer, tanti gemitus fletusque fiebant, ut acerbissimus tota urbe luctus versari videretur. Non illi decumarum imperia, non bonorum direptiones, non iniqua iudicia, non importunas istius libidines, non vim, non contumelias, quibus vexati oppressique erant, conquerebantur; Cereris numen, sacrorum vetustatem, fani religionem istius sceleratissimi atque audacissimi supplicio expiari volebant; omnia se cetera pati ac neglegere dicebant. Hic dolor erat tantus, ut alter Orcus venisse Hennam et non Proserpinam asportasse, sed ipsam abripuisse Cererem videretur. Etenim urbs illa non urbs videtur, sed fanum Cereris esse; habitare apud sese Cererem Hennenses arbitrantur, ut mihi non cives illius civitatis, sed omnes sacerdotes, omnes accolae atque antistites Cereris esse videantur. Henna tu simulacrum Cereris tollere audebas, Henna tu de manu Cereris Victoriam eripere et deam deae detrahere conatus es? Quorum nihil violare, nihil

---

70 **animus** h.: Stimmung

72 **perhorrescere**: erschaudern

72/73 **mihi in mentem venit alcis**: ich erinnere mich an

74/75 **praesto** (Adv.) **esse**: seine Aufwartung machen

75 **infula**: Kopfbinde; sie war weiß mit einem scharlachroten Streifen und diente als Kopfbedeckung der Priester – **verbenae**: Zweige (v. Ölbaum, Myrte, Lorbeer)

77/78 **decumarum imperia**: Abgabe des Zehnten

78 **bona; -orum**: Hab und Gut

78/79 **importunus**: abartig, unverschämt

80 **conqueri**: beklagen

82 **expiare**: sühnen – **neglegere** h.: gering schätzen

83 **Orcus**: Unterwelt; h. Gott der Unterwelt (Pluton)

84 **asporta***(vi)***sse**

86 **Hennenses** ↗ Z. 17

87 **accola**: Anwohner

88 **antistes, -itis**: Tempelvorsteher

Die Göttin Ceres mit ihren Attributen.

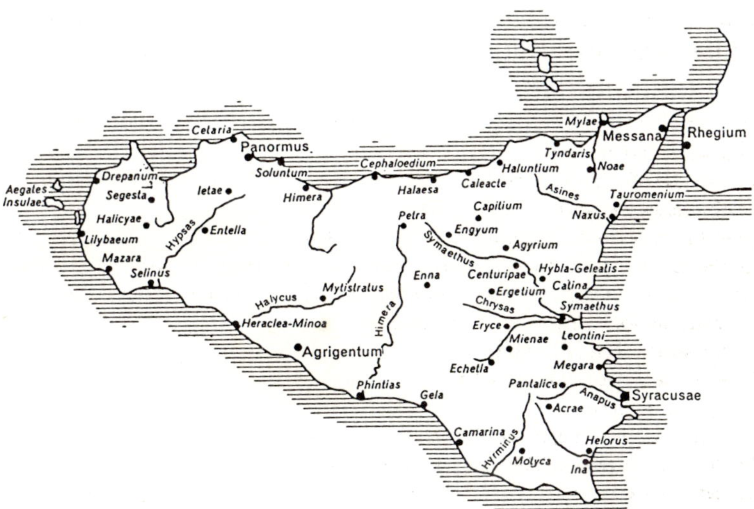

Diese Karte von Sizilien zeigt alle Orte, an denen Verres seine „Räubertaten" vollbracht hat.

attingere ausi sunt, in quibus erant omnia, quae sceleri propiora sunt quam religioni. Tenuerunt enim P. Popilio P. Rupilio consulibus illum locum servi, fugitivi, barbari, hostes; sed neque tam servi illi dominorum quam tu libidinum, neque tam fugitivi illi ab dominis quam tu ab iure et ab legibus, neque tam barbari lingua et natione illi quam tu natura et moribus, neque tam illi hostes hominibus quam tu dis immortalibus. Quae deprecatio est igitur ei reliqua, qui indignitate servos, temeritate fugitivos, scelere barbaros, crudelitate hostes vicerit?

Audistis Theodorum et Numenium et Nicasionem, legatos Hennensis, publice dicere sese a suis civibus haec habere mandata, ut ad Verrem adirent et eum simulacrum Cereris et Victoriae reposcerent; id si impetrassent, tum ut morem veterem Hennensium conservarent, publice in eum, tametsi vexasset Siciliam, tamen, quoniam haec a maioribus instituta accepissent, testimonium ne quod dicerent; sin autem ea non reddidisset, tum ut in iudicio adessent, tum ut de eius iniuriis iudices docerent, sed maxime de religione quererentur. Quas illorum querimonias nolite, per deos immortalis, aspernari, nolite contemnere ac neglegere, iudices! Aguntur iniuriae sociorum, agitur vis legum, agitur existimatio veritasque iudiciorum. Quae sunt omnia permagna, verum illud maximum: tanta religione obstricta tota provincia est, tanta superstitio ex istius facto mentis omnium Siculorum occupavit, ut,

---

91 *(ii)*, **in quibus**
97 **deprecatio**: Bitte um Gnade
98 **indignitas**: Niedertracht – **temeritas**: Verwegenheit
100 **audi***(vi)***stis** – **Theodorus, Numenius, Nicasio**: traten im Prozess gegen Verres als Zeugen auf
101 **Hennensis** ↗ Z. 35 – **publice** (Adv.): im Namen der Stadt
103 **reposcere**: zurückfordern – **impetra***(vi)***ssent**
104 **vexa***(vi)***sset**
105 **instituta, -orum**: Grundsätze
105/106 **testimonium dicere in alqm**: gegen jd. eine Aussage vor Gericht machen
108 **querimonia**: Beschwerde
110 **aguntur/agitur**: es geht um
110/111 **existimatio**: guter Ruf
111 **veritas** h.: Unparteilichkeit – **permagnus** ~ (verstärktes) *magnus*

quaecumque accidant publice privatimque incommoda, propter eam causam sceleris istius evenire videantur. Audistis Centuripinos, Agyrinenses, Catinenses, Aetnenses, Herbitenses compluresque alios publice dicere, quae solitudo esset in agris, quae vastitas, quae fuga aratorum, quam deserta, quam inculta, quam relicta omnia. Ea tametsi multis istius et variis iniuriis acciderunt, tamen haec una causa in opinione Siculorum plurimum valet, quod Cerere violata omnis cultus fructusque Cereris in iis locis interisse arbitrantur. Medemini religioni sociorum, iudices, conservate vestram; neque enim haec externa vobis est religio neque aliena; quodsi esset, si suscipere eam nolletis, tamen in eo, qui violasset, sancire vos velle oporteret. Nunc vero in communi omnium gentium religione inque iis sacris, quae maiores nostri ab exteris nationibus ascita atque arcessita coluerunt – quae sacra, ut erant re vera, sic appellari Graeca voluerunt, – neglegentes ac dissoluti, si cupiamus esse, qui possumus?

---

115 **audi***(vi)***stis**

115/116 **Centuripinos ... Herbitenses**: Einwohner von Centuripä, Agyrium, Catina, Ätna, Herbita; Gemeinden im Inneren Siziliens

117 **vastitas**: Öde

118 **arator** ~ *agricola* – **incultus**: unbebaut

121 **omnīs** ~ *omnes* – **cultus, -ūs**: Anbau

122 **medēri** h.: helfen

123 **externus** ~ *exterus* – **quodsi**: (erg. *externa*)

124 **viola***(vi)***sset** – **sancire**: als unverletzlich anerkennen

126 **sacrum**: Ritus

127 **asciscere** *(o, scivi, scitum)*: annehmen – **re verā**: tatsächlich

128 **neglegens**: nachlässig – **dissolutus** h.: gleichgültig

129 **qui** (Adv.): wie

Zum Nach-Denken

W. Treue

Der römische Grundsatz, die Kunstwerke einer unterworfenen Stadt in die Hauptstadt des Siegers zu überführen, hat selbst den Sieg des Christentums überlebt. Von einem bis zum anderen Ende des Weltreiches rissen die Sieger an sich, was ihr Gefallen, ihre Habsucht erregte: Bronzetüren, Statuen, Säulen, alles wurde mitgenommen. Und zwar geschah dies bezeichnenderweise nicht, oder doch nicht ausschließlich, wegen des materiellen Wertes der Gegenstände, sondern stets auch zum Zeichen des Triumphes – oder zur Erinnerung, wie in späteren Zeiten der Sieger den Degen seines Gegners, der Indianer den Skalp des Besiegten an sich nahm. Kein Wunder, dass die „Barbaren“ dieses Gesetz und Recht des Raubes auf Rom schließlich selbst anwendeten: Alarich nahm als Beute den Schmuck der Tempel, Geiserich, selbst ein leidenschaftlicher Sammler und keineswegs ein blutrünstiger Zerstörer, ließ ein Schiff mit Bronzestatuen beladen – er war der Erste, aber keineswegs der Letzte, der seinen Raub zu Wasser entführen wollte, ihn aber auch durch die unberechenbaren Tücken des Mittelmeeres wieder einbüßte. Die Reihe seiner Nachfolger sollte lang werden und bis in das 19. Jahrhundert reichen.

J. Kurz

Kunstwerke waren für Hitler ein Mittel, seinen Herrschaftsanspruch in Europa zu dokumentieren. Deshalb ließ er in den besetzten Gebieten nicht nur rauben, sondern kaufte alles an Kunst, was ihm für sein Führermuseum in Linz wichtig erschien. Somit wurde Hitler nicht nur zum größten Kunsträuber aller Zeiten, in knapp einem halben Dutzend Jahren wurde er auch zum größten Kunstkäufer der Geschichte, der in den letzten Kriegsjahren für Kunstkäufe noch die unvorstellbare hohe Summe von 150 Millionen Reichsmark ausgab. Als Zentralstelle hatte er den Führerbau in der Arcisstraße in München bestimmt, der Architekt Hans Reger hatte alle eingehenden Kunstwerke zu inventarisieren, der Fotograf Rudolf Himpsel musste sie fotografieren. Bereits im Frühjahr 1941 war in den riesigen Luftschutzkellern, in denen täglich Temperatur- und Luftfeuchtigkeitsmessungen durchgeführt werden mussten und in denen Ventilatoren für eine ständige Luftumwälzung sorgten, kein Platz mehr für Neuzugänge.

Halskragen (Kopie); eines der Prunkstücke aus dem sog. „Schatz des Priamos“ (Museum für Vor- und Frühgeschichte, Berlin)

Aufgaben

1. Stelle aus den beiden Texten alle Motive für Kunstraub zusammen. Welche Rolle spielt dabei das Wohlgefallen an Spitzenleistungen der Kunst?
2. Sind die großen Museen in Europa und anderswo Schatzkammern des Kunstraubs, wie von den Herkunftsländern der Kunstwerke gerne behauptet wird? Sollte man nicht die Kunstwerke in ihre Heimat zurückgeben?
3. Aus welchen Gründen wendet sich eigentlich Cicero gegen den Kunstraub des Verres?

CICERO

Cicero rettet den Staat vor Catilina

Catilina, Spross eines alten patrizischen Geschlechts, versuchte nach mehreren Wahlniederlagen, mit allen üblen Tricks Konsul zu werden. Als das nicht gelingen wollte, sah er in einem Putschversuch die letzte Möglichkeit, an die Macht zu kommen. Cicero deckte diesen Umsturzversuch auf, klagte Catilina an und zwang ihn, Rom zu verlassen. In der Schlacht von Pistoria (62 v. Chr.) fiel Catilina.

Aus den vier Reden Ciceros gegen Catilina wurde hier ein Auszug aus der ersten Rede ausgewählt.

Durch Spitzel hat Cicero erfahren, dass Catilina einen Anschlag auf sein Leben plant. Er beruft in den stark bewachten Tempel des Iuppiter Stator (am Fuß des Palatin) eine Senatssitzung ein, zu der – völlig unerwartet – auch Catilina erscheint.

Quo usque tandem abutere, Catilina, patientia nostra? Quam diu etiam furor iste tuus nos eludet? Quem ad finem sese effrenata iactabit audacia? Nihilne te nocturnum praesidium Palatii, nihil urbis vigiliae, nihil timor populi, nihil concursus bonorum omnium, nihil hic munitissimus habendi senatus locus, nihil horum ora voltusque moverunt? Patere tua consilia non sentis, constrictam iam horum omnium scientia teneri coniurationem tuam non vides? Quid proxima, quid superiore nocte egeris, ubi fueris, quos convocaveris, quid consilii ceperis, quem nostrum ignorare arbitraris? O tempora, o mores! Senatus haec intellegit, consul videt; hic tamen vivit. Vivit? Immo vero etiam in senatum venit, fit publici

---

1 **quo usque**: wie lange – **tandem**: (denn) eigentlich (noch) – **abutēre** ~ *abutēris*
2 **eludere**: verspotten – **quem ad finem** ~ *ad quem finem* – **effrenatus**: zügellos
3 **se iactare**: sich brüsten – **Palatium**: während der Republik war der Palatin (einer der sieben Hügel Roms) Wohngebiet vieler Politiker; später auch Wohnsitz röm. Kaiser
4 **concursus, -ūs**: Ansammlung – **boni**: Patrioten
5 **locus senatus habendi**: Versammlungsstätte des Senats
6/7 **constrictum tenēri**: lahm gelegt sein
8 **proxima ... superior nox**: die vorige ... die vorletzte Nacht
9 **quem ... ignorare arbitraris**: wer, glaubst du, weiß nicht?
11 **immo vero**: schlimmer noch

consilii particeps, notat et designat oculis ad caedem unum quemque nostrum. Nos autem fortes viri satis facere rei publicae videmur, si istius furorem ac tela vitamus. Ad mortem te, Catilina, duci iussu consulis iam pridem oportebat, in te conferri pestem, quam tu in nos omnis iam diu machinaris. An vero vir amplissimus, P. Scipio, pontifex maximus, Ti. Gracchum mediocriter labefactantem statum rei publicae privatus interfecit: Catilinam orbem terrae caede atque incendiis vastare cupientem nos consules perferemus? Nam illa nimis antiqua praetereo, quod C. Servilius Ahala Sp. Maelium novis rebus studentem manu sua occidit. Fuit, fuit ista quondam in hac re publica virtus, ut viri fortes acrioribus suppliciis civem perniciosum quam acerbissimum hostem coercerent. Habemus senatus consultum in te, Catilina, vehemens et grave, non deest rei publicae consilium neque auctoritas huius ordinis; nos, nos, dico aperte, consules desumus. Decrevit quondam senatus, uti L. Opimius consul videret, ne quid res publica detrimenti caperet: nox nulla intercessit: interfectus est propter quasdam seditionum

---

12 **notare**: kennzeichnen, vormerken

14 **vidēri** h.: sich einbilden

15 **iam pridem**: schon längst – **oportēbat**: es hätte sich gehört

16 **omnīs** ~ *omnes* – **machinari**: im Schilde führen

17 **Publius Scipio**: erbitterter Gegner der Gracchen; auf seine Initiative wurde Tiberius Gracchus getötet – **Tiberius Gracchus**: Bruder des Gaius Gracchus, Volkstribun, scheitert beim Versuch, eine Bodenreform durchzuführen, am Widerstand des Senates; 133 v. Chr. ermordet – **mediocriter** (Adv.): nur unbedeutend

17/18 **labefactare**: erschüttern

18 **privatus** (präd.)

20 **Gaius Servilius Ahala** soll im 5. Jh. v. Chr. **Spurius Maelius**, der sich gewaltsam die Herrschaft aneignen wollte, getötet haben

21 **novis rebus studēre**: nach Umsturz streben

22 **ut** (explik.): dass nämlich

25 **rei publicae** (Dat.) – **consilium** h.: Entschlusskraft – **hic ordo** ~ *senatus*

26 **deesse** h.: versagem – **uti** ~ *ut*

27 **Lucius Opimius**: hatte als Konsul (121 v. Chr.) Gaius Gracchus und dessen Anhänger hinrichten lassen. – **vidēre, ūt**: darauf achten, dass

28 **intercedere** h.: vergessen (zeitl.)

suspiciones C. Gracchus, clarissimo patre, avo, maioribus, occisus est cum liberis M. Fulvius consularis. Simili senatus consulto C. Mario et L. Valerio consulibus est permissa res publica: num unum diem postea L. Saturninum tribunum plebis et C. Servilium praetorem mors ac rei publicae poena remorata est? At vero nos vicesimum iam diem patimur hebescere aciem horum auctoritatis. Habemus enim eius modi senatus consultum, verum inclusum in tabulis tamquam in vagina reconditum, quo ex senatus consulto confestim te interfectum esse, Catilina, convenit. Vivis, et vivis non ad deponendam, sed ad confirmandam audaciam. Cupio, patres conscripti, me esse clementem, cupio in tantis rei publicae periculis non dissolutum videri, sed iam me ipse inertiae nequitiaeque condemno. Castra sunt in Italia contra populum Romanum in Etruriae faucibus collocata, crescit in dies singulos hostium numerus; eorum autem castrorum imperatorem ducemque hostium intra moenia atque adeo in senatu videtis intestinam aliquam cotidie perniciem rei publicae molientem. Si te iam, Catilina, comprehendi, si interfici

---

29 **Gaius Gracchus**: Volkstribun, griff die Reformpläne seines Bruders (↗ Z. 17) auf; auch er scheiterte am Widerstand des Senates; 121 v. Chr. getötet – **clarissimo . . . maioribus** (erg. im Dt. abstammend von)

30 **Marcus Fulvius**: Anhänger der Gracchen; Konsul 125 v. Chr. – **consularis**: ein ehemaliger Konsul

31 **C. Mario . . . consulibus** (Dat.) – **Gaius Marius**: besiegte 101 v. Chr. die Kimbern und Teutonen; seine wohl größte Leistung war die Reform des röm. Heerwesens **Lucius Valerius** bekleidete zusammen mit Marius das Amt des Konsuls

32 **Lucius Saturninus** setzte sich durch Ackergesetze für die Veteranen des Marius ein; wurde zum Staatsverräter erklärt und getötet – **Gaius Servilius**: politischer Weggefährte des Saturninus

33 **ac**: und zwar (als) – **rei publicae** (Gen.) – **remorari alqm**: jd. warten lassen

34 **hebescere**: völlig wirkungslos werden – **acies auctoritatis**: sehr strenge Vollmacht – **horum** ~ *senatorum*

36 **tabulae** h.: Archiv – **vagina**: Schwertscheide – **recondere**: verwahren

37 **confestim** ~ *statim*

40 **dissolutus** h.: fahrlässig – **nequitia**: Nichtsnutzigkeit

42 **in dies singulos**: von Tag zu Tag

44 **atque adeo**: und sogar – **intestinus**: im Innern der Stadt

45 **iam**: sogleich

iussero, credo, erit verendum mihi, ne non hoc potius omnes boni serius a me quam quisquam crudelius factum esse dicat. Verum ego hoc, quod iam pridem factum esse oportuit, certa de causa nondum adducor, ut faciam. Tum denique interficiere, cum iam nemo tam improbus, tam perditus, tam tui similis inveniri poterit, qui id non iure factum esse fateatur. Quamdiu quisquam erit, qui te defendere audeat, vives, et vives ita, ut nunc vivis, multis meis et firmis praesidiis obsessus, ne commovere te contra rem publicam possis. Multorum te etiam oculi et aures non sentientem, sicut adhuc fecerunt, speculabuntur atque custodient.

Etenim quid est, Catilina, quod iam amplius exspectes, si neque nox tenebris obscurare coetus nefarios nec privata domus parietibus continere voces coniurationis tuae potest, si illustrantur, si erumpunt omnia? Muta iam istam mentem, mihi crede, obliviscere caedis atque incendiorum. Teneris undique; luce sunt clariora nobis tua consilia omnia, quae iam mecum licet recognoscas. Meministine me ante diem XII Kalendas Novembris dicere in senatu fore in

---

46/47 **non potius . . . quam**: nicht so sehr . . . als vielmehr; Ⓚ *ne non potius omnes boni (dicant) hŏc serius a me (factum esse) quam quisquam dicat (hŏc) crudelius (a me) factum esse*

48 **iam pridem** ↗ Z. 15 – **oportuit**: es hätte sich gehört; Ⓚ *verum certa de causa nondum ego adducor, ut hoc faciam, quod iam pridem factum esse oportuit*

49 **interficiēre** ~ *interficiēris* – **iam nemo**: niemand mehr

51 **quamdiu**: so lange

53 **obsessus**: belauert

55 **speculari**: beobachten

56 **etenim quid**: was denn? – **iam amplius**: noch mehr

57 **tenebrae**: Finsternis – **obscurare**: verbergen – **coetus, -ūs**: Zusammenkunft

58 **illustrari**: ans Licht kommen

59 **erumpere** h.: bekannt werden

60 **tenēri** h.: eingeschlossen sein

61 **iam** ~ *nunc* – **recognoscere**: (von neuem) ins Gedächtnis zurückrufen

62 **ante diem XII Kalendas Novembris** (~ *Novembres*): 21. Oktober – **dicere** (nach *memini* Inf. Präs.) im Dt. Perfekt

armis certo die, qui dies futurus esset ante diem VI Kalendas Novembris, C. Manlium, audaciae satellitem atque administrum tuae? Num me fefellit, Catilina, non modo res tanta, tam atrox tamque incredibilis, verum, id quod multo magis est admirandum, dies? Dixi ego idem in senatu caedem te optimatium contulisse in ante diem V Kalendas Novembris, tum, cum multi principes civitatis Roma non tam sui conservandi quam tuorum consiliorum reprimendorum causa profugerunt. Num infitiari potes te illo ipso die meis praesidiis, mea diligentia circumclusum commovere te contra rem publicam non potuisse, cum tu discessu ceterorum nostra tamen, qui remansissemus, caede contentum te esse dicebas? Quid? Cum te Praeneste Kalendis ipsis Novembribus occupaturum nocturno impetu esse confideres, sensistine illam coloniam meo iussu meis praesidiis, custodiis, vigiliis esse munitam? Nihil agis, nihil moliris, nihil cogitas, quod non ego non modo audiam, sed etiam videam planeque sentiam. Recognosce mecum tandem noctem illam superiorem: iam intelleges multo me vigilare acrius ad salutem quam te ad perniciem rei publicae. Dico te priore nocte venisse inter falcarios – non agam obscure – in M. Laecae domum; convenisse eodem compluris eiusdem amentiae scelerisque socios. Num negare audes? Quid taces? Convincam, si negas. Video enim

---

63/64 **ante diem VI Kalendas Novembris**: 27. Oktober
64 **Gaius Manlius**: Gefährte Catilinas; stellte für ihn in Etrurien ein Heer zusammen – **satelles, -itis**: Begleiter, Spießgeselle – **administer** ~ *minister*
67 **ego idem**: ebenfalls ich
67/68 **conferre in(diem)**: auf (einen Termin) festsetzen – **ante diem V Kalendas Novembris**: 28. Oktober
69/70 **reprimere**: vereiteln
70 **infitiari**: leugnen
71 **circumcludere** h.: aufmerksam bewachen
74 **quid** (erg. *est*) – **Praeneste**: Stadt südöstlich von Rom (heute Palestrina)
75 **impetus, ūs**: Überfall – **sensisti** – **nĕ**
78 **recognoscere** ↗ Z. 61
79 **nox superior** ↗ Z. 8
80 **nox prior**: vorletzte Nacht
81 **inter falcarios**: in der Sichelmachergasse
81 **Marcus Laeca**: Mitverschwörer Catilinas
82 **eodem** ~ *ibi* – **compluris** ~ *complures* – **amentia**: Wahnsinn

esse hic in senatu quosdam, qui tecum una fuerunt. O di immortales! Ubinam gentium sumus? Quam rem publicam habemus? In qua urbe vivimus? Hic, hic sunt in nostro numero, patres conscripti, in hoc orbis terrae sanctissimo gravissimoque consilio, qui de nostro omnium interitu, qui de huius urbis atque adeo de orbis terrarum exitio cogitent. Hos ego video consul et de re publica sententiam rogo, et quos ferro trucidari oportebat, eos nondum voce vulnero! Fuisti igitur apud Laecam illa nocte, Catilina, distribuisti partis Italiae, statuisti, quo quemque proficisci placeret, delegisti, quos Romae relinqueres, quos tecum educeres, discripsisti urbis partis ad incendia, confirmasti te ipsum iam esse exiturum, dixisti paulum tibi esse etiam nunc morae, quod ego viverem. Reperti sunt duo equites Romani, qui te ista cura liberarent et se illa ipsa nocte paulo ante lucem me in meo lecto interfecturos esse pollicerentur. Haec ego omnia vixdum etiam coetu vestro dimisso comperi; domum meam maioribus praesidiis munivi atque firmavi, exclusi eos, quos tu ad me salutatum mane miseras, cum illi ipsi venissent, quos ego iam multis ac summis viris ad me id temporis venturos esse praedixeram.

Quae cum ita sint, Catilina, perge, quo coepisti: egredere aliquando ex urbe! Patent portae! Proficiscere! Nimium diu te imperatorem tua illa Manliana castra desiderant. Educ tecum etiam omnis tuos, si minus, quam plurimos! Purga urbem! Magno me metu liberaveris,

---

85 **ubi-nam gentium**: wo in aller Welt?
87 **gravis**: ehrwürdig
89/90 **sententiam rogare alqm**: jd. um seine Meinung fragen
90 **quos** (Bezugswort ist *eos*) – **trucidare** ~ *necare* – **oportēbat** ↗ Z. 15
91 **partīs** ~ *partes*
92 **placēret** (erg. *tibi*)
93 **discribere**: einteilen – **partis** ↗ Z. 91
94 **confirma***(vi)***sti**
98 **vixdum**: kaum dass – **coetus** ↗ Z. 57
100 **ad me salutatum** (Supin): zu meiner Begrüßung
101 **id temporis** ~ *eo tempore*
103 **quo coepisti** (erg. *ire*) – **aliquando**: endlich einmal
105 **Manliana castra**: das Lager unter dem Kommando des Manlius – **omnīs** ~ *omnes*
105/106 **si minus** (erg. *omnes*) ~ *si non*

modo inter me atque te murus intersit. Nobiscum versari iam diutius non potes; non feram, non patiar, non sinam. Magna dis immortalibus habenda est atque huic ipsi Iovi Statori, antiquissimo custodi huius urbis, gratia, quod hanc tam taetram, tam horribilem tamque infestam rei publicae pestem totiens iam effugimus. Non est saepius in uno homine summa salus periclitanda rei publicae. Quam diu mihi consuli designato, Catilina, insidiatus es, non publico me praesidio, sed privata diligentia defendi. Cum proximis comitiis consularibus me consulem in campo et competitores tuos interficere voluisti, compressi conatus tuos nefarios amicorum praesidio et copiis nullo tumultu publice concitato; denique, quotienscumque me petisti, per me tibi obstiti, quamquam videbam perniciem meam cum magna calamitate rei publicae esse coniunctam. Nunc iam

---

107 **modo** ~ *dummodo* – **atque**: und besonders

109 **Iuppiter, Iovis**: den Beinamen „Stator“ (der Fluchthemmende) erhielt Jupiter, weil er im Krieg gegen die Sabiner die Bitte des Romulus erhörte, seine Krieger an der Flucht zu hindern

110 **taeter**: abscheulich

112 **periclitari**: aufs Spiel setzen

113 **consul designatus**: gewählter, aber noch nicht amtierender Konsul – **insidiari alci**: jd. bedrohen

114/115 **comitia consularia**: die Konsulwahlen – **campus (Martius)**: das Marsfeld

115 **competitor**: Mitbewerber

116 **comprimere**: verhindern

118 **peti*(vi)*sti**; **petere alqm** h.: jd. bedrohen – **per me** h.: aus eigener Kraft

aperte rem publicam universam petis, templa deorum immortalium, tecta urbis, vitam omnium civium, Italiam totam ad exitium et vastitatem vocas. Qua re, quoniam id, quod est primum, et quod huius imperii disciplinaeque maiorum proprium est, facere nondum audeo, faciam id, quod est ad severitatem lenius, ad communem salutem utilius. Nam si te interfici iussero, residebit in re publica reliqua coniuratorum manus; sin tu, quod te iam dudum hortor, exieris, exhaurietur ex urbe tuorum comitum magna et perniciosa sentina rei publicae. Quid est, Catilina? Num dubitas id me imperante facere, quod iam tua sponte faciebas? Exire ex urbe iubet consul hostem. Interrogas me, num in exsilium? Non iubeo, sed, si me consulis, suadeo. Quid est enim, Catilina, quod te iam in hac urbe delectare possit? In qua nemo est extra istam coniurationem perditorum hominum, qui te non metuat, nemo, qui non oderit. Quae nota domesticae turpitudinis non inusta vitae tuae est? Quod privatarum rerum dedecus non haeret in fama? Quae libido ab oculis, quod facinus a manibus umquam tuis, quod flagitium a toto corpore afuit? Cui tu adulescentulo, quem corruptelarum illecebris irretisses, non aut ad audaciam ferrum aut ad libidinem facem praetulisti? Quid vero? Nuper cum morte superioris uxoris novis nuptiis locum vacuefecisses, nonne etiam alio incredibili scelere hoc scelus cumulavisti? Quod ego praetermitto et facile patior sileri, ne in hac civitate tanti facinoris immanitas aut exstitisse

---

121 **tectum** ~ *domus*
122 **vastitas, -atis**: Verwüstung
123 **imperium** h.: Amt (nämlich das des Konsuls) – **disciplina** h.: Grundsatz
125 **residēre** ~ *remanēre*
126 **iam dudum**: schon längst
128 **sentina**: Abschaum – **rei publicae** (Dat.)
129 **faciebas** ~ *facere volebas*
130 **hostis** h.: Staatsfeind
132/133 **coniuratio** h.: Verschwörerbande
134 **notam inurere** *(o, ussi, ustum)*: ein Schandmal einbrennen
137 **corruptela** h.: Verführungskunst
138 **illecebra**: Verlockung – **irreti***(vi)***sses**; **irretire**: (ein)fangen
140 **nuptiis** (Dat.); **nuptiae**: Hochzeit – **vacuefacere**: frei machen
141 **cumulare**: übertrumpfen
142 **immanitas**: Entsetzlichkeit, Roheit

aut non vindicata esse videatur. Praetermitto ruinas fortunarum tuarum, quas omnis proximis Idibus tibi impendere senties; ad illa venio, quae non ad privatam ignominiam vitiorum tuorum, non ad domesticam tuam difficultatem ac turpitudinem, sed ad summam rem publicam atque ad omnium nostrum vitam salutemque pertinent. Potestne tibi haec lux, Catilina, aut huius caeli spiritus esse iucundus, cum scias esse horum neminem, qui nesciat te pridie Kalendas Ianuarias Lepido et Tullo consulibus stetisse in comitio cum telo, manum consulum et principum civitatis interficiendorum causa paravisse, sceleri ac furori tuo non mentem aliquam aut timorem tuum, sed fortunam populi Romani obstitisse? Ac iam illa omitto – neque enim sunt aut obscura aut non multa commissa postea – quotiens tu me designatum, quotiens vero consulem interficere conatus es! Quot ego tuas petitiones ita coniectas, ut vitari posse non viderentur, parva quadam declinatione et, ut aiunt, corpore effugi! Nihil agis, nihil assequeris, neque tamen conari ac velle desistis. Quotiens iam tibi extorta est ista sica de manibus, quotiens excidit casu aliquo et elapsa est! Quae quidem quibus abs te initiata sacris ac devota sit, nescio, quod eam necesse putas esse in consulis corpore defigere. Nunc vero quae tua est ista vita? Sic enim

---

143 **fortunae**: Vermögen

144 **omnīs** (Präd.) ~ *omnes* – **Idūs, -uum**: die Iden waren allgemein Zins- und Rückzahlungstermin für Darlehen

148 **potest-ne** – **spiritus, -ūs**: Luft

149/150 **pridie Kalendas Ianuarias**: 31. Dezember

150 **comitium**: Versammlungsplatz

152 **mens** h.: Besinnung

154 **neque aut ... aut** ~ *neque ... neque*

155 **designatum** (erg. *consulem;* ↗ Z. 113)

156 **petitionem conicere**: einen Angriff führen

157/158 **declinatione et corpore**: durch eine Körperdrehung

158 **agere** h.: ausrichten

159 **extorquēre** *(eo, torsi, tortūm)*: entwinden – **sica**: Dolch

160 **excidere**: herausfallen – **elabi**: (unbemerkt) entgleiten

161 **sacris initiare**: in die Riten einweihen

162 **defigere in corpore alcis**: jd. in die Brust stoßen; Ⓚ *nescio, quibus sacris eă (~ sică) quidem abs te initiata ac devota sit, quod putas necesse esse eam ... defigere*

iam tecum loquar, non ut odio permotus esse videar, quo debeo, sed ut misericordia, quae tibi nulla debetur. Venisti paulo ante in senatum. Quis te ex hac tanta frequentia, tot ex tuis amicis ac necessariis salutavit? Si hoc post hominum memoriam contigit nemini, vocis exspectas contumeliam, cum sis gravissimo iudicio taciturnitatis oppressus? Quid, quod adventu tuo ista subsellia vacuefacta sunt, quod omnes consulares, qui tibi persaepe ad caedem constituti fuerunt, simul atque adsedisti, partem istam subselliorum nudam atque inanem reliquerunt, quo tandem animo tibi ferendum putas? Servi mehercule mei si me isto pacto metuerent, ut te metuunt omnes cives tui, domum meam relinquendam putarem: tu tibi urbem non arbitraris? Et si me meis civibus iniuria suspectum tam graviter atque offensum viderem, carere me aspectu civium quam infestis omnium oculis conspici mallem: tu, cum conscientia scelerum tuorum agnoscas odium omnium iustum et iam diu tibi debitum, dubitas, quorum mentis sensusque vulneras, eorum aspectum praesentiamque vitare? Si te parentes timerent atque odissent tui neque eos ratione ulla placare posses, ut opinor, ab eorum oculis aliquo concederes. Nunc te patria, quae communis est parens omnium nostrum, odit ac metuit et iam diu nihil te iudicat nisi de parricidio suo cogitare: huius tu neque auctoritatem verebere nec iudicium sequere nec vim pertimesces?

---

163 **quō** (erg. *permotus esse*)
165 **frequentia**: zahlreiche Versammlung
166 **contingit** h.: es widerfährt
167 **vocis contumelia**: Wort der Missbildung
168 **taciturnitas**: Schweigen – **subsellium**: Bank
169 **vacuefacere** ↗ Z. 140 – **tibi** (Dat. auct.)
170 **adsidere** ~ *considere*
172 **ferendum** *(esse)* – **mehercule**: wahrhaftig – **isto pacto** ~ *isto modo*
174 **urbem** (erg. *reliquendam esse*)
175 **suspectum***(esse)*; **suspectus**: verdächtig – **offensum***(esse)*; **offensus** h.: verhaßt
178 **mentīs** ~ *mentes*
181 **aliquo**: irgendwohin – **concedere** ~ *cedere*
183 **parricidium**: Vater- oder Muttermord; h.: Vernichtung (des Vaterlandes)
184 **verebēre** ~ *verebēris* – **sequēre** ~ *sequēris* – **pertimescere** ~ (verstärktes) *timēre*

Zum Nach-Denken

Am 5. September 1977 wurde in Köln der Arbeitgeberpräsident Dr. H. M. Schleyer durch Mitglieder der Rote Armee Fraktion (RAF) entführt; dabei wurden die ihn begleitenden Polizisten getötet.
Dr. H. M. Schleyer wurde am 19. Oktober 1977 ermordet in Mühlhausen (Elsass) aufgefunden.
Golo Mann, bedeutender Historiker und Sohn des berühmten Schriftstellers Thomas Mann, nahm diesen Anschlag, der ein weiterer in einer Reihe von Attentaten auf führende Persönlichkeiten des öffentlichen Lebens in der Bundesrepublik Deutschland war, zum Anlass für einen Artikel in der Tageszeitung „Die Welt“:

G. Mann (1909–1994)

Quousque tandem?

Die neueste, die Kölner Untat der Mordbanditen – nein doch, der „mutmaßlichen Terroristen“ – macht klar, was für Justiz und Politik schon vorher hätte klar sein dürfen und müssen: Man befindet sich in einem Ausnahmezustand. Man befindet sich in einer grausamen und durchaus neuen Art von Bürgerkrieg. Ob die Angreifer zwölfhundert oder zwölftausend Mordbuben und Mordmädchen stark sind, ist dabei gleichgültig. Dass es bedeutend mehr sind, als uns bisher berichtet wurde, ist nun zugegeben. Und auch nur zwölfhundert zu allem entschlossene Mörder, fähige, schlaue, phantasiebegabte Menschen, hinter sich den internationalen Terrorismus und sein Milliardenvermögen, sind stark genug, den Staat zu zerbrechen, wenn man mit ihnen verfährt wie bisher.
Strafjustiz und Strafprozessordnung haben diese Situation nicht vorgesehen. Das Grundgesetz hat sie nicht vorgesehen; es wäre denn, man nähme den Artikel 18 ernst, nach welchem Bürger, die ihre Grundrechte missbrauchen, um den freiheitlichen und demokratischen Staat umzustürzen, ihre eigenen Grundrechte verlieren. Verlören sie alle ihre Grundrechte, die wenigen Terroristen, die gefangen sitzen, die vielen, die draußen, in engem Einvernehmen mit den Gefangenen, neue Mordprojekte vorbereiten – handelte der Staat mit ebensolcher Entschlossenheit wie vor zwei Jahrtausenden, als er einem Terroristen nach Ciceros Rede „Quousque tandem, Catilina“ entgegentrat –, dann könnte der blutige Spuk gebannt werden, ohne dass er sein nächstes Ziel, die Auflösung des Staates, erreicht hätte.

Aufgaben

1. Kann man, wie Golo Mann es tut, Catilina als Terroristen bezeichnen?
2. Welche Möglichkeiten sieht die Verfassung der Bundesrepublik Deutschland im Falle eines Staatsnotstandes vor?
3. Diskutiere, ob Catilina ein Sozialrevolutionär war.
4. Klaus Natorp schreibt in der FAZ vom 19. 4. 1985 u. a.: „Politiker müssen reden. Aber sie sollten sich dabei ihrer Verantwortung für die Sprache bewusst sein. Die Wahl ihrer Worte beeinflusst die Sprache und das Denken der anderen. Sorgfalt im Umgang mit der Sprache ist eine nötige Form der Selbstzucht, mit Wirkung auf alle".

Untersuche unter diesem Aspekt die erste Rede Ciceros gegen Catilina.

Zu den Briefen Ciceros

Von der umfangreichen Korrespondenz Ciceros sind rund 900 Briefe auf uns gekommen. Während der Antike und des Mittelalters waren sie bekannt und wurden oft gelesen, gingen im 12. Jahrhundert jedoch verloren. Im 14. Jahrhundert wurden die Briefe von dem Gelehrten Petrarca bzw. dem Kanzler von Florenz, Coluccio Salutati, wieder entdeckt. Die Bedeutung des Fundes beschreibt Petrarca 1345 mit folgenden Worten: „Ich habe dich viel sagen, viel wehklagen, viel hin- und herreden gehört, Marcus Tullius, und wenn ich auch längst wusste, was für ein Lehrer du gewesen bist, habe ich jetzt endlich erkannt, was für ein Mensch du warst."

Durch die Fülle der Briefe, die sich durch ihre Unmittelbarkeit von den Kunstbriefen des Plinius und den philosophischen Briefen Senecas unterscheiden, sind wir über keinen Menschen der Antike so umfassend und so genau bis in die einzelnen menschlichen Schwächen und persönlichen Regungen hinein informiert wie über Cicero. Der Leser erhält nicht nur Detailinformationen zu Fragen der Politik in einer bewegten Zeit, sondern auch zum Alltagsleben eines Römers, der diese Zeit aktiv gestaltend oder auch zurückgezogen, manchmal resignierend miterlebte; allgemein liefern die Briefe eine Fülle an Kenntnissen über Einzelheiten des römischen Lebens. Mit fast allen bekannten Persönlichkeiten, aber auch weniger bekannten, der Zeit 68 bis 43 v. Chr. hat Cicero eine rege Korrespondenz geführt, so dass man mit Recht behaupten kann, Cicero bliebe uns als Politiker, Redner, Philosoph und als Mensch weitgehend fremd, hätten wir nicht dieses einzigartige Corpus unverfälschter Briefe.

CICERO

Über verschiedene Arten von Briefen

Der Adressat des Briefes C. Scribonius Curio hielt sich im Jahre 53 v. Chr. als Proquaestor in der Provinz Asia auf. Stand er im Jahre 59 v. Chr. noch in Opposition zu Caesar, so ließ er sich neun Jahre später von ihm durch Bezahlung seiner großen Schulden gewinnen. Offensichtlich hoffte Cicero, den jungen Mann, der als ausschweifend, politisch unzuverlässig, aber intelligent galt, auf die Seite der Senatspartei zu ziehen und ihn von einem Anschluss an Caesar abzuhalten.

Rom – Im Jahre 53 v. Chr.

CICERO S. D. C. CURIONI

Epistularum genera multa esse non ignoras, sed unum illud certissimum, cuius causa inventa res ipsa est, ut certiores faceremus absentis, si quid esset, quod eos scire aut nostra aut ipsorum interesset. Huius generis litteras a me profecto non exspectas; tuarum enim rerum domesticos habes et scriptores et nuntios, in meis autem rebus nihil est sane novi.

Reliqua sunt epistularum genera duo, quae me magno opere delectant, unum familiare et iocosum, alterum severum et grave. Utro me minus deceat uti, non intellego. Iocerne tecum per litteras? Civem mehercule non puto esse, qui temporibus his ridere possit. An gravius aliquid scribam? Quid est, quod possit graviter a Cicerone scribi ad Curionem nisi de re publica?

Atqui in hoc genere haec mea causa est, ut neque ea, quae sentio, audeam neque ea, quae non sentio, velim scribere.

---

1 **S. D.** = Salutem Dicit
3 **res** h.: das Briefeschreiben
4/5 **aut nostra aut ipsorum interesse**: entweder für uns oder sie selbst von Wichtigkeit sein
6 **scriptor** h.: Berichterstatter
9 **familiaris, e**: vertraulich – **iocosus**: scherzhaft
10 **iocari**: scherzen
11 **mehercule** (umgangsspr. Beteuerungsformel): beim Herkules
14 **atqui**: allerdings – **causa** h.: Lage

Die Celsus-Bibliothek in Ephesus (Kleinasien)

Quam ob rem, quoniam mihi nullum scribendi argumentum relictum est, utar ea clausula, qua soleo, teque ad studium laudis cohortabor.

Est enim tibi gravis adversaria constituta et parata incredibilis quaedem exspectatio; quam tu una re facillime vinces, si hoc statueris, quarum laudum gloriam adamaris, quibus artibus eae laudes comparantur, in iis esse laborandum. In hanc sententiam scriberem plura, nisi te tua sponte satis incitatum esse confiderem; et hoc, quicquid attigi, non feci inflammandi tui causa, sed testificandi amoris mei.

---

16 **argumentum**: Stoff, Inhalt (häufig bei Theaterstücken)

17 **clausula**: Schluss (z. B. bei Theaterstücken die Schlussszene)

18/19 **co-hortari** ~ *hortari* – **adversaria**: Gegnerin

20 **quaedam** (verstärkt *incredibilis*): geradezu – **vincere** h.: übertreffen

21 **statuere**: sich vornehmen – **laudes**: Ruhmestaten – **adamare**: lieb gewinnen, an etwas Freude bekommen

21/22 **quarum laudum . . . esse laborandum**: Ⓚ *in iis artibus esse laborandum, quibus eae laudes comparantur, quarum (laudum) gloriam adama(ve)ris.* Der Satz präzisiert das vorhergehende *hoc.*

24/25 **testificari**: bezeugen

CICERO

Schicksal eines Politikers

Cn. Plancius, ein enger Freund Ciceros und Anhänger der Partei des Pompejus, lebte 46–45 v. Chr. auf der Insel Korkyra (Korfu) in der Verbannung. Er beneidete Cicero, den er als Quästor während der Verbannung (58 v. Chr.) in Griechenland für einige Zeit aufgenommen hatte, darum, dass er zu seiner Familie nach Rom zurückkehren durfte und wieder gesellschaftliches Ansehen genoss. Cicero aber macht seinem Freund klar, dass er seine politische Handlungsfreiheit eingebüßt hat und dass die Wirren des Krieges sein Privatleben durcheinander gebracht haben. Er deutet Plancius gegenüber an, dass er auf Grund seiner gesellschaftlichen Stellung ihm in der Verbannung kaum helfen kann.
Es handelt sich um einen Brief voller vorsichtiger und verdeckter Andeutungen, da der Krieg zwischen Caesar und den Pompejanern noch nicht beendet ist.

Rom – Im Winter 46 auf 45 v. Chr.

M. Cicero S. D. Cn. Plancio

Binas a te accepi litteras Corcyrae datas; quarum alteris mihi gratulabare, quod audisses me meam pristinam dignitatem obtinere, alteris dicebas te velle, quae egissem, bene et feliciter evenire. Ego autem, si dignitas est bene de re publica sentire et bonis viris probare, quod sentias, obtineo dignitatem meam; sin autem in eo dignitas est, si, quod sentias, aut re efficere possis aut denique libera oratione defendere, ne vestigium quidem ullum est reliquum nobis dignitatis, agiturque praeclare, si nosmet ipsos regere possumus, ut ea, quae partim iam adsunt, partim impendent moderate feramus;

---

2 **binae litterae**: zwei Briefe – **Corcyra** ↗ Einleitung
2/3 **gratulabare** ~ *gratulabaris*
3 **audi***(vi)***sses**
4 **quae egissem**: Cicero spielt auf seine 2. Heirat mit der jungen Publilia an
6 **probare alci alqd**: jem. für etw. gewinnen, einnehmen
9 **agitur praeclare**: es steht vortrefflich, es bedeutet viel – **nosmet** ~ *nos* (betont) – **regere** h.: beherrschen

quod est difficile in eiusmodi bello, cuius exitus ex altera parte caedem ostentet, ex altera servitutem.

Quo in periculo non nihil me consolatur, cum recordor haec me tum vidisse, cum secundas etiam res nostras, non modo adversas pertimescebam videbamque, quanto periculo de iure publico disceptaretur armis; quibus si ii vicissent, ad quos ego pacis spe, non belli cupiditate adductus accesseram, tamen intellegebam, et iratorum hominum et cupidorum et insolentium quam crudelis esset futura victoria, sin autem victi essent, quantus interitus esset futurus civium partim amplissimorum, partim etiam optimorum, qui me haec praedicentem atque optime consulentem saluti suae malebant nimium timidum quam satis prudentem existimari.

Quod autem mihi de eo, quod egerim, gratularis, te ita velle certo scio; sed ego tam misero tempore nihil novi consili cepissem, nisi in reditu meo nihilo meliores res domesticas quam rem publicam offendissem. Quibus enim pro meis immortalibus beneficiis carissima mea salus et meae fortunae esse debebant, cum propter eorum scelus nihil mihi intra meos parietes tutum, nihil insidiis vacuum viderem, novarum me necessitudinum fidelitate contra veterum perfidiam muniendum putavi.

---

11 **eiusmodi bellum**: Caesars Krieg gegen Pompejus-Söhne in Spanien

13/14 **tum ... cum**: damals ... als (Anspielung auf die Zeit vor der Schlacht bei Pharsalus 48 v. Chr.)

15 **pertimescere**: sehr fürchten – **ius publicum**: rechtliche Verfassung des Staates

16 **disceptare de alqa re**: eine Sache zur Entscheidung bringen

18 **insolens**: übermütig, überheblich – Ⓚ *quam futura victoria et iratorum ... hominum crudelis esset*

21 **haec praedicentem ... consulentem saluti suae**: der dies voraussagte und sich bestens um ihr Wohlergehen sorgte

23 **quod egerim** ↗ Z. 4

24/25 **in reditu meo**: September/Oktober 47 v. Chr. kehrte Cicero mit Erlaubnis Caesars von Brundisium nach Rom zurück

26 **offendere** h.: auf etwas stoßen, antreffen – **Quibus ... debebant**: erläutert *eorum*

27 **fortunae**: Vermögen, Hab und Gut

28 **intra parietes**: innerhalb der vier Wände

29 **necessitudo** h.: enge Verbindung; Beziehung – **fidelitas**: Treue, Zuverlässigkeit

30 **perfidia**: Treulosigkeit, Unredlichkeit – **munire** h.: sichern, schützen

CICERO

Sed de nostris rebus satis vel etiam nimium multa.

De tuis velim ut eo sis animo, quo debes esse, id est, ut ne quid tibi praecipue timendum putes. Si enim status erit aliquis civitatis, quicumque erit, te omnium periculorum video expertem fore; nam alteros tibi iam placatos esse intellego, alteros numquam iratos fuisse.

De mea autem in te voluntate sic velim iudices, me, quibuscumque rebus opus esse intellegam, quamquam videam, qui sim hoc tempore et quid possim, opera tamen et consilio, studio quidem certe rei, famae, saluti tuae praesto futurum. Tu velim, et quid agas et quid acturum te putes, facias me quam diligentissime certiorem. Vale!

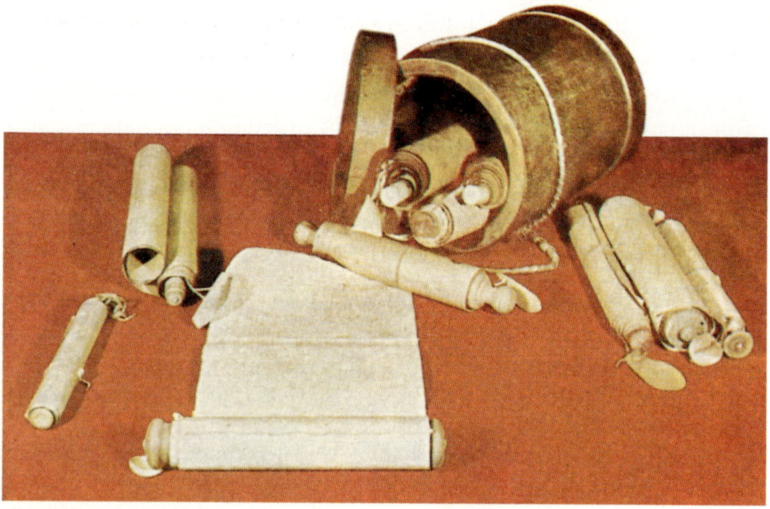

31/32 **de ...**: was betrifft/angeht – **tuis** *(rebus)*

33 **praecipue**: außerordentlich, vornehmlich – **aliquis** (nach *si* betont): auch nur irgendein ..., durch *quicumque* fortgeführt

34 **expers alcis rei**: frei von einer Sache

37 **voluntas** h.: Zuneigung

37/38 **quibuscumque rebus ... intellegam**: welche Mittel auch immer nach meiner Meinung nötig sind

39 **opera et consilio**: mit Rat und Tat

40 **praesto** (Adv.) **esse**: zur Verfügung stehen – Ⓚ *Velim tū facias me ... certiorem, et quid agas ... putes.*

CICERO

Bücher sind Freunde

Der Adressat des Briefes, Marcus Terentius Varro (116 bis 27 v. Chr.), wird bereits von Seneca als *doctissimus Romanorum* bezeichnet; er verfasste zahlreiche Werke, u. a. über Sprachphilosophie, Mathematik und Landwirtschaft.
Aus Süditalien nach Rom zurückgekehrt, nahm Cicero Verbindung mit Varro auf, der wie er selbst als Anhänger des Pompejus von Caesar amnestiert worden war und sogar den Auftrag erhalten hatte, in Rom eine öffentliche Bibliothek aufzubauen.
Das gleiche Schicksal und die gegenseitige Hochachtung führten beide Männer enger zusammen, so dass Varro Cicero sein z. T. erhaltenes Werk über die lateinische Sprache widmete. Beide haben wohl den größten Beitrag zur Einbürgerung des griechischen Geistesgutes in Rom geleistet und eine Verschmelzung beider Kulturströme gefördert.

Rom – Im Winter 47 auf 46 v. Chr.

CICERO M. VARRONI S.

Ex iis litteris, quas Atticus a te missas mihi legit, quid ageres et ubi esses, cognovi; quando autem te visuri essemus, nihil sane ex isdem litteris potui suspicari; in spem tamen venio appropinquare tuum adventum; qui mihi utinam solacio sit! Etsi tot tantisque rebus urgemur, ut nullam adlevationem quisquam non stultissimus sperare debeat; sed tamen aut tu potes me aut ego te fortasse aliqua re iuvare.

---

1 **S.** ~ *salutem (dicit)*
2 **Atticus**: Titus Pomponius Atticus (reicher Freund Ciceros, der als Anhänger Epikurs politische Zurückhaltung übte, dennoch großen Einfluß besaß.)
3 **nihil sane**: allerdings gar nichts
4 **suspicari** h.: entnehmen
5 **solacio esse alci**: jem. Trost bringen
6 **adlevatio, -nis**: Erleichterung

CICERO

Scito enim me, postea quam in urbem venerim, redisse cum veteribus amicis, id est cum libris nostris, in gratiam; etsi non idcirco eorum usum dimiseram, quod iis suscenserem, sed quod eorum me subpudebat; videbar enim mihi, cum me in res turbulentissimas infidelissimis sociis demisissem, praeceptis illorum non satis paruisse. Ignoscunt mihi, revocant in consuetudinem pristinam teque, quod in eo permanseris, sapientiorem quam me dicunt fuisse.

Quam ob rem, quoniam placatis iis utor, videor sperare debere, si te viderim, et ea, quae premant, et ea, quae impendeant, me facile laturum.

Quam ob rem sive in Tusculano sive in Cumano ad te placebit sive, quod minime velim, Romae, dum modo simul simus, perficiam profecto, ut id utrique nostrum commodissimum esse diiudicetur.

9/10 **in gratiam redire cum alqo**: sich mit jd. wieder aussöhnen

10/11 **idcirco . . . quod**: deswegen . . . weil

11 **suscensēre**: zürnen

11/12 **me subpudet alcis rei**: ich schäme mich ein wenig wegen etwas

12/13 **se demittere in**: sich einlassen auf – **turbulentus**: unruhig, stürmisch

13 **infidelissimus sociis** (abl. abs.; h. die Pompejaner)

15 **in eo**: dabei (beim Umgang mit den Büchern) – **per-manēre**: ausharren, treu bleiben

17 **placatis iis** *(libris)*

20 **Tusculanum** (bei Tusculum, sö. von Rom, in den Albanerbergen) . . . **Cumanum**: (in Cumae, am Golf von Neapel): An beiden Orten hatte jeder der beiden eine Villa; Varro ist z. Z. auf seinem Cumanum – **ad te** *(esse)*

21 **simul esse**: beisammen sein

22 **id**: d. h. das Zusammensein – **di-iudicare** ~ *iudicare*

Cicero und sein Tusculum (auf einem Buchumschlag)

Zum Nach-Denken

GOLO MANN

Zum Latein kehrte ich immer wieder zurück, und wenn ich im Ruhestand wäre, was ja nun ein Schriftsteller nie sein kann, so würde ich ein Jahr lang nichts als Cicero lesen, seine Reden, Briefe, philosophischen Abhandlungen – und würde auch dann nicht weit kommen, denn das Lebenswerk dieses Mannes als Anwalt, Politiker, Philosoph, Briefeschreiber, sogar Militär, ist ein in der Geschichte unserer Zivilisation beispielloses, es greift noch weiter als das von Voltaire, mit dem man ihn immerhin vergleichen mag. Der Vergleich wäre sinnvoll auch darum, weil die Kultur der gebildeten Römer jener Epoche der Kultur unseres achtzehnten Jahrhunderts in mancher Beziehung ähnlich ist; darum hat Wieland die Briefe Ciceros – wie auch die rhythmisierten *Episteln* und *Satiren* des Horaz – so wunderbar übersetzt, wie es heute niemand mehr könnte. Es war eben die Modernität Ciceros, seine Kultur, ähnlich jener höchsten, die unser Europa je erreichte, die mich so stark berührte.

Aufgaben

1. Golo Mann war ein bedeutender Historiker, ein Sohn des berühmten Schriftstellers Thomas Mann. Kannst du sein Schwärmen für Cicero aus seinem Text begründen?
2. Golo Mann scheint von der S p r a c h e Ciceros wenig beeindruckt, und doch gilt sie auch heute noch als d a s vorbildliche Latein. Versuche Ciceros Stil und seine Wortwahl zu charakterisieren.

CAESAR

Quid sibi vellet? Cur in suas Galliae possessiones veniret? Provinciam suam hanc esse Galliam, sicut illam nostram.

Was willst du, Caesar? Weshalb kommst du in mein Land? Dieses Gallien ist meine Provinz, wie jenes eure.
(Der Germanenfürst Ariovist zu Caesar)

CAESAR

- Veni, vidi, vici (mit diesen Worten vermeldete Caesar einen Sieg nach Rom)
- Alea iacta est (soll er gesagt haben, als er den Rubikon überschritt und somit den Bürgerkrieg entfesselte)
- Du trägst den Caesar und sein Glück (soll er zu dem Kapitän des Bootes gesagt haben, das ihn zur Entscheidungsschlacht gegen Pompeius von Italien nach Illyrien übersetzte)
- Lieber der Erste hier (gemeint ist ein trostloses Alpendorf) als der Zweite in Rom

Wer war dieser Mann, von dem uns der römische Schriftsteller Sueton (70–140 n. Chr.) und der griechische Schriftsteller Plutarch (46–120 n. Chr.) diese Aussprüche überliefert haben?

Gaius Iulius Caesar, 100 v. Chr. geboren, aus dem alten Adelsgeschlecht der Julier stammend, das seinen Ursprung auf Aeneas und damit auf die Göttin Venus zurückführte, sollte sich zu einem der ehrgeizigsten Politiker Roms entwickeln. Nach Militärdienst und Studium der Rhetorik (Redekunst) schlug er die politische Laufbahn ein und krönte diese 59 v. Chr. mit dem Konsulat. Ein Jahr später erhielt er die Statthalterschaft über die Provinz Gallien, deren nichtrömischen Teil (Gallia Cisalpina) er in der Zeit von 58–51 v. Chr. eroberte. Innenpolitische Gründe – der Machtkampf zwischen ihm und Pompeius – ließen Caesar nach Italien zurückkehren. In der Schlacht bei Pharsalus (Nordgriechenland) besiegte er (48 v. Chr.) seinen Rivalen Pompeius und entschied so den Machtkampf zu seinen Gunsten. Er ließ sich zum Diktator auf Lebenszeit ernennen (45 v. Chr.), ja sogar wie einen Gott verehren. Dass solches Gebaren in Rom nicht auf Gegenliebe stieß, ist einleuchtend. Es bildete sich eine Opposition von 60 Senatoren, an deren Spitze u. a. sein Adoptivsohn Brutus stand. Am 15. 3. (= Iden des März) 44 v. Chr. ermordeten sie Caesar, weil er ihrer Meinung nach die Königswürde erstrebte. „Auch du, mein Sohn Brutus (et tu, mi fili Brute)“ soll Caesar kurz vor seinem Tod gesagt haben – berichtet Plutarch.
Sicherlich ebenso berühmt wie der Politiker ist der Schriftsteller Caesar. Seine sieben Bücher über den Krieg in Gallien (De bello Gallico) sowie die drei Bücher über den Bürgerkrieg (De bello civili) sind ein beredtes Zeugnis seiner Leistungen. Seine Werke repräsentieren – neben denen Ciceros – die klassische Phase der lateinischen Prosa.
In der Literatur setzten ihm u. a. der englische Dichter William Shakes-

peare (Julius Caesar), der englische Dramatiker George Bernard Shaw (Caesar und Cleopatra), der amerikanische Autor Thorton Wilder (Iden des März) und der Schriftsteller Bertolt Brecht (Die Geschäfte des Herrn Julius Caesar) eine bleibende Erinnerung. Ergänzt wird diese durch die Biographie des zeitgenössischen Althistorikers Christian Meier (Caesar). Jedoch auch berühmte Staatsmänner wie Napoleon I. und Napoleon III. bewunderten ihn.

Junge Leute unserer Zeit allerdings denken bei dem Namen Caesar wohl zuerst an die Geschichten um und mit Asterix, einer Comic Reihe, die jedoch nicht nur Jugendliche erfreut.

Dass darüber hinaus die Begriffe „Kaiser/Zar“ sowie der Julianische Kalender, noch heute unsere Zeitrechnung bestimmend, an Caesar erinnern, wird oft vergessen.

Und so verwundert es nicht, dass junge Leute unserer Zeit mit dem Namen Caesar wohl zuerst die Gechichten um und mit Asterix verbinden – einer Comic-Reihe, die nicht nur Jugendliche erfreut.

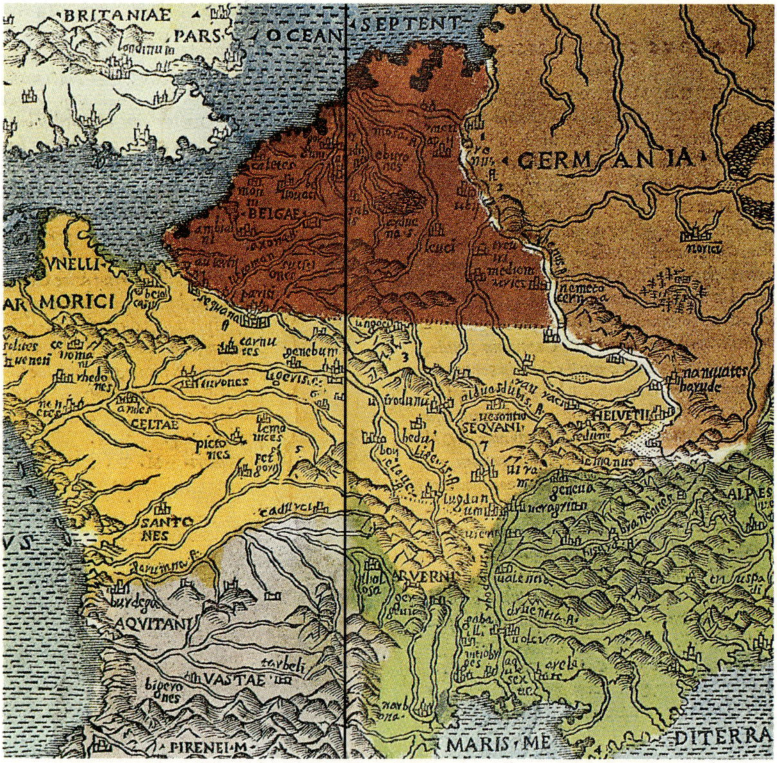

Karte Galliens (16. Jh.)

Hauptsatz –   Abl Abs.

Partizip

CAESAR

Geographie Galliens

Gallia est omnis divisa in partes tres, quarum unam incolunt Belgae, aliam Aquitani, tertiam, qui ipsorum lingua Celtae, nostra Galli appellantur. Hi omnes lingua, institutis, legibus inter se differunt. Gallos ab Aquitanis Garunna flumen, a Belgis Matrona et Sequana dividit. Horum omnium fortissimi sunt Belgae, propterea quod a cultu atque humanitate provinciae longissime absunt minimeque ad eos mercatores saepe commeant atque ea, quae ad effeminandos animos pertinent, important proximique sunt Germanis, qui trans Rhenum incolunt, quibuscum continenter bellum gerunt. Qua de causa Helvetii quoque reliquos Gallos virtute praecedunt, quod fere cottidianis proeliis cum Germanis contendunt, cum aut suis finibus eos prohibent aut ipsi in eorum finibus bellum gerunt.

---

1 **Gallia**: gemeint ist das Gebiet des heutigen Frankreich und Belgien – **omnis** (präd.): in seiner Gesamtheit

2 **Belgae, Aquitani**: die Belg(i)er, eine Stammesgruppe in Nordwestfrankreich und Belgien; die Aquitaner siedelten im Gebiet zwischen Atlantik, Pyrenäen und Garonne (Südwest-Frankreich) – **ipsorum** *(~ suā)* **linguā . . . nostrā** (sc. *linguā*) – **Celtae**: Gesamtbezeichnung für alle gallischen Stämme.

3 **institutum** h.: Sitte, Brauch

4 **Gallos** setze den Ländernamen – **Garunna**: die Garonne – **Mátrona**: die Marne (Nebenfluss der Seine)

5 **Séquana**: die Seine

6 **cultus atque humanitas**: Errungenschaften der Zivilisation – **provinciae**: gemeint ist die Provinz Gallia Narbonensis (die heutige Provence)

7 **commeare**: verkehren

8 **effeminare**: verweichlichen – **pertinēre ad alqd**: dienen zu

9 **continenter** (Adv.): fortwährend

10 **Helvetii**: keltisches Volk in der heutigen Schweiz

11 **praecedere alqm**: jd. übertreffen

12 **cum**: indem

CAESAR

Ariovist, ein ebenbürtiger Gegner Caesars

Die Helvetier, ein bedeutendes keltisches Volk – es wohnte in der heutigen Nordschweiz und wollte in Richtung Gallien auswandern –, sind besiegt. Da erfährt Caesar von Klagen gallischer Stämme über den Germanenfürsten Ariovist:

30 Bello Helvetiorum confecto totius fere Galliae legati principes civitatum ad Caesarem gratulatum convenerunt: intellegere sese, tametsi pro veteribus Helvetiorum iniuriis populi Romani ab his poenas bello repetisset, tamen eam rem non minus ex usu terrae Galliae quam populi Romani accidisse, propterea quod eo consilio florentissimis rebus domos suas Helvetii reliquissent, uti toti Galliae bellum inferrent imperioque potirentur locumque domicilio ex magna copia deligerent, quem ex omni Gallia opportunissimum ac fructuosissimum iudicassent, reliquasque civitates stipendiarias haberent. Petierunt, uti sibi concilium totius Galliae in diem certam indicere idque Caesaris voluntate facere liceret; sese habere quasdam res, quas ex communi consensu ab eo petere vellent. Ea re permissa diem concilio constituerunt et iure iurando, ne quis enuntiaret, nisi quibus communi consilio mandatum esset, inter se sanxerunt.

---

30 1 **legati** (präd.)
2 **civitas** h.: Stamm – **gratulatum** (Supin): um zu gratulieren – **sese** ~ *se*
3 **tametsi**: wenn auch – **populi Romani** (gen. obi.)
4 **poenas repetere ab alqo**: jd. bestrafen – **repeti***(vi)***sset** – **ex usu**: zum Vorteil, nützlich
6 **uti** ~ *ut*
7 **domicilium**: Wohnsitz, Wohnort
8 **opportunus**: geeignet
9 **fructuosus**: fruchtbar – **iudica***(vi)***ssent** – **stipendiarius**: tributpflichtig, steuerpflichtig
10 **peti***(v)***erunt** – **uti** ~ *ut*
11 **indicere** h.: einberufen – **voluntas** h.: Einverständnis
12 **ex ... consensu**: auf Grund eines Beschlusses
14 **enuntiare**: verraten – **nisi quibus** ~ *nisi(ii), quibus*
15 **sancire** *(io, sanxi, sanctum)*: festsetzen

CAESAR

31 Eo concilio dimisso idem principes civitatum, qui ante fuerant, ad Caesarem reverterunt petieruntque, uti sibi secreto de sua omnium salute cum eo agere liceret. Ea re impetrata sese omnes flentes Caesari ad pedes proiecerunt: non minus se id contendere et laborare, ne ea, quae dixissent, enuntiarentur, quam uti ea, quae vellent, impetrarent, propterea quod, si enuntiatum esset, summum in cruciatum se venturos viderent. Locutus est pro his Diviciacus Haeduus: Galliae totius factiones esse duas; harum alterius principatum tenere Haeduos, alterius Arvernos. Hi cum

---

31 1 **ante** ~ *antea*
2 **peti*(v)*erunt** – **uti** ~ *ut* – **secreto** (Adv.)
4 **se proicere**: sich niederwerfen (erg. „und sagten")
4/5 **id contendere et laborare**: dringend darauf bestehen
5/6 **enuntiare** ↗ 30,14
7 **in cruciatum venire**: unmenschlich gequält werden – **venturos** *(esse)*
8 **Diviciācus**: der Häduerfürst Diviciacus bat die Römer um Hilfe im Kampf gegen die Sequaner, die die Macht über die Häduer gewonnen hatten – **Haedui**: keltischer Stamm zwischen Loire und Saône; die Häduer waren mit den Römern ein enges Bündnis eingegangen
9 **Arverni**: gallischer Stamm aus der heutigen Auvergne/Mittelfrankreich

tantopere de potentatu inter se multos annos contenderent, factum esse, uti ab Arvernis Sequanisque Germani mercede arcesserentur. Horum primo circiter milia XV Rhenum transisse; posteaquam agros et cultum et copias Gallorum homines feri ac barbari adamassent, traductos plures; nunc esse in Gallia ad centum et viginti milium numerum. Cum his Haeduos eorumque clientes semel atque iterum armis contendisse; magnam calamitatem pulsos accepisse, omnem nobilitatem, omnem senatum, omnem equitatum amisisse. Quibus proeliis calamitatibusque fractos, qui et sua virtute et populi Romani hospitio atque amicitia plurimum ante in Gallia potuissent, coactos esse Sequanis obsides dare nobilissimos civitatis et iure iurando civitatem obstringere sese neque obsides repetituros neque auxilium a populo Romano imploraturos neque recusaturos, quominus perpetuo sub illorum dicione atque imperio essent. Unum se esse ex omni civitate Haeduorum, qui adduci non potuerit, ut iuraret aut liberos suos obsides daret. Ob eam rem se ex civitate profugisse et Romam ad senatum venisse auxilium postulatum, quod solus neque iure iurando neque obsidibus teneretur. Sed peius victoribus Sequanis quam Haeduis victis accidisse, propterea quod Ariovistus, rex Germanorum, in eorum finibus consedisset tertiamque partem agri Sequani, qui esset optimus totius Galliae, occupavisset et nunc de altera parte tertia Sequanos decedere iuberet, propterea quod paucis mensibus ante

---

10 **tantopere** (Adv.): so sehr – **potentatus, -ūs**: Macht, Herrschaft
11 **Séquani**: keltischer Stamm zwischen Saône, Rhône und Juragebirge
12 **posteaquam** ~ *postquam*
13 **copiae** h.: Wohlstand
14 **adamare**: lieb gewinnen; **adama*(vi)*ssent**
16 **semel atque iterum**: ein und das andere Mal – *(Haeduos)***pulsos** (präd.)
19/20 **plurimum posse**: am meisten Einfluss haben
22 **repetere**: zurückfordern
23 **non recusare, quominus**: sich nicht weigern, dass ... – **perpetuo** (Adv.)
27 **postulatum** (Supin): um zu erbitten
28 **tenēre** h.: binden, verpflichten – **peius accidit alci**: es ist schlimmer ausgefallen für jd. – **victoribus** (h. adjektivisch)
29 **Ariovistus**: von Caesar 58 v. Chr. besiegt

Harudum milia hominum XXIV ad eum venissent, quibus locus ac sedes pararentur. Futurum esse paucis annis, uti omnes ex Galliae finibus pellerentur atque omnes Germani Rhenum transirent; neque enim conferendum esse Gallicum cum Germanorum agro neque hanc consuetudinem victus cum illa comparandam. Ariovistum autem, ut semel Gallorum copias proelio vicerit, quod proelium factum sit ad Magetobrigam, superbe et crudeliter imperare, obsides nobilissimi cuiusque liberos poscere et in eos omnia exempla cruciatusque edere, si qua res non ad nutum aut ad voluntatem eius facta sit. Hominem esse barbarum, iracundum, temerarium; non posse eius imperia diutius sustineri. Nisi quid in Caesare populoque Romano sit auxilii, omnibus Gallis idem esse faciendum, quod Helvetii fecerint, ut domo emigrent, aliud domicilium, alias sedes, remotas a Germanis, petant fortunamque, quaecumque accidat, experiantur. Haec si enuntiata Ariovisto sint, non dubitare, quin de omnibus obsidibus, qui apud eum sint, gravissimum supplicium sumat. Caesarem vel auctoritate sua atque exercitus vel recenti victoria vel nomine populi Romani deterrere posse, ne maior multitudo Germanorum Rhenum traducatur, Galliamque omnem ab Ariovisti iniuria posse defendere.

---

33 **Harudes**: die Haruden, germanischer Stamm aus dem heutigen Baden-Württemberg

34 **futurum est, ut**: es wird dahin kommen, dass

36 **conferre cum**: vergleichen mit – **Gallicum** (erg. *agrum*)

37 **consuetudo victūs**: Lebensumstand, -weise

38 **ut**: seitdem

39 **Magetóbriga**: Stadt im Gebiet der Sequaner

40 **obsides** (präd.)

41 **omnia exempla cruciatusque edere**: alle erdenklichen Qualen zufügen – **nutus, -ūs**: Wink

43 **temerarius**: verwegen

43/44 **nisi (ali)quid auxilii** (gen. part.)

46 **remotus**: fern, entfernt

47 **enuntiare** ↗ 30,14

49 **gravissimum supplicium sumere de alqo**: jd. aufs grausamste hinrichten

50 **deterrēre, ne**: verhindern, dass

52 **defendere ab alqa re**: schützen vor etwas

32 Hac oratione ab Diviciaco habita omnes, qui aderant, magno fletu auxilium a Caesare petere coeperunt. Animadvertit Caesar unos ex omnibus Sequanos nihil earum rerum facere, quas ceteri facerent, sed tristes capite demisso terram intueri. Eius rei quae causa esset, miratus ex ipsis quaesiit. Nihil Sequani respondere, sed in eadem tristitia taciti permanere. Cum ab his saepius quaereret neque ullam omnino vocem exprimere posset, idem Diviciacus Haeduus respondit: hoc esse miseriorem et graviorem fortunam Sequanorum quam reliquorum, quod soli ne in occulto quidem queri neque auxilium implorare auderent absentisque Ariovisti crudelitatem, velut si coram adesset, horrerent, propterea quod reliquis tamen fugae facultas daretur, Sequanis vero, qui intra fines suos Ariovistum recepissent, quorum oppida omnia in potestate eius essent, omnes cruciatus essent perferendi.

33 His rebus cognitis Caesar Gallorum animos verbis confirmavit pollicitusque est sibi eam rem curae futuram: magnam se habere spem et beneficio suo et auctoritate adductum Ariovistum finem iniuriis facturum. Hac oratione habita concilium dimisit. Et secundum ea multae res eum hortabantur, quare sibi eam rem cogitandam et suscipiendam putaret, imprimis, quod Haeduos, fratres consanguineosque saepenumero a senatu appellatos, in servitute atque dicione videbat Germanorum teneri eorumque obsides esse apud Ariovistum ac Sequanos intellegebat; quod in

---

32 2 **unos** (präd.)
4/5 **eius ... quaesiit**: Ⓚ *miratus ex ipsis quaesi(v)it, quae causa eius rei esset*
5/6 **respondēre ... permanēre** (hist. Infinitive)
6 **tristitia**: Traurigkeit
7 **vocem exprimere**: ein Wort herausbringen
8 **hōc** (m. Komparativ): um so
11 **velut si**: wie wenn – **coram** (Adv.) h.: persönlich – **tamen**: doch wenigstens

33 2 **alqd mihi curae est**: ich kümmere mich um etwas; **futuram***(esse)*
5 **secundum ea**: darauf
6 **cogitare** h.: bedenken; **cogitandam et suscipiendam***(esse)* – **imprimis**: besonders
7 **saepenumero** ~ *saepe* – **in** (m. Abl.): hinsichtlich
8 **videbat**: Ⓚ *videbat autem populo Romano periculosum(esse) ... Germanos consuescere ... et ... multitudinem venire*; die AcI *consuescere Germanos* und *venire multitudinem* übersetze mit einem „wenn"-Satz

tanto imperio populi Romani turpissimum sibi et rei publicae esse arbitrabatur. Paulatim autem Germanos consuescere Rhenum transire et in Galliam magnam eorum multitudinem venire populo Romano periculosum videbat; neque sibi homines feros ac barbaros temperaturos existimabat, quin, cum omnem Galliam occupavissent, ut ante Cimbri Teutonique fecissent, in provinciam

---

13/14 **sibi non temperare, quin**: sich nicht davon abhalten lassen, etwas zu tun;

14 **temperaturos***(esse)* – **cum**: wenn

15 **ut**: wie – **ante** ~ *antea* – **Cimbri**: die Kimbern, germanischer Stamm aus Jütland (Dänemark); auf seinem Zug nach Süden besiegt er zunächst die Römer, wird dann aber 101 v. Chr. von Marius bei Vercellae (zwischen Mailand und Turin) besiegt; **Teutoni**: die Teutonen zogen zusammen mit den Kimbern aus Jütland; werden von Marius 102 v. Chr. bei Aquae Sextiae (heute Aix-en-Provence) besiegt.

exirent atque inde in Italiam contenderent, praesertim cum Sequanos a provincia nostra Rhodanus divideret; quibus rebus quam maturrime occurrendum putabat. Ipse autem Ariovistus tantos sibi spiritus, tantam arrogantiam sumpserat, ut ferendus non videretur.

34 Quamobrem placuit ei, ut ad Ariovistum legatos mitteret, qui ab eo postularent, uti aliquem locum medium utriusque colloquio deligeret: velle sese de re publica et summis utriusque rebus cum eo agere. Ei legationi Ariovistus respondit: si quid ipsi a Caesare opus esset, sese ad eum venturum fuisse; si quid ille se velit, illum ad se venire oportere. Praeterea se neque sine exercitu in eas partes Galliae venire audere, quas Caesar possideret, neque exercitum sine magno commeatu atque molimento in unum locum contrahere posse. Sibi autem mirum videri, quid in sua Gallia, quam bello vicisset, aut Caesari aut omnino populo Romano negotii esset.

35 His responsis ad Caesarem relatis iterum ad eum Caesar legatos cum his mandatis mittit: quoniam tanto suo populique Romani beneficio affectus, cum in consulatu suo rex atque amicus ab senatu appellatus esset, hanc sibi populoque Romano gratiam referret, ut in colloquium venire invitatus gravaretur neque de communi re dicendum sibi et cognoscendum putaret, haec esse, quae ab eo

---

18 **quam maturrime**: möglichst rasch – **occurrere**: entgegenarbeiten

19 **spiritus, -ūs** (h. Pl.): Stolz – **sibi sumere** h.: sich anmaßen, sich herausnehmen – **ferendus***(esse)*

34 1 **quamobrem** ~ *itaque*

2 **uti** ~ *ut* – **medium utriusque**: in der Mitte zwischen beiden – **colloquio**: für ein Gespräch

3 **res publica** h.: politische Sachlage – **summae utriusque res**: für beide Seiten aktuelle politische Fragen

5 **sese venturum fuisse**: er wäre gekommen – **si quid me vis**: wenn du etwas von mir willst

8 **molimentum**: Anstrengung

9/10 **quid Caesari ... negotii esset**: was Caesar ... zu suchen habe

35 2 **quoniam ... postularet**: Ⓚ *quoniam ... hanc ... gratiam referret, ut ... gravaretur neque ... putaret, haec esse, quae ... postularet*

3 **affectus** (löse konzessiv auf) – **cum**: indem

4 **hanc gratiam referre, ut**: seinen Dank dadurch abstatten, dass

5 **gravari**: sich weigern

postularet: primum, ne quam multitudinem hominum amplius trans Rhenum in Galliam traduceret; deinde obsides, quos haberet ab Haeduis, redderet Sequanisque permitteret, ut, quos illi haberent, voluntate eius reddere illis liceret; neve Haeduos iniuria lacesseret neve his sociisque eorum bellum inferret. Si id ita fecisset, sibi populoque Romano perpetuam gratiam atque amicitiam cum eo futuram; si non impetraret, sese, quoniam M. Messala M. Pisone consulibus senatus censuisset, uti, quicumque Galliam provinciam obtineret, quod commodo rei publicae facere posset, Haeduos ceterosque amicos populi Romani defenderet, se Haeduorum iniurias non neglecturum.

36 Ad haec Ariovistus respondit: ius esse belli, ut, qui vicissent, iis, quos vicissent, quemadmodum vellent, imperarent; item populum Romanum victis non ad alterius praescriptum, sed ad suum arbitrium imperare consuesse. Si ipse populo Romano non praescriberet, quemadmodum suo iure uteretur, non oportere se a populo Romano in suo iure impediri. Haeduos sibi, quoniam belli fortunam temptassent et armis congressi ac superati essent, stipendiarios esse factos. Magnam Caesarem iniuriam facere, qui suo adventu vectigalia sibi deteriora faceret. Haeduis se obsides redditurum non esse neque his neque eorum sociis iniuria bellum illaturum, si in eo manerent, quod convenisset, stipendiumque quotannis penderent. Si id non fecissent, longe his fraternum

---

6 **cognoscere** h.: Kenntnis nehmen von
10 **voluntate eius**: mit seiner (= Caesars) Einwilligung
14 **uti** ~ *ut*
15 **quod**: soweit – **commodo** (Abl. modi): zum Nutzen, ohne Nachteil
16 **Haeduorum** (gen. obi.)
17 **neglegere** h.: ungestraft lassen; **neglecturum***(esse)*
36 2 **quemadmodum**: auf welche Weise
3 **praescriptum**: Vorschrift
4 **consue***(vi)***sse**
7 **tempta***(vi)***ssent**
8 **stipendiarius** ↗ 30,9
9 **deterior**: geringer
11 **in eo manēre**: an etwas festhalten – **convenit**: es ist vereinbart
12/13 **longe abesse** h.: nichts nützen

nomen populi Romani afuturum. Quod sibi Caesar denuntiaret se Haeduorum iniurias non neglecturum, neminem secum sine sua pernicie contendisse. Cum vellet, congrederetur: intellecturum, quid invicti Germani, exercitatissimi in armis, qui inter annos XIV tectum non subissent, virtute possent.

37 Haec eodem tempore Caesari mandata referebantur et legati ab Haeduis et a Treveris veniebant: Haedui questum, quod Harūdes, qui nuper in Galliam transportati essent, fines eorum popularentur; sese ne obsidibus quidem datis pacem Ariovisti redimere potuisse; Treveri autem, pagos centum Sueborum ad ripas Rheni consedisse, qui Rhenum transire conarentur; his praeesse Nasuam et Cimberium fratres. Quibus rebus Caesar vehementer commotus maturandum sibi existimavit, ne, si nova manus Sueborum cum veteribus copiis Ariovisti sese coniunxisset, minus facile resisti posset. Itaque re frumentaria, quam celerrime potuit, comparata magnis itineribus ad Ariovistum contendit.

38 Cum tridui viam processisset, nuntiatum est ei Ariovistum cum suis omnibus copiis ad occupandum Vesontionem, quod est oppidum maximum Sequanorum, contendere triduique viam a suis finibus processisse. Id ne accideret, magnopere sibi praecavendum Caesar

---

13 **quod**: was das anbetrifft, dass – **denuntiare**: androhen
14/15 **neminem ... contendisse** erg. vorher: so möge er wissen, dass ... – **cum**: wenn
15 *(eum)* **intellecturum** *(esse)*
16 **exercitatus**: geübt – **inter** ~ *per*
17 **tectum subire**: ein Dach über dem Kopf haben
37 2 **Trēveri**: keltischer Stamm im Gebiet der Mosel; Hauptort *Augusta Treverorum* (Trier) – **Haedui** (erg. *veniebant*) – **questum** (Supin): um sich zu beklagen
4 **redimere**: erkaufen
5 **Trēveri autem** (erg. *veniebant*) – **Suebi**: germanischer Stamm, dessen Anführer Ariovist war
6 **Nasua**: Suebenfürst
7 **Cimberius**: Bruder des Nasua und Heerführer der Sueben
10 **rem frumentariam comparare**: die Verpflegung regeln
11 **iter magnum**: Eilmarsch
38 1 **tridui via**: Dreitagemarsch
2 **Vesontio, -onis** m.: Hauptort der Séquaner (heute Besançon)
4 **praecavēre, ne**: verhüten dass – **praecavendum** *(esse)*

existimabat. Namque omnium rerum, quae ab bellum usui erant, summa erat in eo oppido facultas, idque natura loci sic muniebatur, ut magnam ad ducendum bellum daret facultatem, propterea quod flumen Dubis ut circino circumductum paene totum oppidum cingit; reliquum spatium, quod est non amplius pedum mille sescentorum, qua flumen intermittit, mons continet magna altitudine ita, ut radices eius montis ex utraque parte ripae fluminis contingant. Hunc murus circumdatus arcem efficit et cum oppido coniungit. Huc Caesar magnis nocturnis diurnisque itineribus contendit occupatoque oppido ibi praesidium collocat.

39 Dum paucos dies ad Vesontionem rei frumentariae commeatusque causa moratur, ex percontatione nostrorum vocibusque Gallorum ac mercatorum, qui ingenti magnitudine corporum Germanos, incredibili virtute atque exercitatione in armis esse praedicabant – saepenumero sese cum his congressos ne vultum quidem atque aciem oculorum dicebant ferre potuisse –, tantus subito timor omnem exercitum occupavit, ut non mediocriter omnium mentes animosque perturbaret. Hic primum ortus est a tribunis militum, praefectis reliquisque, qui ex urbe amicitiae causa Caesarem secuti

---

6 **facultas** h.: Vorrat
7 **bellum ducere**: den Krieg in die Länge ziehen
8 **Dubis, -is** m.: der Doubs, Nebenfluß der Saône – **circinus**: Zirkel
9/10 **est ... mille sescentorum pedum**: er beträgt 1600 Fuß
10 **quā**: wo – **intermittere**: einen Zwischenraum lassen – **continēre** h.: einnehmen, ausfüllen
11 **radix, -icis**: Wurzel, Fuß (eines Berges) – **ex utrāque parte**: auf beiden Seiten
12 **hunc** ~ *montem* – **efficere** ~ *facere* (mit dopp. Akk.)
13 **iter magnum** ↗ 37,11 – **diurnus**: bei Tage

39 2 **percontatio, -onis**: Befragung – **voces** h.: Gerede
4 **exercitatio, -onis**: Übung
5 **saepenumero** ~ *saepe*
6 **acies**: Schärfe, Feuer (der Augen)
7 **non mediocriter** ~ *vehementissime*
8 **hic** (erg. *timor*)
9 **urbs** ~ *Roma*

non magnum in re militari usum habebant. Quorum alius alia causa illata, quam sibi ad proficiscendum necessariam esse diceret, petebat, ut eius voluntate discedere licet; nonnulli pudore adducti, ut timoris suspicionem vitarent, remanebant. Hi neque vultum fingere neque interdum lacrimas tenere poterant; abditi in tabernaculis aut suum fatum querebantur aut cum familiaribus suis commune periculum miserabantur. Vulgo totis castris testamenta obsignabantur. Horum vocibus ac timore paulatim etiam ii, qui magnum in castris usum habebant, milites centurionesque quique equitatui praeerant, perturbabantur. Qui se ex his minus timidos existimari volebant, non se hostem vereri, sed angustias itineris et magnitudinem silvarum, quae inter eos atque Ariovistum intercederent, aut rem frumentariam, ut satis commode supportari posset, timere dicebant. Nonnulli etiam Caesari nuntiabant, cum castra moveri ac signa ferri iussisset, non fore dicto audientes milites neque propter timorem signa laturos.

40 Haec cum animadvertisset, convocato consilio omniumque ordinum ad id consilium adhibitis centurionibus vehementer eos

---

10 **usus, -ūs** h.: Erfahrung

10/11 **alius aliā causā illatā**: nachdem der eine diesen und der andere jenen Grund angegeben hatte

12 **eius voluntate** ↗ 35,10

13/14 **vultum fingere**: sich verstellen

14 **tenēre** ~ *retinēre*

14/15 **tabernaculum**: Zelt

15 **familiaris** (h. subst.): Freund, Vertrauter

16 **vulgo** (Adv.): allgemein

17 **obsignare**: versiegeln

18 **in castris** ~ *in re militari* – **quique** ~ *et qui* ↗ Z. 18 ff. Ⓚ *ii, qui . . . volebant, dicebant se non hostem vereri, sed angustias . . . aut (se) timere, ut res frumentaria satis commode supportari posset*

21/22 **intercedere**: dazwischen liegen – **supportare**: nachführen

23 **timēre, ut**: fürchten, dass nicht

23 **cum**: wenn

24 **signa ferre**: aufbrechen – **dicto audientes non esse**: den Befehl verweigern

40 2 **ordo, -inis** h.: Abteilung; Ⓚ *centurionibus omnium ordinum ad id consilium adhibitis*

incusavit: primum quod, aut quam in partem aut quo consilio ducerentur, sibi quaerendum aut cogitandum putarent. Ariovistum se consule cupidissime populi Romani amicitiam appetisse; cur hunc tam temere quisquam ab officio discessurum iudicaret? Sibi quidem persuaderi cognitis suis postulatis atque aequitate condicionum perspecta eum neque suam neque populi Romani gratiam repudiaturum. Quodsi furore atque amentia impulsus bellum intulisset, quid tandem vererentur aut cur de sua virtute aut de ipsius diligentia desperarent? Factum eius hostis periculum patrum nostrorum memoria, cum Cimbris et Teutonis a C. Mario pulsis non minorem laudem exercitus quam ipse imperator meritus videretur; factum etiam nuper in Italia servili tumultu, quos tamen aliquid usus ac disciplina, quam a nobis accepissent, sublevarent. Ex quo iudicari posse, quantum haberet in se boni constantia, propterea quod, quos aliquamdiu inermes sine causa timuissent, hos postea armatos ac victores superassent. Denique hos esse eosdem, quibuscum saepenumero Helvetii congressi non solum in suis, sed etiam in illorum finibus plerumque superassent, qui tamen pares esse nostro exercitui non potuerint. Si quos adversum proelium et fuga

---

3 **quam in partem**: wohin; **quo consilio**: nach welchem Plan; Ⓚ *primum quod putarent sibi quaerendum aut cogitandum esse, aut ... ducerentur*

5 **appeti***(vi)***sse**

6 **ab officio discedere**: von der Pflicht abweichen; **discessurum***(esse)*

7 **postulatum**: Forderung – **aequitas** h.: Berechtigung

9 **quodsi**: wenn aber – **amentia**: Wahnsinn

10 **quid tandem**: was eigentlich?

11 **periculum facere alcis**: sich mit jd. messen

12 **memoriā**: zur Zeit – **Gaius Marius**: römischer Konsul (156–86 v. Chr.) ↗ 33,15

13 **meritus***(esse)*

14 **factum** (erg. *esse periculum*) – **servili tumultu** ~ *tumultu servorum* (gemeint ist der Sklavenaufstand unter Spartakus 73 v. Chr.) – **aliquid** (Adv.): einigermaßen – **usus** (erg. *armorum*)

15 **ex quo** ~ *ex ea re*

16 Ⓚ *quantum boni haberet in se constantia*

17 **aliquamdiu**: eine Zeit lang

18 **supera***(vi)***ssent**

19 **saepenumero** ~ *saepe*

21 **adversus**: unglücklich

Gallorum commoveret, hos, si quaererent, reperire posse diuturnitate belli defatigatis Gallis Ariovistum, cum multos menses castris se ac paludibus tenuisset neque sui potestatem fecisset, desperantes iam de pugna et dispersos subito adortum magis ratione et consilio quam virtute vicisse. Cui rationi contra homines barbaros atque imperitos locus fuisset, hac ne ipsum quidem sperare nostros exercitus capi posse. Qui suum timorem in rei frumentariae simulationem angustiasque itineris conferrent, facere arroganter, cum aut de officio imperatoris desperare aut praescribere viderentur. Haec sibi esse curae: frumentum Sequanos, Leucos, Lingones subministrare iamque esse in agris frumenta matura; de itinere ipsos brevi tempore iudicaturos. Quod non fore dicto audientes neque signa laturi dicantur, nihil se ea re commoveri; scire enim, quibuscumque exercitus dicto audiens non fuerit, aut male re gesta fortunam defuisse aut aliquo facinore comperto avaritiam esse convictam; suam innocentiam perpetua vita, felicitatem Helvetiorum bello esse perspectam. Itaque se, quod in longiorem diem collaturus fuisset, repraesentaturum et proxima nocte de quarta vigilia castra

---

22/23 **diuturnitas**: lange Dauer

23 **defatigare**: völlig ermüden, erschöpfen

24 **potestatem sui facere** h.: sich in einen Kampf einlassen

26/27 **cui ratione . . . hac**: Ⓚ *hac ratione, cui . . .*; **ratio** h.: Kriegsplan

27 **locus est alci**: etwas ist am Platz, ist angebracht – **ipsum** ~ *Ariovistum*

28 **capere** ~ *decipere*

28/29 **rei frumentariae simulatio**: angebliche Versorgungsprobleme

29 **conferre in alqd**: auf etwas schieben – **arrogans**: anmaßend

30 **officium** h.: Pflichtgefühl

31 **Leuci**: keltischer Stamm in Lothringen – **Lingones**: keltischer Volksstamm auf der Hochebene von Langres/Frankreich

31/32 **subministrare**: herbeischaffen

33 **iudicaturos***(esse)* – **quod**: dass, wenn – **dicto audientes non esse** ↗ 39,24

34 **nihil** (Adv.): keineswegs

36 **defuisse** (erg. *eis*)

38 **perspicere**: deutlich erkennen – **longior dies**: späterer Termin – **conferre in**: verschieben auf

39 **repraesentare**: sofort vornehmen; **repraesentaturum***(esse)*

CAESAR

Caesar bei der Niederschrift des „Gallischen Krieges“
(Florenz, Palazzo Vecchio)

moturum, ut quam primum intellegere posset, utrum apud eos pudor atque officium an timor plus valeret. Quodsi praeterea nemo sequatur, tamen se cum sola decima legione iturum, de qua non dubitaret, sibique eam praetoriam cohortem futuram. Huic legioni Caesar et indulserat praecipue et propter virtutem confidebat maxime.

---

40 **moturum***(esse)* – **quam primum** ~ *quam celerrime*
41 **quodsi** ↗ 40,9
42 **iturum***(esse)*
43 **praetoria cohors**: Leibgarde – **futuram***(esse)*
44 **indulgēre alci**: jd. bevorzugen

CAESAR

41 Hac oratione habita mirum in modum conversae sunt omnium mentes summaque alacritas et cupiditas belli gerendi iniecta est, principsque decima legio per tribunos militum ei gratias egit, quod de se optimum iudicium fecisset, seque esse ad bellum gerendum paratissimam confirmavit. Deinde reliquae legiones cum tribunis militum et primorum ordinum centurionibus egerunt, uti per eos Caesari satisfacerent; se neque umquam dubitasse neque timuisse neque de summa belli suum iudicium, sed imperatoris esse existimavisse. Eorum satisfactione accepta et itinere exquisito – per Diviciacum, quod e Gallis ei maximam fidem habebat –, ut milium amplius quinquaginta circuitu locis apertis exercitum duceret, de quarta vigilia, ut dixerat, profectus est. Septimo die, cum iter non intermitteret, ab exploratoribus certior factus est Ariovisti copias a nostris milia passuum quattuor et viginti abesse.

42 Cognito Caesaris adventu Ariovistus legatos ad eum mittit: quod antea de colloquio postulasset, id per se fieri licere, quoniam propius accessisset seque id sine periculo facere posse existimaret. Non respuit condicionem Caesar iamque eum ad sanitatem reverti arbitrabatur, cum id, quod antea petenti denegasset, ultro polliceretur, magnamque in spem veniebat pro suis tantis populique Romani in eum beneficiis cognitis suis postulatis fore, uti pertinacia desisteret. Dies colloquio dictus est ex eo die quintus. Interim saepe

---

41 1 **mirum in modum** ~ *mire* – **converti**: sich ändern
2 **alacritas**: Eifer
3 **princeps** (präd.) ~ *prima*
6 **ordo** ↗ 40,2 – **uti** ~ *ut*
7 **dubita***(vi)***sse**
8 **summa belli**: Kriegsführung – **meum iudicium est**: mir steht ein Urteil zu
9 **satisfactio**: Entschuldigung
10/11 **milium amplius quinquaginta circuitu**: auf einem Umweg von mehr als 50 Meilen
11 **loca aperta**: offenes Gelände

42 2 **postula***(vi)***sset** – **per me fieri licet**: meinetwegen kann es geschehen
3 **accessisset** (erg. *Caesar*)
4 **respuere**: zurückweisen – **sanitas**: Vernunft
5 **denega***(vi)***sset**; **denegare**: verweigern – **ultro** (Adv.): freiwillig
7 **fore, ut**: es werde dazu kommen, dass – **pertinacia**: Hartnäckigkeit
8 **ex eo die**: von da ab

ultro citroque cum legati inter eos mitterentur, Ariovistus postulavit, ne quem peditem ad colloquium Caesar adduceret: vereri se, ne per insidias ab eo circumveniretur; uterque cum equitatu veniret; alia ratione sese non esse venturum. Caesar, quod neque colloquium interposita causa tolli volebat neque salutem suam Gallorum equitatui committere audebat, commodissimum esse statuit omnibus equis Gallis equitibus detractis legionarios eo milites legionis decimae, cui quam maxime confidebat, imponere, ut praesidium quam amicissimum, si quid opus facto esset, haberet: quod cum fieret, non irridicule quidam ex militibus decimae legionis dixit plus quam pollicitus esset Caesarem facere: pollicitum se in cohortis praetoriae loco decimam legionem habiturum, ad equum rescribere.

43 Planities erat magna et in ea tumulus terrenus satis grandis. Hic locus aequo fere spatio ab castris Ariovisti et Caesaris aberat. Eo, ut erat dictum, ad colloquium venerunt. Legionem Caesar, quam equis devexerat, passibus ducentis ab eo tumulo constituit. Item equites Ariovisti pari intervallo constiterunt. Ariovistus ex equis ut colloquerentur et praeter se denos ad colloquium adducerent, postulavit. Ubi eo ventum est, Caesar initio orationis sua senatusque in eum beneficia commemoravit, quod rex appellatus esset a senatu, quod amicus, quod munera amplissima missa; quam rem et

---

9 **ultro citroque**: hin und her
11 **circumvenire** h.: täuschen
12 **aliā ratione**: sonst
14 **statuit** ~ *putavit*
15 **Gallis equitibus** (Dativ) – **eo**: dorthin (d. h. auf die Pferde)
16 **imponere** h.: setzen
17 **si quid opus facto esset**: notfalls
18 **irridiculus**: unwitzig
20 **in cohortis praetoriae loco habēre** ~ *cohortem praetoriam habēre*; **cohors praetoria** ↗ 40,43
20/21 **ad equum rescribere**: in den Ritterstand erheben
43 1 **tumulus terrenus**: Erdhügel – **grandis** ~ *magnus*
4 **devehere**: hinbringen – **constituere** h.: Stellung beziehen
5 **ex equis**: zu Pferd
6 **deni**: je zehn

paucis contigisse et pro magnis hominum officiis consuesse tribui docebat. Illum, cum neque aditum neque causam postulandi iustam haberet, beneficio ac liberalitate sua ac senatus ea praemia consecutum. Docebat etiam, quam veteres quamque iustae causae necessitudinis ipsis cum Haeduis intercederent, quae senatus consulta, quotiens quamque honorifica in eos facta essent, ut omni tempore totius Galliae principatum Haedui tenuissent, prius etiam, quam nostram amicitiam appetissent. Populi Romani hanc esse consuetudinem, ut socios atque amicos non modo sui nihil deperdere, sed gratia, dignitate, honore auctiores velit esse; quod vero ad amicitiam populi Romani attulissent, id iis eripi quis pati posset? Postulavit deinde eadem, quae legatis in mandatis dederat: ne aut Haeduis aut eorum sociis bellum inferret; obsides redderet; si nullam partem Germanorum domum remittere posset, at ne quos amplius Rhenum transire pateretur.

44 Ariovistus ad postulata Caesaris pauca respondit, de suis virtutibus multa praedicavit: transisse Rhenum sese non sua sponte, sed rogatum et arcessitum a Gallis; non sine magna spe magnisque praemiis domum propinquosque reliquisse; sedes habere in Gallia ab ipsis concessas, obsides ipsorum voluntate datos; stipendium capere iure belli, quod victores victis imponere consuerint. Non sese Gallis, sed Gallos sibi bellum intulisse; omnes Galliae civitates

---

10 **contingere**: zuteil werden – **officium** h.: Dienst – **consue***(vi)***sse**

11 **docēre**: belehren – **illum** ~ *Ariovistum* – **cum**: obwohl – **aditus, -ūs** h.: Berechtigung

14 **necessitudo** ~ *amicitia* – **intercedere** h.: vorliegen

15 **honorificus**: ehrenvoll – **ut**: wie

18 **sui nihil**: nichts von ihrem Eigentum

19 **deperdere**: einbüßen, gänzlich verlieren – **auctior**: größer, stärker

19/20/21 Ⓚ *quis pati posset id iis eripi, quod attulissent* – **afferre** h.: mitbringen

21 **in mandatis dare** ~ *mandare*

44 1 **postulatum** ↗ 40,7 – **virtutes** h.: Leistungen

3/4 **sine magna spe magnisque praemiis** ~ *sine magna spe magnorum praemiorum*

4 **reliquisse** (erg. *se*)

5 **ab ipsis** ~ *a Gallis* – **ipsorum** ~ *Gallorum*

6 **consue***(ve)***rint**

ad se oppugnandum venisse ac contra se castra habuisse; eas omnes copias uno a se proelio pulsas ac superatas esse. Si iterum experiri velint, se iterum paratum esse decertare; si pace uti velint, iniquum esse de stipendio recusare, quod sua voluntate ad id tempus pependerint. Amicitiam populi Romani sibi ornamento et praesidio, non detrimento esse oportere, idque se hac spe petisse. Si per populum Romanum stipendium remittatur et dediticii subtrahantur, non minus se libenter recusaturum populi Romani amicitiam, quam adpetierit. Quod multitudinem Germanorum in Galliam traducat, id se sui muniendi, non Galliae impugnandae causa facere. Eius rei testimonium esse, quod nisi rogatus non venerit et quod bellum non intulerit, sed defenderit. Se prius in Galliam venisse quam populum Romanum; numquam ante hoc tempus exercitum populi Romani Galliae provinciae finibus egressum. Quid sibi vellet? Cur in suas possessiones veniret? Provinciam suam hanc esse Galliam, sicut illam nostram. Ut ipsi concedi non oporteret, si in nostros fines impetum faceret, sic item nos esse iniquos, quod in suo iure se interpellaremus. Quod a se Haeduos amicos appellatos diceret, non se tam barbarum neque tam imperitum esse rerum, ut non sciret neque bello Allobrogum proximo Haeduos Romanis auxilium tulisse neque ipsos in his contentionibus, quas Haedui secum et cum Sequanis habuissent,

---

8 **castra habere** ~ *bellum gerere*
11 **recusare de alqa re**: etwas verweigern
13 **peti***(vi)***sse**
14 **remittere**: erlassen – **dediticii**: Untertanen
14/15 **subtrahere**: (mit Gewalt) wegnehmen
15 **recusaturum***(esse)*
16 **adpeti***(v)***erit**
17 **munire** ~ *tuēri*
22 **quid tibi vis**: was willst du eigentlich? – **possessio**: Besitz
23 **illam** *(gemeint ist die Provinz Narbonensis)*
25 **interpellare**: stören
27 **imperitus rerum**: mit der Geschichte nicht vertraut
27/28 **bello proximo**: im letzten Krieg
27 **Allobroges**: keltischer Stamm zwischen Rhône und Genfer See

auxilio populi Romani usos esse. Debere se suspicari simulata Caesarem amicitia, quod exercitum in Gallia habeat, sui opprimendi causa habere. Qui nisi decedat atque exercitum deducat ex his regionibus, sese illum non pro amico, sed pro hoste habiturum. Quodsi eum interfecerit, multis se nobilibus principibusque populi Romani gratum esse facturum – id se ab ipsis per eorum nuntios compertum habere –, quorum omnium gratiam atque amicitiam eius morte redimere posset. Quodsi decessisset et liberam possessionem Galliae sibi tradidisset, magno se illum praemio remuneraturum et, quaecumque bella geri vellet, sine ullo eius labore et periculo confecturum.

45 Multa a Caesare in eam sententiam dicta sunt, quare negotio desistere non posset; neque suam neque populi Romani consuetudinem pati, uti optime meritos socios desereret, neque se iudicare Galliam potius esse Ariovisti quam populi Romani. Bello superatos esse Arvernos et Rutenos a Q. Fabio Maximo, quibus populus Romanus ignovisset neque in provinciam redegisset neque stipendium imposuisset. Quodsi antiquissimum quodque tempus spectari oporteret, populi Romani iustissimum esse in Gallia imperium; si iudicium senatus observari oporteret, liberam debere esse Galliam, quam bello victam suis legibus uti voluisset.

30/31/32 (K) *debēre se suspicari Caesarem simulatā amicitiā eum exercitum, quem in Gallia habeat, sui (~ Ariovisti) opprimendi causa habēre*

34 **habiturum** *(esse)* – **quodsi** ↗ 40,9

35 **gratum facere alci**: jd. einen Gefallen tun

36 **compertum habēre**: sicher wissen

37 **redimere** h.: gewinnen

39 **remunerari**: belohnen – **remuneraturum** *(esse)*

40 **eius** (gen. obi.) ~ *Caesaris* – **confecturum** *(esse)*

45 1 **in eam sententiam**: in diesem Sinne – **negotium** h.: Vorhaben

3 **uti** ~ *ut* – **iudicare** ~ *putare*

5 **Ruteni**: Völkerschaft, deren Wohngebiet teils in Gallien, teils in der Provinz Narbonensis lag – **Quintus Fabius Maximus**: römischer Konsul

6 **in provinciam redigere**: zur Provinz machen

7 **quodsi**: wenn also – **antiquissimum quodque tempus**: gerade die älteste Zeit

10 **voluisset** (erg. als Subj. *senatus*)

CAESAR

Caesar – Herr der Welt
(Ausschnitt aus einem Gemälde von Adolphe Yvon, 19. Jh.)

CAESAR

46 Dum haec in colloquio geruntur, Caesari nuntiatum est equites Ariovisti propius tumulum accedere et ad nostros adequitare, lapides telaque in nostros conicere. Caesar loquendi finem fecit seque ad suos recepit suisque imperavit, ne quod omnino telum in hostes reicerent. Nam etsi sine ullo periculo legionis delectae cum equitatu proelium fore videbat, tamen committendum non putabat, ut pulsis hostibus dici posset eos ab se per fidem in colloquio circumventos. Posteaquam in vulgus militum elatum est, qua arrogantia in colloquio Ariovistus usus omni Gallia Romanis interdixisset impetumque in nostros eius equites fecissent eaque res colloquium diremisset, multo maior alacritas studiumque pugnandi maius exercitui iniectum est.

47 Biduo post Ariovistus ad Caesarem legatos mittit: velle se de iis rebus, quae inter eos agi coeptae neque perfectae essent, agere cum eo; uti aut iterum colloquio diem constitueret aut, si id minus vellet, ex suis legatis aliquem ad se mitteret. Colloquendi Caesari causa visa non est et eo magis, quod pridie eius diei Germani retineri non potuerant, quin in nostros tela conicerent. Legatum ex suis sese magno cum periculo ad eum missurum et hominibus feris obiecturum existimabat. Commodissimum visum est C. Valerium Procillum, C. Valeri Caburi filium, summa virtute et humanitate

---

46 1 **geruntur** ~ *aguntur*
2 **propius** (mit Akk.): näher – **adequitare**: heranreiten
5 **reicere** h.: zurückschießen
6 **committere, ut**: es dahin kommen lassen, dass
7 **per fidem**: treulos
7/8 **circumventos** *(esse)*; **circumvenire** ↗ 42,11
8 **posteaquam** ~ *postquam* – **efferri** h.: bekannt werden
8/9 **quā arrogantiā usus** ~ *quam arroganter* (↗ 40,29)
9 **interdicere alci alqa re**: jd. etwas verbieten, jd. etwas untersagen
11 **dirimere**: abbrechen – **alacritas** ↗ 41,2

47 1 **biduo post**: zwei Tage später
2 **inter eos** (statt *inter se*)
3 **uti** ~ *ut*
5 **pridie eius diei** ~ *pridie* – **non retinēri, quin**: nicht davon abgehalten werden, dass
7 **missurum** *(esse)*
7/8 **obiecturum** *(esse)*
8/9 **Gaius Valerius Procillus, Gaius Valerius Caburus**: vornehme Gallier

adulescentem, cuius pater a C. Valerio Flacco civitate donatus erat, et propter fidem et propter linguae Gallicae scientiam, qua multa iam Ariovistus longinqua consuetudine utebatur, et quod in eo peccandi Germanis causa non esset, ad eum mittere et una M. Metium, qui hospitio Ariovisti utebatur. His mandavit, ut, quae diceret Ariovistus, cognoscerent et ad se referrent. Quos cum apud se in castris Ariovistus conspexisset, exercitu suo praesente conclamavit: quid ad se venirent? An speculandi causa? Conantes dicere prohibuit et in catenas coniecit.

48 Eodem die castra promovit et milibus passuum sex a Caesaris castris sub monte consedit. Postridie eius diei praeter castra Caesaris suas copias traduxit et milibus passuum duobus ultra eum castra fecit eo consilio, uti frumento commeatuque, qui ex Sequanis et Haeduis supportaretur, Caesarem intercluderet. Ex eo die dies continuos quinque Caesar pro castris suas copias produxit et aciem instructam habuit, ut, si vellet Ariovistus proelio contendere, ei potestas non deesset. Ariovistus his omnibus diebus exercitum castris continuit, equestri proelio cotidie contendit. Genus hoc erat pugnae, quo se Germani exercuerant: equitum milia erant sex, totidem numero pedites velocissimi ac fortissimi, quos ex omni

---

10 **Gaius Valerius Flaccus**: Proprätor in Gallien im Jahre 83 v. Chr. – **civitas** h.: Bürgerrecht

11 **quā** *(linguā)* – **multā** (präd. zu *quā*): vielfach

12 **longinquā consuetudine** (abl. causae)

12/13 **peccare in alqo**: sich an jd. vergreifen; Ⓚ *causa peccandi in eo Germanis non esset*

13 **una** (erg. *cum eo*) – **Marcus Metius**: römischer Offizier

14 **hospitio uti**: Gastfreund sein

16 **conclamare**: laut rufen

17 **quid** ~ *cur* – **speculari**: spionieren

48 1 **castra promovēre** ~ *procedere*

2 **postridie eius diei** ~ *postridie*

3 **ultra eum**: hinter ihm

4 **uti** ~ *ut*

5 **supportare**: herbeibringen

6/7 **aciem instructam habere**: das Heer in Schlachtordnung bereithalten

9 **castris continēre**: im Lager zurückhalten

11 **totidem**: ebenso viele – **velox**: schnell

copia singuli singulos suae salutis causa delegerant; cum his in proeliis versabantur, ad hos se equites recipiebant; hi, si quid erat durius, concurrebant; si qui graviore vulnere accepto equo deciderat, circumsistebant; si quo erat longius prodeundum aut celerius recipiendum, tanta erat horum exercitatione celeritas, ut iubis equorum sublevati cursum adaequarent.

49 Ubi eum castris se tenere Casear intellexit, ne diutius commeatu prohiberetur, ultra eum locum, quo in loco Germani consederant, circiter passus sescentos ab his, castris idoneum locum delegit acieque triplici instructa ad eum locum venit. Primam et secundam aciem in armis esse, tertiam castra munire iussit. Hic locus ab hoste circiter passus sescentos, uti dictum est, aberat. Eo circiter hominum numero sedecim milia expedita cum omni equitatu Ariovistus misit, quae copiae nostros terrerent et munitione prohiberent. Nihilo setius Caesar, ut ante constituerat, duas acies hostem propulsare, tertiam opus perficere iussit. Munitis castris duas ibi legiones reliquit et partem auxiliorum, quattuor reliquas legiones in castra maiora reduxit.

---

12 **copia** (erg. *peditum*) – **singuli singulos suae salutis causa delegerant**: jeder einzelne Reiter hatte sich jeweils einen Fußsoldaten zur persönlichen Sicherheit ausgewählt

14 **durus** ~ *periculosus* – **si qui** ~ *si quis*

14/15 **decidere**: herabfallen

15 **circumsistere** (erg. *eum*): umringen – *(ali)***quo**: irgendwohin

16 **exercitatio** ↗ 39,4

16/17 **iubis sublevati**: sich an den Mähnen haltend

17 **equorum cursum adaequare**: mit den Pferden Schritt halten

49 1/2 Ⓚ *Caesar, ubi . . . intellexit, delegit locum . . ., ne . . . prohiberetur*

2 **ultra** (m. Akk.): oberhalb

4 **triplex**: dreifach

6 **uti** ~ *ut*

7 **expeditus** h.: gefechtsbereit; **expedita** (sinngemäß zu *hominum*)

9 **nihilo setius** ~ *nihilo minus* – **ante** ~ *antea*

10 **opus** h.: Schanzarbeit

50 Proximo die instituto suo Caesar ex castris utrisque copias suas eduxit paulumque a maioribus castris progressus aciem instruxit hostibusque pugnandi potestatem fecit. Ubi ne tum quidem eos prodire intellexit, circiter meridiem exercitum in castra reduxit. Tum demum Ariovistus partem suarum copiarum, quae castra minora oppugnaret, misit. Acriter utrimque usque ad vesperum pugnatum est. Solis occasu suas copias Ariovistus multis et illatis et acceptis vulneribus in castra reduxit. Cum ex captivis quaereret Caesar, quamobrem Ariovistus proelio non decertaret, hanc reperiebat causam, quod apud Germanos ea consuetudo esset, ut matres familiae eorum sortibus vaticinationibusque declararent, utrum proelium committi ex usu esset necne; eas ita dicere: non esse fas Germanos superare, si ante novam lunam proelio contendissent.

51 Postridie eius diei Caesar praesidio utrisque castris, quod satis esse visum est, reliquit, alarios omnes in conspectu hostium pro castris minoribus constituit, quod minus multitudine militum legionariorum pro hostium numero valebat, ut ad speciem alariis uteretur; ipse triplici instructa acie usque ad castra hostium accessit. Tum demum necessario Germani suas copias castris eduxerunt generatimque constituerunt paribus intervallis – Harudes, Marcomanos,

---

50 1 **instituto suo** ~ *suo more*
5 **demum**: erst
9 **proelio decertare**: sich einer Entscheidungsschlacht stellen
11 **sortes**: Losstäbchen – **vaticinatio**: Weissagung
12 **ex usu** ↗ 30,4 – **necne**: oder nicht
13 **fas est** (m. AcI): es ist möglich – **superare** h.: siegen

51 1 **postridie eius diei** ↗ 48,2 – **quod** (Akk. Obi. zu *reliquit*)
2 **alarios** ~ *auxilia* – **pro** (m. Abl.): im Verhältnis zu
3/4 **minus valēre**: ziemlich schwach sein
4 **ad speciem**: zum Schein
5 **triplex** ↗ 49,4
6 **demum** ↗ 50,5 – **necessario** (Adv.): notgedrungen
6/7 **generatim** (Adv.): nach Stämmen
7 **Marcomani**: germanischer Stamm in der Nähe des Main

Tribocos, Vangiones, Nemetes, Sedusios, Suebos – omnemque aciem suam raedis et carris circumdederunt, ne qua spes in fuga relinqueretur. Eo mulieres imposuerunt, quae ad proelium proficiscentes passis manibus flentes implorabant, ne se in servitutem Romanis traderent.

52 Caesar singulis legionibus singulos legatos et quaestorem praefecit, uti eos testes suae quisque virtutis haberet; ipse a dextro cornu, quod eam partem minime firmam hostium esse animadverterat, proelium commisit. Ita nostri acriter in hostes signo dato impetum fecerunt, itaque hostes repente celeriterque procurrerunt, ut spatium pila in hostes coniciendi non daretur. Relictis pilis comminus gladiis pugnatum est. At Germani celeriter ex consuetudine sua phalange facta impetus gladiorum exceperunt. Reperti sunt complures nostri milites, qui in phalangem insilirent et scuta manibus revellerent et desuper vulnerarent. Cum hostium acies a sinistro cornu pulsa atque in fugam coniecta esset, a dextro cornu vehementer multitudine suorum nostram aciem premebant. Id cum animadvertisset P. Crassus adulescens, qui equitatui praeerat, quod expeditior erat quam ii, qui inter aciem versabantur, tertiam aciem laborantibus nostris subsidio misit.

---

8 **Triboci**: germanischer Stamm aus der Gegend von Straßburg – **Vangiones**: germanischer Stamm aus der Nähe von Worms – **Nemetes**: germanischer Stamm in der Gegend von Speyer – **Sedusii**: germanischer Stamm im Gebiet von Rheinland-Pfalz

9 **raeda**: Wagen

10 **eo**: dorthin (nämlich auf die Wagen)

11 **passis manibus**: mit ausgebreiteten Armen

52 2 **uti** ~ *ut*

5 **itaque**: und so – **procurrere**: vorstürmen

6 **spatium** h.: Zeit

6/7 **comminus** (Adv.): Mann gegen Mann

8 **phalanx, -angis**: Schlachtreihe – **excipere** h.: abwehren

9 **insilire**: hineinspringen

10 **revellere**: wegreißen – **désuper**: von oben her – **cum** (adversativ)

13 **Publius Crassus**: Reiterpräfekt in Caesars Armee; sein Vater Marcus Crassus schloss mit Pompeius und Caesar 60 v. Chr. das 1. Triumvirat

14 **inter aciem versari**: im Kampf stehen

15 **laborare** h.: sich in Gefahr befinden – **subsidio** (Dat.): zu Hilfe

Ariovist als Ritter mit eingelegter Lanze
(Ausschnitt aus einem Wandteppich, 15. Jh.)

53 Ita proelium restitutum est, atque omnes hostes terga verterunt nec prius fugere destiterunt, quam ad flumen Rhenum milia passuum ex eo loco circiter quinque pervenerunt. Ibi perpauci aut viribus confisi tranare contenderunt aut lintribus inventis sibi salutem reppererunt. In his fuit Ariọvistus, qui naviculam deligatam ad

---

53 2 **prius . . ., quam** ~ *priusquam*
3 **perpauci**: sehr wenige
4 **tranare**: hinüberschwimmen – **contendere** h.: versuchen – **linter, -tris**: Kahn
4/5 **sibi salutem reperire**: sich retten
5 **navicula**: Boot – **deligare**: anbinden

ripam nactus ea profugit; reliquos omnes consecuti equites nostri interfecerunt. Duae fuerunt Ariovisti uxores, una Sueba natione, quam domo secum duxerat, altera Norica, regis Voccionis soror, quam in Gallia duxerat a fratre missam: utraque in ea fuga periit; duae filiae: harum altera occisa, altera capta est. C. Valerius Procillus, cum a custodibus in fuga trinis catenis vinctus traheretur, in ipsum Caesarem hostes equitatu persequentem incidit. Quae quidem res Caesari non minorem quam ipsa victoria voluptatem attulit, quod hominem honestissimum provinciae Galliae, suum familiarem et hospitem, ereptum ex manibus hostium sibi restitutum videbat neque eius calamitate de tanta voluptate et gratulatione quicquam fortuna deminuerat. Is se praesente de se ter sortibus consultum dicebat, utrum igni statim necaretur an in aliud tempus reservaretur: sortium beneficio se esse incolumem. Item M. Metius repertus et ad eum reductus est.

54 Hoc proelio trans Rhenum nuntiato Suebi, qui ad ripas Rheni venerant, domum reverti coeperunt; quos ubi, qui proximi Rhenum incolunt, perterritos senserunt, insecuti magnum ex his numerum occiderunt: Caesar una aestate duobus maximis bellis confectis maturius paulo, quam tempus anni postulabat, in hiberna in Sequanos exercitum deduxit; hibernis Labienum praeposuit; ipse in citeriorem Galliam ad conventus agendos profectus est.

---

6 **eā** (abl. instr.) ~ *naviculā*

7 **Suebā natione**: eine Suebin

8 **Noricā** *(natione)*: eine Frau aus Noricum (heute Kärnten) – **Voccio, -onis**: Fürst der Noriker und Schwager des Ariovist

9 **ducere** (erg. *in matrimonium*): heiraten

10/11 **Gaius Valerius Procillus** ↗ 47,8

11 **trinis catenis**: mit dreifachen Ketten

12 **incidere in alqm** h.: jd. in die Hände fallen

15/16 **restituere** h.: zurückgeben

16 **gratulatio** h.: Siegesfreude

17 **deminuere de alqa re**: wegnehmen von

18 **consultum** *(esse)*

19 **sortes** ↗ 50,11 – **Marcus Metius** ↗ 47,13

54 7 **Gallia citerior**: Oberitalien – **conventūs agere**: Gerichtstage abhalten

CAESAR

Expedition nach Britannien

Nach Kämpfen am Niederrhein und einem ersten Rheinübergang bereitet Caesar die Überfahrt nach Britannien vor:

20 Exigua parte aestatis reliqua Caesar, etsi in his locis, quod omnis Gallia ad septentriones vergit, maturae sunt hiemes, tamen in Britanniam proficisci contendit, quod omnibus fere Gallicis bellis hostibus nostris inde subministrata auxilia intellegebat et, si tempus anni ad bellum gerendum deficeret, tamen magno sibi usui fore arbitrabatur, si modo insulam adisset, genus hominum perspexisset, loca, portus, aditus cognovisset; quae omnia fere Gallis erant incognita. Neque enim temere praeter mercatores illo adit quisquam neque iis ipsis quicquam praeter oram maritimam atque eas regiones, quae sunt contra Galliam, notum est. Itaque vocatis ad se undique mercatoribus, neque quanta esset insulae magnitudo, neque quae aut quantae nationes incolerent, neque quem usum belli haberent aut quibus institutis uterentur, neque qui essent ad maiorum navium multitudinem idonei portus, reperire poterat.

21 Ad haec cognoscenda, priusquam periculum faceret, idoneum esse arbitratus C. Volusenum cum navi longa praemittit. Huic mandat, ut exploratis omnibus rebus ad se quam primum revertatur. Ipse cum omnibus copiis in Morinos proficiscitur, quod inde erat

---

20 1 **exiguā parte ... reliquā** (abl. abs.; löse konzessiv auf)
2 **ad septentrionem vergere**: sich nach Norden neigen
4 **subministrare**: herbeibringen – **si** ~ *etsi*
6 **si modo** (mit Konj.): wenn nur – **insulam adire**: auf der Insel landen
6/7 **perspicere**: kennen lernen
8 **incognitus**: unbekannt – **temere** (Adv.): ohne weiteres
10 **contra Galliam**: Gallien gegenüber
11ff. **neque quanta ... reperire**: Ⓚ von *reperire* sind vier indirekte Fragesätze abhängig
13 **institutum** h.: Brauch

21 1 **periculum** h.: gefahrvolle Unternehmung
2 **arbitratus** (erg. *eum*) – **Gaius Volusenus**: Offizier Caesars – **Volusenum**: Subj.-Akk. im AcI und Objekt zu *praemittit* – **navi** ~ *nave*
3 **quam primum** ~ *quam celerrime*
4 **Morini**: belgisches Küstenvolk

brevissimus in Britanniam traiectus. Huc naves undique ex finitimis regionibus et, quam superiore aestate ad Veneticum bellum fecerat, classem iubet convenire. Interim consilio eius cognito et per mercatores perlato ad Britannos a compluribus eius insulae civitatibus ad eum legati veniunt, qui polliceantur obsides dare atque imperio populi Romani obtemperare. Quibus auditis liberaliter pollicitus hortatusque, ut in ea sententia permanerent, eos domum remittit et cum iis una Commium, quem ipse Atrebatibus superatis regem ibi constituerat, cuius et virtutem et consilium probabat et quem sibi fidelem esse arbitrabatur cuiusque auctoritas in his regionibus magni habebatur, mittit. Huic imperat, quas possit, adeat civitates horteturque, ut populi Romani fidem sequantur, seque celeriter eo venturum nuntiet. Volusenus perspectis regionibus, quantum ei facultatis dari potuit, qui navi egredi ac se barbaris committere non auderet, quinto die ad Caesarem revertitur, quaeque ibi perspexisset, renuntiat.

22 Dum in his locis Caesar navium parandarum causa moratur, ex magna parte Morinorum ad eum legati venerunt, qui se de superioris temporis consilio excusarent, quod homines barbari et nostrae consuetudinis imperiti bellum populo Romano fecissent, seque ea, quae imperasset, facturos pollicerentur. Hoc sibi Caesar satis

---

5 **traiectus, -ūs**: Überfahrt
6/7 **quam ... classem**: Ⓚ *classem, quam* – **superior**: vorig
6 **Veneticum bellum** (gemeint ist der Aufstand der Veneter 54 v. Chr.)
8 **perferre** h.: berichten
10 **liberaliter** h.: freundlich, zuvorkommend
12 **Commius**: König der Atrebaten (von Caesar in dieses Amt eingesetzt) – **Atrebates**: belgischer Volksstamm zwischen Schelde und Somme
13 **constituere** h.: einsetzen – **consilium** ~ *prudentia*
15 **magni habēri**: viel gelten
15/16 **huic ... civitates**: Ⓚ *huic imperat, ut adeat civitates, quas possit, ...*
16 **fidem sequi**: Schutz suchen
17 **seque** ~ *et se* (= *Caesarem*) – **venturum** *(esse)*
18 **facultatis** (gen. part.) – **navi** ~ *nave*
19/20 **quaeque** ~ *et quae*
22 2 **Morini** ↗ 21,4
2/3 **de superioris temporis consilio**: wegen ihres früheren Verhaltens
3/4 **homines barbari et ... imperiti** (präd.)
5 **impera***(vi)***sset** – **facturos** *(esse)*

opportune accidisse arbitratus, quod neque post tergum hostem relinquere volebat neque belli gerendi propter anni tempus facultatem habebat neque has tantularum rerum occupationes Britanniae anteponendas iudicabat, magnum iis numerum obsidum imperat; quibus adductis eos in fidem recipit. Navibus circiter LXXX onerariis coactis contractisque, quot satis esse ad duas transportandas legiones existimabat, quod praeterea navium longarum habebat, quaestori, legatis praefectisque distribuit. Huc accedebant XVIII onerariae naves, quae ex eo loco a milibus passuum octo vento tenebantur, quominus in eundem portum venire possent; has equitibus tribuit. Reliquum exercitum Q. Titurio Sabino et L. Aurunculeio Cottae legatis in Menapios atque in eos pagos Morinorum, a quibus ad eum legati non venerant, ducendum dedit; P. Sulpicium Rufum legatum cum eo praesidio, quod satis esse arbitrabatur, portum tenere iussit.

23 His constitutis rebus nactus idoneam ad navigandum tempestatem tertia fere vigilia naves solvit equitesque in ulteriorem portum progredi et naves conscendere et se sequi iussit. A quibus cum paulo tardius esset administratum, ipse hora circiter diei quarta cum primis navibus Britanniam attigit atque ibi in omnibus collibus expositas hostium copias armatas conspexit. Cuius loci haec erat natura atque ita montibus angustis mare continebatur, uti ex locis superioribus in litus telum adigi posset. Hunc ad aggrediendum

---

8 **tantulus**: so unbedeutend – **occupatio**: Beschäftigung – **Britanniae** (Dat.)
9 **anteponendas** *(esse)*
10 **in fidem recipere**: Schutz gewähren
14 **a** *(milibus)*: in einer Entfernung von
15 **tenēri, quominus**: daran gehindert werden, dass
17 **Menapii**: belgischer Volksstamm an der Rheinmündung
18 **ducendum** (präd.)

23 1 **tempestas**: Wetter
2 **naves solvere**: die Anker lichten – **ulterior**: weiter entfernt
4 **administrare** h.: ausführen
5 **attingere**: erreichen – **ibi** (d. h. in der Nähe von Dover)
6 **exponere** h.: aufstellen

nequaquam idoneum locum arbitratus, dum reliquae naves eo convenirent, ad horam nonam in ancoris exspectavit. Interim legatis tribunisque militum convocatis, et quae ex Voluseno cognosset et quae fieri vellet, ostendit monuitque, ut rei militaris ratio maximeque ut maritimae res postularent, ut, cum celerem atque instabilem motum haberent, ad nutum et ad tempus omnes res ab iis administrarentur. His dimissis et ventum et aestum uno tempore nactus secundum dato signo et sublatis ancoris circiter milia passuum septem ab eo loco progressus aperto ac plano litore naves constituit.

24 At barbari consilio Romanorum cognito praemisso equitatu et essedariis, quo plerumque genere in proeliis uti consuerunt, reliquis copiis subsecuti nostros navibus egredi prohibebant. Erat ob has causas summa difficultas, quod naves propter magnitudinem nisi in alto constitui non poterant, militibus autem ignotis locis, impeditis manibus, magno et gravi onere armorum pressis simul et de navibus desiliendum et in fluctibus consistendum et cum hostibus erat pugnandum, cum illi aut ex arido aut paulum in aquam progressi omnibus membris expeditis, notissimis locis audacter tela conicerent et equos insuefactos incitarent. Quibus rebus nostri perterriti

---

9 **idoneum** *(esse)*
11 **Volusenus** ↗ 21,2
12/15 **monuitque ... administrarentur**: Ⓚ *monuitque, ut ... administrarentur, ut* (wie) ... *postularent, quae ... haberent*
12 **rei militaris ratio**: Kriegsführung
13 **maritimae res**: Seekriegsführung
14 **instabilis**: unstet – **ad nutum**: auf einen Wink hin – **ad tempus** ~ *statim*
15 **aestus, -ūs**: Strömung
17/18 **naves constituere**: Schiffe vor Anker gehen lassen
24 2 **essedarius**: Wagenkämpfer; **essedariis** (erg. *praemissis*) – **genus, -eris** h.: Truppengattung – **consuē*(ve)*runt**
4/5 **naves constituere** ↗ 23,17/18
5 **altum**: die hohe See
5/6 **militibus ... pressis** (Dat. auct. zu *desiliendum, consistendum, pugnandum*)
7 **consistere** h.: Halt finden
8 **cum**: während (dagegen) – **aridum**: der trockene Boden, das Ufer
10 **insuefactus**: daran gewöhnt

atque huius omnino generis pugnae imperiti non eadem alacritate ac studio, quo in pedestribus uti proeliis consuerant, utebantur.

25 Quod ubi Caesar animadvertit, naves longas, quarum et species erat barbaris inusitatior et motus ad usum expeditior, paulum removeri ab onerariis navibus et remis incitari et ad latus apertum hostium constitui atque inde fundis, sagittis, tormentis hostes propelli ac submoveri iussit; quae res magno usui nostris fuit. Nam et navium figura et remorum motu et inusitato genere tormentorum permoti barbari constiterunt ac paulum modo pedem rettulerunt. At nostris militibus cunctantibus maxime propter altitudinem maris, qui decimae legionis aquilam ferebat, obtestatus deos, ut ea

Römische Truppen landen in Britannien
(Miniatur aus einem Codex der Bibliotheca Marciana, Venedig)

---

11 **alacritas**: Begeisterung
12 **proelium pedestre**: Kampf zu Land – **consue***(ve)***rant**

25 2 **inusitatus**: ungewohnt – **motus, -ūs**: Beweglichkeit – **usus, -ūs** h.: das Manövrieren – **expeditus**: leicht
3 **removēre**: entfernen
4 **constituere** h.: festmachen – **funda**: Schleuder
5 **submovēre**: vertreiben
7 **pedem referre**: sich zurückziehen
9 **qui decimae legionis aquilam ferebat**: der Adlerträger der 10. Legion (der Adler war das wichtigste Feldzeichen einer römischen Legion); die 10. Legion war Caesars Leibgarde – **obtestari**: inständig bitten

res legioni feliciter eveniret, „Desilite“, inquit, „commilitones, nisi vultis aquilam hostibus prodere; ego certe meum rei publicae atque imperatori officium praestitero.“ Hoc cum magna voce dixisset, se ex navi proiecit atque in hostes aquilam ferre coepit. Tum nostri cohortati inter se, ne tantum dedecus admitteretur, universi ex navi desiluerunt. Hos item ex proximis navibus cum conspexissent, subsecuti hostibus appropinquarunt.

26 Pugnatum est ab utrisque acriter. Nostri tamen, quod neque ordines servare neque firmiter insistere neque signa subsequi poterant atque alius alia ex navi, quibuscumque signis occurrerat, se aggregabat, magnopere perturbabantur. Hostes vero notis omnibus vadis, ubi ex litore aliquos singulares ex navi egredientes conspexerant, incitatis equis impeditos adoriebantur, plures paucos circumsistebant, alii ab latere aperto in universos tela coniciebant. Quod cum animadvertisset Caesar, scaphas longarum navium, item speculatoria navigia militibus compleri iussit et, quos laborantes conspexerat, his subsidia submittebat. Nostri simul in arido constiterunt, suis omnibus consecutis in hostes impetum fecerunt atque eos in fugam dederunt; neque longius prosequi potuerunt, quod equites cursum tenere atque insulam capere non potuerant. Hoc unum ad pristinam fortunam Caesari defuit.

---

12 **praestitero** ~ *praestabo*
13 **navi** ~ *nave*
16 **appropinqua***(ve)***runt**

26 2 **ordines servare**: in Reih und Glied bleiben – **firmiter insistere**: festen Fuß fassen
3 **alius alia ex navi**: der eine von diesem, der andere von jenem Schiff
4 **se aggregare**: sich anschließen; Ⓚ *iis signis, quibuscumque occurrerat, se aggregabat*
4/5 **notis omnibus vadis** (abl. abs.)
7 **circumsistere**: bedrängen
8 **scapha**: Beiboot
9 **speculatoria navigia**: Aufklärungsschiffe – Ⓚ *his, quos . . . conspexerat, subsidia submittebat* – **laborare** h.: in Not sein
10 **simul** ~ *simulatque* – **aridum** ↗ 24,8
13 **capere** h.: erreichen
14 **pristinus** h.: altbewährt

27 Hostes proelio superati, simulatque se ex fuga receperunt, statim ad Caesarem legatos de pace miserunt; obsides daturos, quaeque imperasset, sese facturos polliciti sunt. Una cum his legatis Commius Atrebas venit, quem supra demonstraveram a Caesare in Britanniam praemissum. Hunc illi e navi egressum, cum ad eos oratoris modo Caesaris mandata deferret, comprehenderant atque in vincula coniecerant. Tum proelio facto remiserunt et in petenda pace eius rei culpam in multitudinem contulerunt et, propter imprudentiam ut ignosceretur, petiverunt. Caesar questus, quod, cum ultro in continentem legatis missis pacem ab se petissent, bellum sine causa intulissent, ignoscere imprudentiae dixit obsidesque imperavit; quorum illi partem statim dederunt, partem ex longinquioribus locis arcessitam paucis diebus sese daturos dixerunt. Interea suos in agros remigrare iusserunt principesque undique convenire et se civitatesque suas Caesari commendare coeperunt.

28 His rebus pace confirmata post diem quartum, quam est in Britanniam ventum, naves XVII, de quibus supra demonstratum est, quae equites sustulerant, ex superiore portu leni vento solverunt. Quae cum appropinquarent Britanniae et ex castris viderentur, tanta tempestas subito coorta est, ut nulla earum cursum tenere posset, sed aliae eodem, unde erant profectae, referrentur, aliae ad

---

27 1 **se recipere**: sich erholen
2 **daturos** *(esse)* – **quaeque** ~ *et quae*
3 **impera***(vi)***sset** – **facturos** *(esse)*
4 **Commius Atrebas**: der Atrebate Commius ↗ 21,12
5 **praemissum** *(esse)* – **navi** ~ *nave*
6 **oratoris modo**: als Unterhändler
8 **culpam alcs rei conferre in alqm**: die Schuld an etwas auf jd. schieben
10 **ultro** (Adv.): freiwillig – **peti***(vi)***ssent**
11 **ignoscere** (erg. *se*)
13 **daturos** *(esse)*
14 **remigrare**: zurückkehren

28 1 **post diem quartum, quam** ~ *die quarto, postquam*
3 **tollere** h.: an Bord haben – **superior** h.: weiter nördlich gelegen – **solverunt** (erg. *ancoras*)
5 **cooriri** ~ *oriri*
6 **eodem** ~ *eo*

inferiorem partem insulae, quae est propius solis occasum, magno suo cum periculo deicerentur, quae tamen ancoris iactis, cum fluctibus complerentur, necessario adversa nocte in altum provectae continentem petierunt.

29 Eadem nocte accidit, ut esset luna plena, qui dies maritimos aestus maximos in Oceano efficere consuevit, nostrisque id erat incognitum. Ita uno tempore et longas naves, quibus Caesar exercitum transportandum curaverat quasque in aridum subduxerat, aestus complebat et onerarias, quae ad ancoras erant deligatae, tempestas afflictabat neque ulla nostris facultas aut administrandi aut auxiliandi dabatur. Compluribus navibus fractis reliquae cum essent funibus, ancoris reliquisque armamentis amissis ad navigandum inutiles, magna, id quod necesse erat accidere, totius exercitus perturbatio facta est. Neque enim naves erant aliae, quibus reportari possent, et omnia deerant, quae ad reficiendas naves erant usui, et, quod omnibus constabat hiemare in Gallia oportere, frumentum his in locis in hiemem provisum non erat.

30 Quibus rebus cognitis principes Britanniae, qui post proelium ad Caesarem convenerant, inter se collocuti, cum et equites et naves et frumentum Romanis deesse intellegerent et paucitatem militum ex castrorum exiguitate cognoscerent, quae hoc erant etiam angustiora, quod sine impedimentis Caesar legiones transportaverat, optimum factu esse duxerunt rebellione facta frumento commeatuque nostros prohibere et rem in hiemem producere, quod his

---

7 **propius solis occasum**: weiter nach Westen
8 **deici**: verschlagen werden
9 **necessario** (Adv.): notgedrungen – **in altum** ↗ 24,5
10 **provehere**: fortfahren – **peti***(v)***erunt**

29 1/2 **maritimi aestūs maximi**: Springfluten
4 **in aridum subducere**: ans Land ziehen
5 **deligare**: festbinden
6 **afflictare**: beschädigen
8 **funis**: Tau – **armamenta**: Takelage; Ⓚ *cum reliquae (naves) . . . ad navigandum inutiles*

30 4 **exiguitas**: geringe Größe – **hōc** (b. Komp.): um so – **etiam**: noch
6 **optimum factu** (Supin) **ducere**: für das Beste halten – **rebellio**: Aufstand
7 **producere** h.: verlängern

superatis aut reditu interclusis neminem postea belli inferendi causa in Britanniam transiturum confidebant. Itaque rursus coniuratione facta paulatim ex castris discedere ac suos clam ex agris deducere coeperunt.

31 At Caesar etsi nondum eorum consilia cognoverat, tamen et ex eventu navium suarum et ex eo, quod obsides dare intermiserant, fore id, quod accidit, suspicabatur. Itaque ad omnes casus subsidia comparabat. Nam et frumentum ex agris cotidie in castra conferebat et, quae gravissime afflictae erant naves, earum materia atque aere ad reliquas reficiendas utebatur et, quae ad eas res erant usui, ex continenti comparari iubebat. Itaque, cum summo studio a militibus administraretur, XII navibus amissis, reliquis ut navigari commode posset, effecit.

32 Dum ea geruntur, legione ex consuetudine una frumentatum missa, quae appellabatur septima, neque ulla ad id tempus belli suspicione interposita, cum pars hominum in agris remaneret, pars etiam in castra ventitaret, ii, qui pro portis castrorum in statione erant, Caesari nuntiaverunt pulverem maiorem, quam consuetudo ferret, in ea parte videri, quam in partem legio iter fecisset. Caesar – id, quod erat – suspicatus aliquid novi a barbaris initum consilii cohortes, quae in stationibus erant, secum in eam partem proficisci, ex reliquis duas in stationem cohortes succedere, reliquas armari et confestim se subsequi iussit. Cum paulo longius a castris processisset, suos ab hostibus premi atque aegre sustinere et conferta legione ex omnibus partibus tela conici animadvertit. Nam quod omni ex reliquis partibus demesso frumento una pars erat reliqua, suspicati

---

9 **transiturum** *(esse)*

31 2 **eventus, -ūs**: Schicksal, Katastrophe

5 **affligere** ~ *afflictare* ↗ 29,6

8 **administrare** ~ *laborare*

32 1 **frumentatum** (Supin): um Getreide zu beschaffen

4 **ventitare**: oft kommen

6/7 **id, quod erat**: was auch tatsächlich der Fall war

7 **initum** *(esse)*

10 **confestim** (Adv.): unverzüglich

11 **confertus**: dicht zusammengedrängt

13 **demetere**: abmähen

hostes huc nostros esse venturos noctu in silvis delituerant; tum dispersos depositis armis in metendo occupatos subito adorti paucis interfectis reliquos incertis ordinibus perturbaverant, simul equitatu atque essedis circumdederant.

33 Genus hoc est ex essedis pugnae. Primo per omnes partes perequitant et tela coniciunt atque ipso terrore equorum et strepitu rotarum ordines plerumque perturbant et, cum se inter equitum turmas insinuaverunt, ex essedis desiliunt et pedibus proeliantur. Aurigae interim paulum ex proelio excedunt atque ita currus collocant, ut, si illi a multitudine hostium premantur, expeditum ad suos receptum habeant. Ita mobilitatem equitum, stabilitatem peditum in proeliis praestant ac tantum usu cottidiano et exercitatione efficiunt, uti in declivi ac praecipiti loco incitatos equos sustinere et brevi moderari ac flectere et per temonem percurrere et in iugo insistere et se inde in currus citissime recipere consuerint.

34 Quibus rebus perturbatis nostris tempore opportunissimo Caesar auxilium tulit; namque eius adventu hostes constiterunt, nostri se ex timore receperunt. Quo facto ad lacessendum hostem et committendum proelium alienum esse tempus arbitratus suo se loco continuit et brevi tempore intermisso in castra legiones reduxit.

---

14 **delitescere** *(delitui)*: sich verstecken

15 **metendo** ~ *demetendo* (↗ 13) – **occupatus in alqa re**: beschäftigt mit etwas

17 **essedum**: Kampfwagen

33 1 **essedum** ↗ 32,17

1/2 **perequitare**: umherreiten

2 **rota**: Wagenrad

3 **turma** ~ *turba*

4 **se insinuare**: eindringen – **proeliari** ~ *pugnare* – **auriga**: Wagenlenker

7 **mobilitas**: Beweglichkeit – **stabilitas**: Standfestigkeit

8 **uti** ~ *ut*

9 **declivis**: abschüssig – **sustinere** h.: anhalten

10 **flectere**: wenden – **temo**: Deichsel – **insistere in alqa re**: sich stellen auf

11 **citissime** ~ *celerrime* – **consue***(ve)***rint**

34 1 **perturbatis nostris** (Dat.)

2 **namque** ~ *nam*

2/3 **se recipere** ↗ 27,1

4 **alienus** h.: ungünstig

4/5 **se continēre** h.: bleiben

Dum haec geruntur, nostris omnibus occupatis, qui erant in agris reliqui, discesserunt. Secutae sunt continuos complures dies tempestates, quae et nostros in castris continerent et hostem a pugna prohiberent. Interim barbari nuntios in omnes partes dimiserunt paucitatemque nostrorum militum suis praedicaverunt et, quanta praedae faciendae atque in perpetuum sui liberandi facultas daretur, si Romanos castris expulissent, demonstraverunt. His rebus celeriter magna multitudine peditatus equitatusque coacta ad castra venerunt.

35 Caesar, etsi idem, quod superioribus diebus acciderat, fore videbat, ut, si essent hostes pulsi, celeritate periculum effugerent, tamen nactus equites circiter XXX, quos Commius Atrebas, de quo ante dictum est, secum transportaverat, legiones in acie pro castris constituit. Commisso proelio diutius nostrorum militum impetum hostes ferre non potuerunt ac terga verterunt. Quos tanto spatio secuti, quantum cursu et viribus efficere potuerunt, complures ex iis occiderunt, deinde omnibus longe lateque aedificiis incensis se in castra receperunt.

36 Eodem die legati ab hostibus missi ad Caesarem de pace venerunt. His Caesar numerum obsidum, quem ante imperaverat, duplicavit eosque in continentem adduci iussit, quod propinquo die aequinoctii infirmis navibus hiemi navigationem subiciendam non existimabat. Ipse idoneam tempestatem nactus paulo post mediam noctem naves solvit; quae omnes incolumes ad continentem pervenerunt; sed ex iis onerariae duae eosdem, quos reliquae, portus capere non potuerunt et paulo infra delatae sunt.

---

6 **occupatus** h.: beschäftigt
10/11 **praedicare** h.: öffentlich bekannt geben – **in perpetuum**: ein für alle Mal
35 2 **ut**: nämlich dass
3 **Commius Atrebas** ↗ 27,4
8 **longe lateque**: weit und breit
8/9 **se recipere** ↗ 27,1
36 2 **duplicare**: verdoppeln
3/4 **aequinoctium**: Tag- und Nachtgleiche
4 **infirmis navibus** (abl. abs.; löse kausal auf) – **hiems**: (Winter)sturm – **navigatio**: Schifffahrt, Überfahrt – **subicere**: aussetzen, preisgeben; **subiciendam** *(esse)*
6/7 **naves solvere** ↗ 23,2 – **onerariae** (erg. *naves*)
8 **paulo infra**: ein wenig weiter südlich – **deferri**: hingetrieben werden

Zum Nach-Denken

J. Fernau (geb. 1909)

Gaius Julius hatte in langen Jahren, mit großer Mühe und nur Undank der Kelten erntend, alle Stämme Galliens unter römischen Schutz genommen, indem er nacheinander einen vor dem anderen schützte. Er war auch zweimal auf Brücken, die er kurz schlug und lang besang, über den Rhein gegangen. Er war hinübergegangen, um dem gefürchteten Sueben-Herzog Ariovist zu sagen, er möge sich ja nicht unterstehen, sich noch einmal in die inneren Angelegenheiten fremder Völker einzumischen. Gaius Julius war sogar zweimal kurz über den Ärmelkanal nach England gefahren, um nachzusehen, ob von dort etwa Gefahr für Rom drohe. Und wie Recht hatte er doch! Denn kaum betrat er mit einigen Legionen ganz friedlich die Insel, da stellten sich ihm die Briten feindselig entgegen. Er verschob die Beseitigung dieses gefährlichen Nachbarn Roms auf später, da sich inzwischen unter der Führung von Vercingetorix ganz Gallien gegen die römische Schutzherrschaft erhoben hatte. Vercingetorix hatte in der Zwischenzeit eine Leistung vollbracht wie der unglückliche Shawnee-Häuptling Tecumseh, der 1805 die Indianerstämme zum letzten Existenzkampf gegen die Amerikaner vereinte. Der Ausgang ist bekannt.

Aufgaben

1. Untersuche den Stil des Autors. Wie nennt man einen Text wie diesen?
2. Die Römer brachten Gallien sowie Teilen von Germanien und Britannien den Anschluss an die hohe Kultur des Mittelmeerraumes (des Imperium Romanum). Kann man ihr Vorgehen aus dem Verständnis der Zeit heraus oder aus heutiger Sicht verurteilen?
3. Wer berichtet über das Schicksal der Indianer und stellt einige Thesen darüber zur Diskussion?

NEPOS

Sui cuique mores fingunt fortunam hominibus
(Nepos)

Das Schicksal eines jeden Menschen bestimmt dessen Charakter

NEPOS

Sein Geburtsort liegt wohl in einer norditalischen Stadt (wahrscheinlich im heutigen Pavia), seinen Vornamen kennen wir nicht, seine Lebenszeit kann nur annähernd bestimmt werden – und dennoch hat Cornelius Nepos (ca. 100–ca. 24 v. Chr.) einen festen Platz in der römischen Literaturgeschichte. Woher wissen wir denn überhaupt von diesem Mann?
Durch seine teilweise erhaltene Schrift „De viris illustribus". Diese ist dem Bankier und Verleger Titus Pomponius Atticus (ca. 110–32 v. Chr.) gewidmet und umfasste wenigstens 16 Bücher, in denen Nepos das Leben berühmter Römer und Nichtrömer in kurzen Biographien darstellte. Vollständig erhalten ist aus dieser Schrift das Buch „De excellentibus ducibus exterarum gentium", das 23 Lebensbeschreibungen nichtrömischer Feldherren (z. B. Themistokles, Alkibiades, Hannibal) umfasst. Dazu kommen ein Teil der Vita Catos des Älteren und die vollständige Biographie des Atticus, den Nepos sehr bewunderte und mit dem ihn eine enge Freundschaft verband. Darüber hinaus hat Nepos die Dichter Catull eine bleibende Erinnerung verschafft, indem er ihm seine Gedichte widmete.
Wenngleich Nepos' Biographien die ältesten überlieferten in lateinischer Sprache sind, blieb seine Nachwirkung wohl auf wenige Schriftsteller beschränkt (z. B. Gellius, Hyginus, Sueton, Einhard). Seit Ende des 15. Jhs. gehörte Nepos zum Kanon der Schulschriftsteller. Mitte des 19. Jhs. erfährt seine Biographie über Atticus eine erste wissenschaftliche Beschäftigung, die bis heute andauert.

NEPOS

Freundschaft in einer politisch bewegten Zeit

T. Pomponius Atticus, ab origine ultima stirpis Romanae generatus, perpetuo a maioribus acceptam equestrem obtinuit dignitatem. Patre usus est diligente et, ut tum erant tempora, diti imprimisque studioso litterarum. Hic, prout ipse amabat litteras, omnibus doctrinis, quibus puerilis aetas impertiri debet, filium erudivit. Erat autem in puero praeter docilitatem ingenii summa suavitas oris atque vocis, ut non solum celeriter acciperet, quae tradebantur, sed etiam excellenter pronuntiaret. Qua ex re in pueritia nobilis inter aequales ferebatur clariusque exsplendescebat, quam generosi condiscipuli animo aequo ferre possent. Itaque incitabat omnes studio suo, quo in numero fuerunt L. Torquatus, C. Marius filius, M. Cicero: quos consuetudine sua sic devinxit, ut nemo his perpetuo fuerit carior.

In re publica ita est versatus, ut semper optimarum partium et esset et existimaretur, neque tamen se civilibus fluctibus committeret, quod non magis eos in sua potestate existimabat esse, qui se his

---

1 **Titus Pomponius Atticus** (ca. 110–32 v. Chr.): Freund und Verleger von Ciceros (↗ Z. 12) Schriften; seinen Beinamen erhielt er wegen seines 20-jährigen Aufenthaltes in der Landschaft Attica

2 **perpetuo** (Adv.): verbinde mit *obtinuit*

3 **uti** h.: haben, besitzen – **diligente** ~ *diligenti*; h.: sparsam – **diti** ~ *diviti* – **imprimis** (Adv.): vor allem

4 **prout**: so wie

5 **doctrinae** h.: Lehrgegenstände – **impertiri**: unterwiesen werden

6 **docilitas**: Gelehrigkeit – **suavitas**: Anmut – **ōs, ōris** h.: Aussprache

7 **accipere** h.: begreifen

8 **excellenter** (Adv.): vortrefflich – **pronuntiare**: vortragen

9 **ferebatur** ~ *putabatur* – **exsplendescere**: sich glänzend hervortun – **generosus**: vornehm

10 **condiscipulus**: Mitschüler – **animo aequo**: mit Gleichmut

11 **Lucius Torquatus**: Konsul (65 v. Chr.) – **Gaius Marius filius**: Sohn des berühmten Feldherrn Marius

12 **Marcus Tullius Cicero**: berühmter Staatsmann, Philosoph und Redner (106–43 v. Chr.; ↗ S. 18

14 **versari** h.: sich verhalten – **optimae partes** ~ *optimatium partes*

15 **civiles** *(fluctus)* h.: die Gefahren des polit. Lebens

dedissent, quam qui maritimis iactarentur. Honores non petiit, cum ei paterent propter vel gratiam vel dignitatem: quod neque peti more maiorum neque capi possent conservatis legibus in tam effusis ambitus largitionibus neque geri e re publica sine periculo corruptis civitatis moribus. Ad hastam publicam numquam accessit. Nullius rei neque praes neque manceps factus est. Neminem neque suo nomine neque subscribens accusavit, in ius de sua re numquam iit, iudicium nullum habuit. Multorum consulum praetorumque praefecturas delatas sic accepit, ut neminem in provinciam sit secutus, honore fuerit contentus, rei familiaris despexerit fructum: qui ne cum Qūinto quidem Cicerone voluerit ire in Asiam, cum apud eum legati locum obtinere posset. Non enim decere se arbitrabatur, cum praeturam gerere noluisset, asseclam esse praetoris. Qua in re non solum dignitati serviebat, sed etiam tranquillitati, cum suspiciones quoque vitaret criminum. Quo fiebat, ut eius observantia omnibus esset carior, cum eam officio, non timori neque spei tribui viderent.

Incidit Caesarianum civile bellum. Cum haberet annos circiter sexaginta, usus est aetatis vacatione neque se quoquam movit ex

---

17 **maritimis** *(erg. fluctibus)* – **peti*(v)*it**

18 **gratia** h.: (politischer) Einfluss

19 **capere** h.: erlangen – **effusus** (Adj.): übermäßig, maßlos

20 **largitio**: (polit.) Bestechung – **e** *(re p.)*: im Interesse (des ...)

21 **hasta** h.: Versteigerung von Gütern Geächteter; dabei wurde als Symbol staatlicher Macht eine Lanze in den Boden gesteckt

22 **praes, praedis**: Bürge – **manceps, -cipis**: Steuerpächter

23 **subscribens**: als Mitankläger (der die Anklageschrift mit ‚unterschrieb') – **ius, iuris** h.: das Gericht

24 **iudicium** h.: das richterliche Amt

27 **Quintus Cicero**: Bruder des berühmten Marcus (↗ Z. 12)

29 **assecla**: Anhänger, Parteigänger

30 **tranquillitas**: Ruhe

32 **observantia**: Hochachtung – **officium** h.: Dienstwilligkeit

34 **incidit** h.: ~ *accidit* – **Caesarianum**: mit Caesar

35 **aetatis vacatio**: Befreiung vom Kriegsdienst (aus Altersgründen) – **quoquam** (Adv.): irgendwohin

urbe. Quae amicis suis opus fuerant ad Pompeium proficiscentibus, omnia ex sua re familiari dedit, ipsum Pompeium coniunctum non offendit. Nullum ab eo habebat ornamentum, ut ceteri, qui per eum aut honores aut divitias ceperant: quorum partim invitissimi castra sunt secuti, partim summa cum eius offensione domi remanserunt. Attici autem quies tantopere Caesari fuit grata, ut victor, cum privatis pecunias per epistulas imperaret, huic non solum molestus non fuerit, sed etiam sororis filium et Q. Ciceronem ex Pompei castris concesserit. Sic vetere instituto vitae effugit nova pericula. Secutum est illud tempus occiso Caesare, quo res publica penes Brutos videretur esse et Cassium ac tota civitas se ad eos convertisse videretur. Sic M. Bruto usus est, ut nullo ille adulescens aequali familiarius quam hoc sene, neque solum eum principem consilii haberet, sed etiam in convictu. Excogitatum est a quibusdam, ut privatum aerarium Caesaris interfectoribus ab equitibus Romanis constitueretur. Id facile effici posse arbitrati sunt, si principes eius ordinis pecunias contulissent. Itaque appellatus est a C. Flavio, Bruti familiari, Atticus, ut eius rei princeps esse vellet. At ille, qui

---

36 **Pompeius** (106–48 v. Chr.): der berühmte Feldherr, Triumvir mit Caesar und Crassus; im Bürgerkrieg bei Pharsalus (Griechenland) 48 v. Chr. von Caesar besiegt

37 **coniunctum** (erg. *amicitiā*)

38 **ornamentum** h.: Auszeichnung

39 **partim** ~ *pars*

39/40 **castra sequi**: in den Krieg folgen

41 **tantopere** (Adv.): so sehr

42 **pecuniae**: die Zahlung von Geldsummen

43/44 **ex Pompei castris** ~ *qui in Pompei castris fuerant*

44 **concedere alci**: begnadigen (jem. zuliebe) – **institutum** h.: Grundsatz

45 **penes** (m. Akk.): bei, in der Macht/Gewalt

46 **Brutos ... Cassium**: Marcus Iunius, Decimus Brutus und Gaius Cassius Longinus gehörten zu den Mördern Caesars – **se convertere**: sich zuwenden

47 **uti** h.: Umgang haben

48 **familiarius** (erg. *uteretur*)

49 **convictus, -ūs**: geselliger Umgang

50 **aerarium**: Kasse – **Caesaris**: zum folgenden *interfector*: Mörder

52 **ordo** h.: Stand – **appellare** h.: auffordern

officia amicis praestanda sine factione existimaret semperque a talibus se consiliis removisset, respondit: si quid Brutus de suis facultatibus uti voluisset, usurum, quantum eae paterentur, sed neque cum quoquam de ea re collocuturum neque coiturum. Sic ille consensionis globus huius unius dissensione disiectus est. Neque multo post superior esse coepit Antonius, ita ut Brutus et Cassius destituta tutela provinciarum, quae iis dicis causa datae erant a consule, desperatis rebus in exsilium proficiscerentur. Atticus, qui pecuniam simul cum ceteris conferre noluerat florenti illi parti, abiecto Bruto Italiaque cedenti sestertium centum milia muneri misit. Eidem in Epiro absens trecenta iussit dari, neque eo magis potenti adulatus est Antonio neque desperatos reliquit.
Secutum est bellum gestum apud Mutinam. In quo si tantum eum prudentem dicam, minus, quam debeam, praedicem, cum ille potius divinus fuerit, si divinatio appellanda est perpetua naturalis bonitas, quae nullis casibus agitur neque minuitur. Hostis Antonius iudicatus Italia cesserat; spes restituendi nulla erat. Non solum inimici, qui tum erant potentissimi et plurimi, sed etiam, qui

---

54 **factio** h.: Parteinahme
56 **facultates** h.: Geldmittel
57 **coire** h.: eine Absprache treffen
58 **consensionis globus** h.: Clique, polit. Gruppe – **dissensio**: Meinungsverschiedenheit, Uneinigkeit – **disicere** h.: zerstreuen
60 **destituere**: im Stich lassen – **tutela** h.: Verwaltung – **dīcis causā**: (nur) zum Schein
63 **abicere** h.: verstoßen – **sestertium** (Gen. Pl.): 1 Sesterz = $2\frac{1}{2}$ As
64 **Epirus**: Landschaft in Nordgriechenland, wo Atticus Güter besaß – **trecenta** (erg. *milia*) – **neque eo magis**: aber ebenso wenig
65 **adulari**: schmeicheln
66 **Mútina**: Stadt in Oberitalien (heute Modena); hier wurde Decimus Brutus (↗ Z. 46) 43 v. Chr. von den Soldaten des Antonius belagert, aber von einem Heer unter Führung Octavians befreit
67 **dicam . . . praedicem**: Potentialis
68 **divinus** h.: Seher – **divinatio**: Sehergabe
69 **bonitas**: Güte, Redlichkeit – **agere** h.: erschüttern
70 **Italiā cesserat**: er ging in die Gallia Transalpina – **restituere** h.: (politisch) rehabilitieren
72 **se dare**: sich anschließen

adversariis eius se dabant et in eo laedendo aliquam consecuturos sperabant commoditatem, Antonii familiares insequebantur, uxorem Fulviam omnibus rebus spoliare cupiebant, liberos etiam exstinguere parabant. Atticus, cum Ciceronis intima familiaritate uteretur, amicissimus esset Bruto, non modo nihil iis indulsit ad Antonium violandum, sed e contrario familiares eius ex urbe profugientes, quantum potuit, texit, quibus rebus indiguerunt, adiuvit. P. vero Volumnio ea tribuit, ut plura a parente proficisci non potuerint. Ipsi autem Fulviae, cum litibus distineretur magnisque terroribus vexaretur, tanta diligentia officium suum praestitit, ut nullum illa stiterit vadimonium sine Attico, sponsor omnium rerum fuerit. Quin etiam, cum illa fundum secunda fortuna emisset in diem neque post calamitatem versuram facere potuisset, ille se interposuit pecuniamque sine faenore sineque ulla stipulatione credidit, maximum existimans quaestum, memorem gratumque cognosci simulque aperiens se non fortunae, sed hominibus solere esse amicum. Quae cum faciebat, nemo eum temporis causa facere poterat existimare: nemini enim in opinionem veniebat Antonium rerum potiturum. Sed sensim is a nonnullis optimatibus reprehen-

---

73 **commoditas** ~ *commodum* – **insequi** ~ *persequi*
75 **intimus**: der innerste, engste – **familiaritas** ~ *amicitia*
76 **indulgēre**: erlauben
77 **e contrario**: im Gegenteil
78 **tegere** ~ *protegere* – **indigēre** (m. Abl.): nötig haben
79 **Publius Volumnius**: Vertrauter des Antonius – **proficisci** h.: zufließen, zukommen
80 **distinēre** h: in Anspruch nehmen
82 **vadimonium sistere**: vor Gericht erscheinen (durch eine Kaution *[vadimonium]* versicherte man, sich an einem bestimmten Tag vor Gericht einzufinden) – **sponsor**: Bürge
83/84 **in diem**: für einen bestimmten (Zahlungs)Termin
84 **versura**: Anleihe
84/85 **se interponere** h.: sich einsetzen
85 **faenus, -oris**: Zins(en) – **stipulatio**: (mündliche, aber bindende) Verpflichtung
86 **credere** h.: borgen – **quaestus, -ūs**: Erwerb, Gewinn – **memor** h.: erkenntlich
87 **aperire** h.: offenbaren
88 **tempus** h.: Zeitumstände
89 **in opinionem** ~ *in mentem*
90 **sensim** (Adv.): allmählich

debatur, quod parum odisse malos cives videretur. Ille autem, sui iudicii, potius, quid se facere par esset, intuebatur, quam quid alii laudaturi forent.

Conversa subito fortuna est. Ut Antonius rediit in Italiam, nemo non magno in periculo Atticum putarat propter intimam familiaritatem Ciceronis et Bruti. Itaque ad adventum imperatorum de foro decesserat, timens proscriptionem, latebatque apud P. Volumnium, cui, ut ostendimus, paulo ante opem tulerat (tanta varietas iis temporibus fuit fortunae, ut modo hi, modo illi in summo essent aut fastigio aut periculo), habebatque secum Q. Gellium Canum, aequalem simillimumque sui. Hoc quoque sit Attici bonitatis exemplum, quod cum eo, quem puerum in ludo cognorat, adeo coniuncte vixit, ut ad extremam aetatem amicitia eorum creverit. Antonius autem, etsi tanto odio ferebatur in Ciceronem, ut non solum ei, sed etiam omnibus eius amicis esset inimicus eosque vellet proscribere multis hortantibus, tamen Attici memor fuit officii et ei, cum requisisset, ubinam esset, sua manu scripsit, ne timeret statimque ad se veniret: se eum et illius causa Canum de proscriptorum numero exemisse. Ac ne quod periculum incideret, quod noctu fiebat, praesidium ei misit. Sic Atticus in summo timore non solum sibi, sed etiam ei, quem carissimum habebat, praesidio fuit neque

---

91/92 **sui iudicii** (Gen. qual.): selbständig in seinem Urteil
92 **par est**: es geziemt sich – **intuēri** h.: darauf achten
94 **converti**: sich ändern
95 **puta***(ve)***rat**
95/96 **intima familiaritas** ↗ Z. 75
96 **ad** h.: kurz vor – **imperatores**: d. h. die Triumvirn Octavian, Antonius, Lepidus
97 **proscriptio**: Ächtung – **latēre** h.: sich verborgen halten
97/98 **Publius Volumnius** ↗ Z. 79
98 **varietas**: Wechsel
100 **Quintus Gellius Canus**: Freund des Atticus
101 **bonitas** ↗ Z. 69
102 **cogno***(ve)***rat**
104 **ferri** h. ~ *impelli*
107 **requisi***(vi)***sset** – **ubinam** (Adv.): wo denn
109 **incidere** ↗ Z. 34

Attische Landschaft

enim suae solum a quoquam auxilium petiit salutis, sed coniuncti, ut appareret nullam seiunctam sibi ab eo velle fortunam. Quodsi gubernator praecipua laude fertur, qui navem ex hieme marique scopuloso servat, cur non singularis eius existimetur prudentia, qui ex tot tamque gravibus procellis civilibus ad incolumitatem pervenit?

Quibus ex malis ut se emersit, nihil aliud egit quam ut quam plurimis, quibus rebus posset, esset auxilio. Cum proscriptos praemiis imperatorum vulgus conquireret, nemo in Epirum venit, cui res ulla defuerit: nemini non ibi perpetuo manendi potestas facta est; quin etiam post proelium Philippense interitumque C. Cassii et M. Bruti L. Iulium Mocillam praetorium et filium eius Aulumque

---

112 **peti(*v*)it** – **coniuncti** (Gen.) ~ *amici*

113 **quodsi**: wenn aber

114 **gubernator**: Steuermann – **hiems** h.: Sturm

115 **scopulosus**: klippenreich

116 **procellae civiles**: Stürme der Politik – **incolumitas**: Unversehrtheit

118 **se emergere** h.: sich emporarbeiten

119/120 **praemiis** (abl. causae)

120 **imperatores** ↗ Z. 96

120/121 **cui . . . defuerit** (konsekutiv)

121 **perpetuo** (Adv.)

122 **proelium Philippense**: die Schlacht bei Philippi (42 v. Chr.)

123 **praetorius**: gewesener Prätor

123/124 **Aulus Torquatus**: Bruder des Lucius Torquatus (↗ Z. 11), Freund des Cicero und des Atticus

Torquatum ceterosque pari fortuna perculsos instituit tueri atque ex Epiro iis omnia Samothraciam supportari iussit. Difficile est omnia persequi et non necessarium. Illud unum intellegi volumus, illius liberalitatem neque temporariam neque callidam fuisse. Id ex ipsis rebus ac temporibus iudicari potest, quod non florentibus se venditavit, sed afflictis semper succurrit: qui quidem Serviliam, Bruti matrem, non minus post mortem eius quam florentem coluerit. Sic liberalitate utens nullas inimicitias gessit, quod neque laedebat quemquam neque, si quam iniuriam acceperat, non malebat oblivisci quam ulcisci. Idem immortali memoria percepta retinebat beneficia; quae autem ipse tribuerat, tam diu meminerat, quoad ille gratus erat, qui acceperat. Itaque hic fecit, ut vere dictum videatur:

Sui cuíque móres fíngunt fórtunam hóminibús.

Neque tamen ille prius fortunam quam se ipse finxit, qui cavit, ne qua in re iure plecteretur.

His igitur rebus effecit, ut M. Vipsanius Agrippa, intima familiaritate coniunctus adulescenti Caesari, cum propter suam gratiam et Caesaris potentiam nullius condicionis non haberet potestatem, potissimum eius deligeret affinitatem praeoptaretque equitis

---

124 **perculsus** h.: hart betroffen – **instituere** (m. Inf.): es unternehmen

125 **Epirus** ↗ Z. 64 – **Samothracia**: Samothraki (Insel an der Südküste Thrakiens) – **supportare**: herbeitragen

126 **persequi** h.: aufzählen

127 **temporarius**: von den Zeitumständen abhängig – **callidus** h.: berechnend

129 **venditare** ~ *vendere*

130 **eius** ~ *Bruti*

131 *(inimicitias)* **gerere**: hegen, empfinden

132 **neque ... non** h.: noch in der Tat

133 **idem**: andererseits – **immortalis** h.: ewig – **perceptă** ~ *acceptă*

135 **qui** h.: indem er – **vere** (Adv.)

139 **plecti** h.: getadelt werden

140 **Marcus Vipsanius Agrippa**: Feldherr und Freund des Octavian

140/141 **intima familiaritas** ↗ Z. 75

141 **Caesar** *(Ovtavianus)* – **gratia** ↗ Z. 18

142 **condicio** h.: Heiratspartie

143 **affinitas**: Verschwägerung, Verwandtschaft – **praeoptare** ~ *praeferre*

Romani filiam generosarum nuptiis. Atque harum nuptiarum conciliator fuit (non est enim celandum) M. Antonius, triumvir rei publicae; cuius gratia cum augere possessiones posset suas, tantum afuit a cupiditate pecuniae, ut nulla in re usus sit ea nisi in deprecandis amicorum aut periculis aut incommodis. Quod quidem sub ipsa proscriptione perillustre fuit. Nam cum L. Saufei, equitis Romani, aequalis sui, qui complures annos studio ductus philosophiae Athenis habitabat habebatque in Italia pretiosas possessiones, triumviri bona vendidissent consuetudine ea, qua tum res gerebantur, Attici labore atque industria factum est, ut eodem nuntio Saufeius fieret certior se patrimonium amisisse et recuperasse. Idem L. Iulium Calidum, quem post Lucreti Catullique mortem multo elegantissimum poetam nostram tulisse aetatem vere videor posse contendere, neque minus virum bonum optimisque artibus eruditum, quem post proscriptionem equitum propter magnas eius Africanas possessiones in proscriptorum numerum a P. Volumnio, praefecto fabrum Antonii, absentem relatum expedivit. Quod in praesenti utrum ei laboriosius an gloriosius fuerit, difficile est iudicare, quod in eorum periculis non secus absentes quam praesentes amicos Attico esse curae cognitum est.

---

144 **generosarum** (↗ Z. 9) erg. *filiarum* – **nuptiae**: Hochzeit

145 **conciliator**: Vermittler

147 **eā** (*gratiā* ↗ Z. 18)

149 **proscriptio** ↗ Z. 97 – **perillustris**: sehr deutlich – **Lucius Saufeius**: reicher Ritter und Vertrauter des Atticus

150 **sui**: statt *eius*

151 **pretiosus** h.: wertvoll

154 **patrimonium**: Vermögen – **recupera*(vi)*sse**

155 **Lucius Iulius Calidus**: römischer Dichter – **Lucretius**: römischer Dichter und Zeitgenosse Ciceros – **Catullus**: Freund des Nepos (↗ Vorbemerkung zu Catull)

156 **vere** ↗ Z. 135

160 **praefectus fabrum** (Gen. Pl.): Befehlshaber der Pioniere; h. Adjutant – **referre in alqd** h.: einreihen unter etwas – **expedire** ~ *liberare*

160/161 **in praesenti**: unter den gegenwärtigen Umständen

161 **laboriosus**: mühevoll – **gloriosus**: ruhmvoll

162 **in eorum periculis**: verbinde mit *cognitum est* – **non secus** (Adv.) **. . . quam**: nicht anders . . . als, ebenso . . . wie

Zum Nach-Denken

O. Perlwitz

Bis in die heutige Zeit behauptet Atticus seine Stellung unter den anerkannt interessantesten Figuren der späten römischen Republik und beansprucht dabei sogar einen Rang unter den „Großen der Weltgeschichte". In keinem der bedeutenderen Lexika der führenden Kulturnationen der Welt fehlt ein zumindest kürzerer Artikel zu seiner Person. Dieser Zuordnung zum allgemeinen Bildungskanon steht bis heute der relative Mangel an konkretem Wissen über seine Biographie gegenüber. Hinzu kommt, dass die Meinungen darüber weit auseinander gehen, worin die eigentliche Leistung bzw. Größe des Atticus zu erblicken sei. Sahen die einen in ihm den reichsten Mann seiner Zeit oder einen ihrer bedeutendsten Grundbesitzer, hielten ihn andere für den ersten Verleger großen Stils im republikanischen Rom und betrachteten eine solche Verlegertätigkeit als Quelle sowohl seines Reichtums als auch seines Einflusses. Den meisten Autoren galt er vornehmlich als Freund Ciceros, doch fehlen auch Versuche nicht, ihn zur grauen Eminenz hinter dem politischen Wirken seines Freundes zu stilisieren.

Aufgaben

1. Worin liegt die Leistung/Größe des Atticus?
2. Was versteht man unter einer „grauen Eminenz"? Suche Beispiele aus der Geschichte.
3. Erörtere die These, Atticus habe Freundschaften nur im Hinblick auf späteren Nutzen geknüpft.
4. Diskutiere, ob ein Mann wie Atticus heute ein Vorbild ist.

CATULL

Odi et amo
(Catull)

CATULL

Gaius Valerius Catullus (ca. 84–54 v. Chr.), Sohn einer wohlhabenden und angesehenen Familie aus Verona (Norditalien), lebte in einer Zeit, in der sich die *res publica* in einem Auflösungsprozess befand. Die *mores maiorum* galten als überholt, der Staat wurde als „Selbstbedienungsladen“ für wenige angesehen, Rom war zum „Zauberwort“ geworden.

In diese Stadt kam Catull als junger Mann, sollte er doch dort nach dem Willen des Vaters eine standesgemäße Ausbildung erfahren. Und das bedeutet damals: Einschlagen der politischen Laufbahn!

Doch der Reiz der Weltstadt Rom und die Bekanntschaft mit einem damals modischen Dichterkreis ließen für Catull die Literatur wichtiger als die Politik werden.

Wohl durch eine Empfehlung seines Vaters lernte er den Konsul Metellus Celer kennen. Diese Bekanntschaft brachte Catull mit der vornehmen, aber oberflächlichen römischen Gesellschaft in Berührung. In ihr erfuhr er das Glück und Unglück seines Lebens: die Liebe zu Clodia, der Schwester des berüchtigten Volkstribunen und Bandenführers Clodius. Sie war schön, hochgebildet und pflegte einen luxuriösen Lebensstil. Zu ihren Freunden zählten Männer von literarischer Bildung und leichten Sitten. In diese Frau verliebte sich Catull, und er nannte sie Lesbia – nach dem Beinamen der Dichterin Sappho von Lesbos (6. Jh. v. Chr.).

Die Liebe zu dieser Frau, Gattin des Konsuls Metellus Celer, brachte Catull an den Rand der Verzweiflung. Er verließ Rom (57 v. Chr.), vielleicht um Clodia zu vergessen, und reiste in die Provinz Bithynien (Kleinasien).

116 Gedichte, in einem Buch zusammengefasst und seinem Landsmann Cornelius Nepos (↗ S. 96) gewidmet, sind von Catull überliefert. Die Thematik reicht von Tagesthemen, Begegnung mit Freunden, Satire, Spottgedichten bis hin zur Liebesdichtung. Obwohl als *poeta doctus* gefeiert, scheute er sich bisweilen nicht, die Alltagssprache in seinen Gedichten zu verwenden. Das machte ihn beliebt, aber erregte auch den Unwillen mancher hochgestellten Persönlichkeit (z. B. Caesars).

Catulls Gedichte haben eine große Nachwirkung und Bewunderung erfahren. So haben sich, um nur einige zu nennen, Gotthold Ephraim Lessing, Johann Wolfgang von Goethe, Friedrich von Schiller und Eduard Mörike von Catull beeinflussen lassen, seine Gedichte übersetzt oder abgewandelt. Einem größeren Publikum unserer Zeit hat Carl Orff mit seinen Vertonungen der „Catulli Carmina“ diesen Dichter näher gebracht und Interesse geweckt.

 Kallimachos & Sappho = Vorbilder

Widmung (C. 1)

Cui dono lepidum novum libellum
arida modo pumice expolitum?
Corneli, tibi: namque tu solebas
meas esse aliquid putare nugas
iam tum, cum ausus es unus Italorum
omne aevum tribus explicare cartis
doctis, Iuppiter, et laboriosis.
Quare habe tibi, quicquid hoc libelli,
qualecumque; quod, o patrona virgo,
plus uno maneat perenne saeclo.

Unterschied
Catull: kleines anmutiges Büchl.
≠
Copelius: 3 dicke Bücker

---

1 **lepidus**: fein, anmutig
2 **aridus**: trocken – **pumex** (h. f.): Bimsstein (die Papyrusrollen wurden mit Bimsstein geglättet) – **expolitus**: geglättet
3 **Corneli**: gemeint ist der Schriftsteller Cornelius Nepos (ca. 100–ca. 24 v. Chr.), der Biographien berühmter Männer verfasst hat (s. S. 96)
4 **esse aliquid**: etwas wert sein – **nugae**: (poetische) Kleinigkeiten
5 **Itali**: Italer (Bewohner Italiens)
6 **carta** ~ *liber, bri*
7 **laboriosus**: mühevoll
8 **libelli** (erg. *est*)
9 **qualecumque** (erg. *est*) – **patrona virgo**: die Muse
10 **perennis** ~ *per annos* – **saeclo** ~ *saeculo*

Metrik der hier angeführten Catull-Gedichte (Grundschema):

1. Sapphische Strophe (C. 51)
   Z 1–3: |–́ ⏑ |–́ ⏓ |–́ ⏑ ⏑ |–́ ⏑ |–́ ⏓ |
   Z 4: |–́ ⏑ ⏑ |–́ ⏓ |
2. Elfsilbler (Hendekasyllabus) (C. 1; 13; 41; 43)
   |⏓́ ⏓ |–́ ⏑ ⏑ |–́ ⏑ |–́ ⏑ |–́ ⏓ |
3. Hinkjambus (C. 22)
   |⏓ –́ |⏑ –́ |⏑ –́ |⏑ –́ |⏑ –́ |–́ ⏓ |

(↗ Anhang Metrik)

CATULL

Einladung zu einer Party (C. 13)

Cenabis bene, mi Fabulle, apud me
paucis, si tibi di favent, diebus,
si tecum attuleris bonam atque magnam
cenam non sine candida puella
et vino et sale et omnibus cachinnis.
Haec si, inquam, attuleris, venuste noster,
cenabis bene: nam tui Catulli
plenus sacculus est aranearum.
Sed contra accipies meros amores
seu quid suavius elegantiusve est:
Nam unguentum dabo, quod meae puellae
donarunt Veneres Cupidinesque;
quod tu cum olfacies, deos rogabis,
totum ut te faciant, Fabulle, nasum.

---

1 **Fabullus**: nicht weiter bekannter Freund Catulls
4 **candidus** h.: hübsch, adrett
5 **sāl** h.: geistreicher Witz – **cachinnus**: Lachen
6 **venuste noster**: mein lieber Freund
8 **sacculus**: Geldbeutel – **arānea**: Spinngewebe
9 **contrā** (Adv.) h.: als Gegengabe – **merus**: rein – **amores** h.: Zuneigung
10 **elegans** h.: erlesen
11 **unguentum**: duftende Salbe
12 **dona*(ve)*runt** – **Venerēs Cupidinesque**: die Liebesgötter (Plural, weil alle erdenklichen Liebesgötter gemeint sind)
13 **olfacere**: riechen, wahrnehmen
14 **nasus**: Nase

CATULL

Der eingebildete Dichter (C. 22)

Suffenus iste, Vare, quem probe nosti,
homo est venustus et dicax et urbanus
idemque longe plurimos facit versus.
Puto esse ego illi milia aut decem aut plura
perscripta nec sic, ut fit, in palimpsesto
relata: cartae regiae, novi libri,
novi umbilici, lora rubra membranae,
derecta plumbo et pumice omnia aequata.
Haec cum legas tu, bellus ille et urbanus
Suffenus unus caprimulgus aut fossor
rursus videtur: tantum abhorret ac mutat.
Hoc quid putemus esse? Qui modo scurra
aut si quid hac re tritius videbatur,
idem infaceto est infacetior rure,
simul poemata attigit, neque idem umquam
aeque est beatus, ac poema cum scribit:

---

1 **Suffēnus**: wohl ein mittelmäßiger Dichter – **Vārus**: ein Freund Catulls – **probe** (Adv.) h.: recht gut – **no***(vi)***sti**

2 **venustus** h.: charmant – **dicax**: redegewandt, witzig

5 **palimpsestus**: Palimpsest (abgeschabtes und zum zweiten Mal benutztes Pergament)

6 **relatus**: (wieder) eingetragen – **carta** h.: Papyrusblatt

7 **umbilicus** h.: Knauf (Ende des Stabes, um den die Buchrolle gewickelt wurde) – **lorum**: Riemen – **ruber**: rot – **membrana**: Buchhülle (sie bestand aus Pergament)

8 **derectus plumbo**: mit dem Bleistift gerade gezogen – **pumex**: Bimsstein – **aequatus** h.: geglättet

9 **cum** (h. iterativ) – **bellus** ~ *pulcher*

10 **unus** h.: ein beliebiger – **caprimulgus**: Ziegenmelker – **fossor** h.: ungebildeter Mensch

11 **mutat** (h. reflexiv)

12 **scurra**: Lebemann

13 **tritus**: gewandt

14 **infacetus**: plump, geschmacklos – **rure** ~ *agricolā*

15 **poëmata** (n. Pl. zu *poëma*; griech.) **attingere**: sich mit Dichten („Gedichten“) beschäftigen

Tam gaudet in se tamque se ipse miratur.
Nimirum idem omnes fallimur neque est quisquam,
quem non in aliqua re videre Suffenum
possis. Suus cuique attributus est error,
sed non videmus, manticae quod in tergo est.

---

17 **in** *(se)* h.: über
18 **nimirum**: freilich – **idem**: gleichermaßen
20 **error** h.: Selbsttäuschung
21 **mantica**: Ranzen, Rucksack

Ein Mädchen mit langer Nase (C. 41)

Ameana, puella defututa,
tota milia me decem poposcit,
ista turpiculo puella naso,
decoctoris amica Formiani.
Propinqui, quibus est puella curae,
amicos medicosque convocate:
non est sana puella nec rogate,
qualis sit, solet esse imaginosa.

---

1 **defututus**: verhurt
3 **turpiculus**: etwas entstellt, ziemlich hässlich – **nasus**: Nase
4 **decoctor Formiānus**: der Verschwender aus Formiae (Latium); gemeint ist Mamurra, ein reicher römischer Ritter aus Formiae, Anhänger Caesars und von Catull in seinen Gedichten immer wieder angegriffen
8 **imaginosus**: eingebildet

Konkurrenz zu Lesbia (C. 43)

Salve, nec minimo puella naso
nec bello pede nec nigris ocellis
nec longis digitis nec ore sicco

---

1 **nasus**: Nase
2 **bellus** ~ *pulcher* – **ocellus**: Äuglein

nec sane nimis elegante lingua,
decoctoris amica Formiani.
Ten provincia narrat esse bellam?
Tecum Lesbia nostra comparatur?
O saeclum insapiens et infacetum!

---

4 **nec sane**: und nicht eben – **elegante** ~ *eleganti* – **lingua** h.: Redeweise
5 **decoctor Formianus**: der Verschwender aus Formiae (Latium); ↗ 41,4
6 **ten** ~ *tē -nĕ*
8 **saeclum** ~ *saeculum* – **insapiens**: töricht – **infacetus**: geschmacklos

Eifersucht (C. 51)

Ille mi par esse deo videtur,
ille, si fas est, superare divos,
qui sedens adversus identidem te
  spectat et audit
dulce ridentem, misero quod omnis
eripit sensus mihi; nam simul te,
Lesbia, aspexi, nihil est super mi
  ⟨vocis in ore⟩
lingua sed torpet, tenuis sub artus
flamma demanat, sonitu suopte
tintinant aures, gemina teguntur
  lumina nocte.
Otium, Catulle, tibi molestum est;
otio exsultas nimiumque gestis.
Otium et reges prius et beatas
  perdidit urbes.

---

1 **mi** ~ *mihi*
3 **adversus**: gegenüber – **identidem**: immer wieder
5 **dulce** (inn. Akk.) – **quod** ~ *id quod*
7 **Lesbia**: Clodia (↗ Einleitung) – **est super mi** ~ *mihi superest*
9 **torpēre**: gelähmt sein – **sub artus** h.: tief in die Glieder
10 **demanare**: herabfließen, herabrieseln – **sonitus, -ūs**: Schall, Brausen – **suopte** ~ *suo*
11 **tintinare**: klingeln, rauschen – **geminā** (Abl., sinngemäß zu *luminā*)
14 **nimium** ~ *nimis* – **gestire**: ausgelassen sein

Zum Nach-Denken

Liebesgedichte aus verschiedenen Epochen:

Odi et amo. Quare id faciam, fortasse requiris.
Nescio, sed fieri sentio et excrucior.
Oh, ich hasse und liebe! Weshalb ich es tue, du fragst wohl.
Weiß nicht! Doch dass es geschieht, fühl ich – unendlich gequält.

(Catull, c. 85, übers. v. O. Weinreich)

1. *Anonym:*
Dû bist mîn, ich bin dîn

Dû bist mîn, ich bin dîn:
des solt dû gewis sîn.
dû bist beslozzen
in mînem herzen:
verlorn ist das slüzzelîn:
dû muost immer drinne sîn.

Du bist mein, ich bin dein:
dessen sollst du gewiss sein.
Du bist verschlossen
in meinem Herzen:
verloren ist das Schlüsselein:
du musst für immer drinnen
sein.

(Max Wehrli)

Karl-Heinz Gießen:
Liebesgedicht an Elke

Heute sah ich Dich,
und verliebt bin ich.

Dein langes, goldenes Haar
es ist so wunderbar.
Es umspielt Deinen Mund, der lacht
und mich so glücklich macht.

Die großen blauen Augen sehen mich
an
in meinen wunschhaften Träumen, ich
kann
nur an Dich und die Liebe noch denken,
zu Dir hin sich alle meine Sinne lenken.

Deine zarte Figur, Dein Lachen, die Art
zu eilen
wie ein flinkes Wiesel: bei mir muß es
verweilen.

Nur Dich möcht' ich sehn
und mit Dir gehn
in ein Land,
wo wir nur sind und Sand
und Meer.

Aufgaben

1. Kläre mit Hilfe eines Sachwörterbuchs zur Literatur die Begriffe „(Liebes)Lyrik/Minnesang".
2. Informiere dich ausführlich über Catulls „Lesbia-Gedichte" und vergleiche sie mit dem Minnesang.
3. Begründe, welches Gedicht dich anspricht bzw. nicht. Verfasse eventuell ein eigenes.

SALLUST

L. Catilina, nobili genere natus, fuit magna vi et animi et corporis, sed ingenio malo pravoque.
(Sallust)

L. Catilina, von adliger Herkunft, besaß zwar geistige und körperliche Kraft, aber einen völlig verdorbenen Charakter.

SALLUST

Gaius Sallustius Crispus (86–34 v. Chr.) stammte aus einer angesehenen Familie der kleinen Bergstadt Amiternum im Sabinerland und erhielt in Rom, wo die Familie ein Haus besaß, eine gediegene Ausbildung. Bereits in jungen Jahren *(adulescentulus)* zeigte er nach eigenem Bekunden Neigung, sich politisch zu betätigen. Als Vertreter einer popularen Politik schloss er sich Caesar an, wohl auch in der Hoffnung, in seiner Karriere gefördert zu werden. Mitte der fünfziger Jahre wurde er Quästor und gelangte in den Senat. Im Jahre 52 beteiligte sich Sallust als Volkstribun an den politischen Wirren in Rom und wurde gegen Cicero aktiv. Nachdem er kurze Zeit später von den Zensoren angeblich wegen seines unmoralischen Lebenswandels, in Wirklichkeit aus politischen Gründen, aus dem Senat ausgeschlossen wurde, ging er zu Caesar nach Gallien und kämpfte anschließend im Bürgerkrieg auf seiner Seite. 48 wurde er wieder Quästor, trat erneut in den Senat ein, nahm mit wechselndem Erfolg an den militärischen Operationen gegen die Pompejaner teil und verwaltete 46 als Statthalter die Provinz Africa Nova. Nach seiner Rückkehr aus der Provinz wurde er wegen Untertanenausbeutung angeklagt. Caesar ersparte ihm den Prozess. Sein neu erworbenes Vermögen legte Sallust in Rom in den nach ihm benannten *horti Sallustiani* an. Nach dem Tode Caesars zog er sich ins Privatleben zurück und widmete sich der Geschichtsschreibung.

Drei Werke sind das Ergebnis der zweiten Lebensphase: die „Coniuratio Catilinae“, das „Bellum Iugurthinum“ und die „Historiae“, von denen nur wenige Fragmente erhalten sind.

Überraschend und in bemerkenswertem Gegensatz zu seinem politischen Lebenswandel steht die strenge altrömische Moral, die sein Werk durchzieht. Der durch zahlreiche Archaismen und alliterierende Wendungen geprägte Stil, seine gedrungene und ausgeklügelte Darstellungsweise sind orientiert an Catos „Gründungsgeschichten Roms“ (234–149 v. Chr.) und an dem griechischen Historiker Thukydides (ca. 460–400 v. Chr.).

Sowohl mit seiner Betrachtungsweise der Geschichte als auch durch seine Kompositionstechnik übte Sallust Einfluss auf Autoren der Kaiserzeit (z. B. Tacitus) und der Spätantike (z. B. Augustinus) aus. Schon zu seinen Lebzeiten fand er auch Ablehnung, wobei der Vorwurf einer „Diskrepanz von Leben zu moralistischer Haltung“ (P. L. Schmidt) bis in die Gegenwart hineinreicht.

Die große Anzahl erhaltener Sallust-Handschriften vom 9. Jh. an lässt eine breite Rezeption, insbesondere der beiden historischen Monographien, während des Mittelalters und der Renaissance erkennen.
1888 bemerkte Friedrich Nietzsche in seiner Schrift „Was ich den Alten verdanke“: „Mein Sinn für Stil, für das Epigramm als Stil erwachte fast augenblicklich bei der Berührung mit Sallust.“

Zu Sallusts „Coniuratio Catilinae“

Verschwörung des Catilina. Zeichnung von B. Pinelli

Sallusts pessimistische Geschichtsauffassung hängt unmittelbar mit der Wahl des Themas und dem sprachlich-stilistischen Streben zusammen. Der innere Zerfall der Republik und der Niedergang der altrömischen Tüchtigkeit *(virtus)* beginnt nach Sallusts Meinung mit der endgültigen Zerstörung Karthagos (146 v. Chr.), da hiermit äußere Bedrohungen für Rom fortfielen. Die Verschwörung des Catilina im Jahre 63, die Sallust als junger Mann miterlebte, bildete einen Tiefpunkt dieser historischen Entwicklung durch „die Neuartigkeit des Verbrechens und der sich daraus ergebenden Gefahr“ (Con. Cat. 4,4). –
Catilina, wohl von adliger Herkunft, war von geistiger und körperlicher Kraft, aber maßlos in seinen Zielen; geprägt von der moralischen Entartung und der politischen Dekadenz der römischen Gesellschaft wird er gewissermaßen ein Spiegelbild für die „Zustände der zum schlechtesten Staat gewordenen res publica“. (K. Büchner)

SALLUST

Die Vorgeschichte der catilinarischen Verschwörung

Igitur de Catilinae coniuratione, quam verissume potero, paucis absolvam; nam id facinus in primis ego memorabile existumo sceleris atque periculi novitate. De quoius hominis moribus pauca prius explananda sunt, quam initium narrandi faciam. L. Catilina, nobili genere natus, fuit magna vi et animi et corporis, sed ingenio malo pravoque. Huic ab adulescentia bella intestina, caedes, rapinae, discordia civilis grata fuere, ibique iuventutem suam exercuit. Corpus patiens inediae, algoris, vigiliae supra quam quoiquam credibile est. Animus audax, subdolus, varius, quoius rei lubet simulator ac dissimulator, alieni appetens, sui profusus, ardens in cupiditatibus; satis eloquentiae, sapientiae parum. Vastus animus immoderata, incredibilia, nimis alta semper cupiebat. Hunc post dominationem L. Sullae lubido maxuma invaserat rei publicae capiundae, neque id quibus modis adsequeretur, dum sibi regnum pararet, quicquam pensi habebat. Agebatur magis magisque in dies

---

1 **verissume** ~ *verissime* – **paucis** (erg. *verbis*)
2 **absolvere de alqa re**: etwas darstellen – **memorabilis**: denkwürdig – **existumo** ~ *existimo*
3 **quoius** ~ *cuius*
3/4 **prius . . ., quam** ~ *priusquam*
4 **explanare**: darlegen
6 **ingenium** h.: Charakter – **bella intestina** ~ *bella civilia*
7 **rapina**: Raub – **fuēre** ~ *fuerunt*
8 **inedia**: Fasten, Hunger – **algor**: Frost, Kälte – **vigilia** h.: Mangel an Schlaf – **supra quam** ~ *magis quam*
9 **quoiquam** ~ *cuiquam* – **subdolus**: verschlagen
9/10 **quoius rei lubet** ~ *cuiuslibet rei*; **quaelibet res**: jede beliebige Sache
10 **simulator**: Heuchler – **dissimulātor**: Verheimlicher – **profusus** (m. Gen.): verschwenderisch mit etw.
11 **vastus** h.: unersättlich
12 **immoderatus**: maßlos
13 **post** h.: seit – **lubidō maxuma** ~ *libido maxima* – **invadere**: überkommen, befallen
14 **capiundae** ~ *capiendae* – **adsequeretur** ~ *assequeretur* – **modus** h.: Mittel – **dum** ~ *dummodo*
14/15 **neque id . . . pensi habēre**: keinen Wert darauf legen
15 **agere** h.: erregen – **in dies**: von Tag zu Tag

animus ferox inopia rei familiaris et conscientia scelerum, quae utraque iis artibus auxerat, quae supra memoravi. Incitabant praeterea corrupti civitatis mores, quos pessuma ac divorsa inter se mala, luxuria atque avaritia, vexabant.

Res ipsa hortari videtur, quoniam de moribus civitatis tempus admonuit, supra repetere ac paucis instituta maiorum domi militiaeque, quo modo rem publicam habuerint quantamque reliquerint, ut paulatim immutata ex pulcherruma atque optuma pessuma ac flagitiosissuma facta sit, disserere.

Urbem Romam, sicuti ego accepi, condidere atque habuere initio Troiani, qui Aenea duce profugi sedibus incertis vagabantur, cumque iis Aborigines, genus hominum agreste, sine legibus, sine imperio, liberum atque solutum. Hi postquam in una moenia convenere, dispari genere, dissimili lingua, alius alio more viventes, incredibile memoratu est, quam facile coaluerint: ita brevi multitudo dispersa atque vaga concordia civitas facta erat. Sed postquam res eorum, civibus, moribus, agris aucta, satis prospera satisque pollens videbatur, sicuti pleraque mortalium habentur, invidia ex

---

16/17 **quae utraque**: Neutr. Pl.; bezieht sich auf *inopia* und *conscientia*

17 **artes** h.: Mittel, Eigenschaften – **incitare** h.: ermutigen

18 **civitatis** ~ *civium*; darauf bezieht sich *quos* – **pessuma** ~ *pessima* – **divorsa** ~ *diversa*

20/21 **tempus admonet de alqa re**: die Gelegenheit erinnert an etwas

21 **supra repetere**: weiter ausholen – **paucis** ↗ Z. 1

22 **habēre** ~ *administrare*

23 **ŭt** h.: wie – **immutatus**: verwandelt – **pulcherruma** ~ *pulcherrima* – **optuma** ~ *optima*

24 **pessuma** ~ *pessima* – **flagitiōsissuma** ~ *flagitiōsissima*; **flagitiōsus**: schändlich

25 **accipere** h.: erfahren – **condidēre** ~ *condiderunt* – **habuēre** ~ *habuerunt*

26 **profugus**: Flüchtling – **sēdibus incertis**: ohne feste Wohnsitze

27 **Aborigines**: Ureinwohner

28/29 **convenēre** ~ *convenerunt*

29 **dispari genere**: trotz ungleicher Herkunft – **alius alio more vīventēs**: trotz verschiedener Lebensweise

30 *(incredibile)* **memoratu** (Supin): zu berichten – **coalescere**: zusammenwachsen

31 **postquam** (m. Imperf.): seitdem

32 **res** ~ *res publica*

33 **pollens**: mächtig – **habēri** ~ *se habēre*

opulentia orta est. Igitur reges populique finitumi bello temptare, pauci ex amicis auxilio esse; nam ceteri metu perculsi a periculis aberant. At Romani domi militiaeque intenti festinare, parare, alius alium hortari, hostibus obviam ire, libertatem patriam parentisque armis tegere. Post, ubi pericula virtute propulerant, sociis atque amicis auxilia portabant, magisque dandis quam accipiundis beneficiis amicitias parabant. Imperium legitumum, nomen imperi regium habebant. Delecti, quibus corpus annis infirmum, ingenium sapientia validum erat, rei publicae consultabant; hi vel aetate vel curae similitudine patres appellabantur. Post, ubi regium imperium, quod initio conservandae libertatis atque augendae rei publicae fuerat, in superbiam dominationemque se convortit, immutato more annua imperia binosque imperatores sibi fecere; eo modo minume posse putabant per licentiam insolescere animum humanum.

Sed ea tempestate coepere se quisque magis extollere magisque ingenium in promptu habere. Nam regibus boni quam mali suspectiores sunt, semperque iis aliena virtus formidulosa est. Sed civitas incredibile memoratu est adepta libertate quantum brevi creverit:

---

34 **opulentia**: Wohlstand – **finitumi** ~ *finitimi* – **temptare** (erg. *Romanos*) angreifen; **temptare ... auxiliō esse**: hist. Infinitive

35 **metu perculsi**: aus Furcht

36 **festināre, parāre** etc.: hist. Infinitive

37/38 **parentīs** ~ *parentes*

38 **post** ~ *postea*

39 **accipiundis** ~ *accipiendis*

40 **legitumum** ~ *legitimum*; **legitimus**: gesetzlich

45 **esse** (m. Genit. qualitat.) h.: dienen zu – **se convortit** ~ *se convertit*

46 **immutare**: verändern – **bini**: je zwei – **imperator** h.: Machthaber – **fecēre** ~ *fecerunt*

47 **minume** ~ *minime* – **insolescere**: übermütig werden

49 **eā tempestāte** ~ *eo tempore* – **coepēre** ~ *coeperunt* – **se extollere**: hervortreten

50 **in promptu habēre**: zur Geltung bringen

50/51 **suspectus**: verdächtig

51 **formidulosus**: furchtbar

52 *(incredibile)* **memoratu** ↗ Z. 30 – **adeptus** h.: passivisch; Ⓚ *sed incredibile memoratu est, quantum ... civitas brevi creverit*

tanta cupido gloriae incesserat. Iam primum iuventus, simul ac belli patiens erat, in castris per laborem usum militiae discebat, magisque in decoris armis et militaribus equis quam in scortis atque conviviis lubidinem habebant. Igitur talibus viris non labor insolitus, non locus ullus asper aut arduos erat, non armatus hostis formidulosus: virtus omnia domuerat. Sed gloriae maxumum certamen inter ipsos erat: se quisque hostem ferire, murum ascendere, conspici, dum tale facinus faceret, properabat. Eas divitias, eam bonam famam magnamque nobilitatem putabant. Laudis avidi, pecuniae liberales erant; gloriam ingentem, divitias honestas volebant. Memorare possum, quibus in locis maxumas hostium copias populus Romanus parva manu fuderit, quas urbis natura munitas pugnando ceperit, ni ea res longius nos ab incepto traheret.

Sed profecto fortuna in omni re dominatur; ea res cunctas ex lubidine magis quam ex vero celebrat obscuratque. Atheniensium res gestae, sicuti ego aestumo, satis amplae magnificaeque fuere, verum aliquanto minores tamen quam fama feruntur. Sed quia provenere ibi scriptorum magna ingenia, per terrarum orbem Atheniensium facta pro maxumis celebrantur. Ita eorum, qui fecere, virtus tanta habetur, quantum eam verbis potuere extollere

---

53 **incedere** h.: um sich greifen – **iam primum**: zuerst nun – **simul ac** ~ *simulac*
53/54 **belli patiens**: wehrfähig
54 **usus militiae**: Kriegshandwerk
55 **scortum**: Hure
56 **convivium**: Gelage – **lubidinem** ↗ Z. 13 – **viris**: prädikativ
57 **insolitus**: ungewohnt
58 **formidulosus** ↗ Z. 51 – **maxumum** ~ *maximum*
62 **ingentem, honestas**: prädikativ
63 **maxumas** ~ *maximas*
64 **fundere**: niederwerfen – **urbīs** ~ *urbes*
65 **ni** ~ *nisi*
66/67 **ex lubidine** *(~ libidine)*: nach Lust und Laune
67 **ex vero**: nach dem wirklichen Wert – **obscurare**: verdunkeln
68 **fuēre** ~ *fuerunt*
69 **famā ferri**: gerühmt werden
70 **provenēre** ~ *provenerunt*; **provenire**: auftreten, entstehen
71 **maxumis** ~ *maximis*
72 **fecēre** ~ *fecerunt* – **potuēre** ~ *potuerunt*

cunctus: ganz, gesamt, alle
celebrare: feiern, verherrlichen

praeclara ingenia. At populo Romano numquam ea copia fuit, quia prudentissumus quisque maxume negotiosus erat; ingenium nemo sine corpore exercebat; optumus quisque facere quam dicere, sua ab aliis bene facta laudari quam ipse aliorum narrare malebat. Igitur domi militiaeque boni mores colebantur; concordia maxuma, minuma avaritia erat; ius bonumque apud eos non legibus magis quam natura valebat. Iurgia, discordias, simultates cum hostibus exercebant, cives cum civibus de virtute certabant. In suppliciis deorum magnifici, domi parci, in amicos fideles erant. Duabus his artibus, audacia in bello, ubi pax evenerat aequitate, seque remque publicam curabant. Quarum rerum ego maxuma documenta haec habeo, quod in bello saepius vindicatum est in eos, qui contra imperium in hostem pugnaverant quique tardius revocati proelio excesserant, quam qui signa relinquere aut pulsi loco cedere ausi erant; in pace vero, quod beneficiis magis quam metu imperium agitabant et accepta iniuria ignoscere quam persequi malebant. Sed ubi labore atque iustitia res publica crevit, reges magni bello domiti, nationes ferae et populi ingentes vi subacti, Carthago, aemula imperi Romani, ab stirpe interiit, cuncta maria terraeque patebant, saevire fortuna ac miscere omnia coepit. Qui labores, pericula, dubias atque asperas res facile toleraverant, iis otium divitiaeque, optanda alias, oneri miseriaeque fuere. Igitur primo

---

73 **copia** (erg. *ingeniorum*)
74 **prudentissumus** ~ *prudentissimus* – **maxume** ~ *maxime* – **negotiosus**: politisch tätig
76 **bene facta** ~ *res bene gestas*
77 **maxuma** ~ *maxima*
78 **bonum** h.: Sittlichkeit
79 **iurgium**: Streit – **simultas**: Eifersucht
80 **exercēre** h.: austragen – **supplicium**: Opferfest
82 **aequitas** ~ *iustitia*
83 **maxuma** *(~ maxima)* **documenta** (prädikativ)
86 **quam qui** ~ *quam in eos, qui*
87/88 **imperium agitare**: Herrschaft ausüben
91 **aemula**: Nebenbuhlerin – **ab stirpe**: völlig, von Grund aus
92 **miscēre** ~ *perturbare*
94 **alias** (Adv.): sonst – **fuēre** *(~ fuerunt)* h.: sie wurden

Rekonstruktionszeichnung der Stadt Karthago im 2. Jh. v. Chr.

pecuniae, deinde imperi cupido crevit: ea quasi materies omnium malorum fuere. Namque avaritia fidem, probitatem ceterasque artis bonas subvortit; pro his superbiam, crudelitatem, deos neglegere, omnia venalia habere edocuit. Ambitio multos mortalis falsos fieri subegit, aliud clausum in pectore, aliud in lingua promptum habere, amicitias inimicitiasque non ex re, sed ex commodo aestumare, magisque voltum quam ingenium bonum habere. Haec

---

95 **materies**: Grundlage
96 **fuēre** ↗ Z. 68
97 **subvortere** *(~ subvertere)*: untergraben
98 **venalis**: käuflich – **mortalis** ~ *mortales*
99 **subegit** ~ *coegit*
99/100 **in linguā promptum habēre**: offen bekennen
100 **ex rē**: nach dem wahren Wert
101 **aestumare** ~ *aestimare* – **voltum** ~ *vultum*

primo paulatim crescere, interdum vindicari; post, ubi contagio quasi pestilentia invasit, civitas immutata, imperium ex iustissumo atque optumo crudele intolerandumque factum. Sed primo magis ambitio quam avaritia animos hominum exercebat, quod tamen vitium propius virtutem erat. Nam gloriam, honorem, imperium bonus et ignavos aeque sibi exoptant; sed ille vera via nititur, huic quia bonae artes desunt, dolis atque fallaciis contendit. Avaritia pecuniae studium habet, quam nemo sapiens concupivit: ea quasi venenis malis imbuta corpus animumque virilem effeminat, semper infinita et insatiabilis est, neque copia neque inopia minuitur. Sed postquam L. Sulla armis recepta re publica bonis initiis malos eventus habuit, rapere omnes, trahere, domum alius, alius agros cupere, neque modum neque modestiam victores habere, foeda crudeliaque in civis facinora facere. Huc accedebat, quod L. Sulla exercitum, quem in Asia ductaverat, quo sibi fidum faceret, contra morem maiorum luxuriose nimisque liberaliter habuerat. Loca amoena voluptaria facile in otio ferocis militum animos molliverant: ibi primum insuevit exercitus populi Romani amare, potare, signa, tabulas pictas, vasa caelata mirari, ea

---

102 **crescere, vindicari**: hist. Infinitive – **post** ~ *postea* – **contagiō**: Berührung, Fäulnis
103 **pestilentia** ~ *pestis* – **immutata** (erg. *est*) ~ *mutata* – **iustissumo** ~ *iustissimo*
104 **optumo** ~ *optimo* – **intolerandus**: unerträglich – **factum** (erg. *est*)
105/106 **exercēre** h.: plagen, beherrschen
106 **quod . . . vitium** ~ *vitium . . . , quod*
107 **ignavos** ~ *ignavus*; **ignavus** h.: untüchtig – **exoptare**: herbeiwünschen
108 **verus** h.: richtig, recht – **fallacia, -ae**: Täuschung, Betrug
109 **habēre** h.: einschließen, enthalten
110 **concupiscere** ~ *cupere* – **imbuere**: durchtränken, benetzen
111 **insatiabilis**: unersättlich
112 **recipere**: erobern, an sich reißen
113 **bonis initiis** (abl. abs.)
113/115 **rapere, trahere, cupere, habēre, facere**: hist. Infinitive
113 **trahere** h.: plündern
115 **civīs** ~ *cives* – **huc**: dazu
116 **ductaverat** ~ *duxerat* – **quo** ~ *ut eo*
117 **luxuriosus**: üppig
118 **habēre** h.: behandeln – **voluptarius**: genussreich
119 **insuescere**: sich an etwas gewöhnen
120 **potare** ~ *bibere* – **signa** ~ *statuas* – **caelare**: mit Bildern verzieren, ziselieren

privatim et publice rapere, delubra spoliare, sacra profanaque omnia polluere. Igitur ii milites, postquam victoriam adepti sunt, nihil reliqui victis fecere. Quippe secundae res sapientium animos fatigant: ne illi corruptis moribus victoriae temperarent. Postquam divitiae honori esse coepere et eas gloria, imperium, potentia sequebatur, hebescere virtus, paupertas probro haberi, innocentia pro malevolentia duci coepit. Igitur ex divitiis iuventutem luxuria atque avaritia cum superbia invasere: rapere, consumere, sua parvi pendere, aliena cupere, pudorem, pudicitiam, divina atque humana promiscua, nihil pensi neque moderati habere. Operae pretium est, quom domos atque villas cognoveris in urbium modum exaedificatas, visere templa deorum, quae nostri maiores, religiosissumi mortales, fecere. Verum illi delubra deorum pietate, domos suas gloria decorabant, neque victis quicquam praeter iniuriae licentiam eripiebant. At hi contra, ignavissumi homines, per summum scelus omnia ea sociis adimere, quae fortissumi viri victores reliquerant: proinde quasi iniuriam facere, id demum esset imperio uti. Nam quid ea memorem, quae nisi iis, qui videre, nemini credibilia sunt, a privatis compluribus subvorsos

---

121 **privatim et publice** h.: aus persönlichem und staatlichen Besitz – **delubra** ~ *templa*
122 **polluere**: entehren, entweihen
123 **fecēre** ↗ Z. 72 – **quippe**: denn
124 **ne** (m. Konj.): geschweige denn, dass – **victoriae temperare**: sich im Sieg mäßigen
125 **coepēre** ~ *coeperunt*
126 **hebescere**: stumpf werden – **probro habēri**: als Schande gelten
127 **malevolentia** ~ *invidia*
128 **invasēre** ~ *invaserunt*
128/129 **rapere, consumere** etc.: hist. Infinitive; erg. als Subjekt *iuventus*
129 **parvi pendere** ~ *parvi aestimare* – **pudicitia**: Zucht, Sittsamkeit
130/131 **promiscua . . . habēre**: für belanglos halten – **nihil pensi neque moderati habēre**: alle Gewichte und Maßstäbe verlieren
131 **quom** ~ *cum*
132 **exaedificare**: ausbauen
133 **religiosissumi** ~ *religiosissimi* – **fecēre** ↗ Z. 72 – **delubra** ↗ Z. 121
134 **decorare** ~ *ornare*
135 **contra** (Adv.): dagegen – **ignavissumi** ~ *ignavissimi*
137 **fortissumi** ~ *fortissimi* – **proinde quasi**: gerade als ob
138 **demum** (Adv.): erst letztlich
139 **vidēre** ~ *viderunt* – **subvorsos** ~ *subversos*; **subvertere**: abtragen

montis, maria constrata esse? Quibus mihi videntur ludibrio fuisse divitiae; quippe quas honeste habere licebat, abuti per turpitudinem properabant. Sed lubido stupri, ganeae ceterique cultus non minor incesserat: viri muliebria pati, mulieres pudicitiam in propatulo habere; vescendi causa terra marique omnia exquirere; dormire prius quam somni cupido esset; non famem aut sitim, neque frigus neque lassitudinem opperiri, sed ea omnia luxu antecapere. Haec iuventutem, ubi familiares opes defecerant, ad facinora incendebant: animus imbutus malis artibus haud facile lubidinibus carebat; eo profusius omnibus modis quaestui atque sumptui deditus erat.

In tanta tamque corrupta civitate Catilina, id quod factu facillumum erat, omnium flagitiorum atque facinorum circum se tamquam stipatorum catervas habebat.

Der Tod Catilinas

Anfang November 63 v. Chr. verläßt Catilina Rom und begibt sich nach Faesulae (Etrurien), wo Manlius, Gefährte Catilinas, ein Heer aufgestellt hatte. Bei Pistorium (nordwestlich von Faesulae) kommt es zum Endkampf.

---

140 **montīs** ~ *montes*
141 **quippe**: denn – **quas** ~ *divitias*
142 **lubido** ~ *libido* – **stuprum**: Unzucht – **ganea**: Kneipe; h.: Schlemmerei – **cultus, -ūs** h.: Genuß
143/144 **pati, habēre, exquirere** etc.: hist. Infinitive
143 **muliebria pati**: die Rolle von Weibern übernehmen – **pudicitia** ↗ Z. 129
143/144 **in propatulo habēre**: öffentlich anbieten
144 **vesci**: essen
146 **lassitudo**: Müdigkeit – **opperiri**: abwarten – **luxus, -ūs** h.: Reizmittel
147 **antecapere**: vorwegnehmen
148 **imbutus** ↗ Z. 110
149 **lubidinibus** ~ *libidinibus* – **profusus** h.: hemmungslos
151 **factu** (Supin): zu tun
152 **flagitia atque facinora** h. konkret: Schurken und Verbrecher
153 **stipator**: Begleiter – **caterva**: Schar, Trupp

SALLUST

Interea Catilina cum expeditis in prima acie vorsari, laborantibus succurrere, integros pro sauciis arcessere, omnia providere, multum ipse pugnare, saepe hostem ferire: strenui militis et boni imperatoris officia simul exsequebatur. Petreius ubi videt Catilinam, contra ac ratus erat, magna vi tendere, cohortem praetoriam in medios hostis inducit eosque perturbatos atque alios alibi resistentis interficit. Deinde utrimque ex lateribus ceteros aggreditur. Manlius et Faesulanus in primis pugnantes cadunt. Catilina postquam fusas copias seque cum paucis relictum videt, memor generis atque pristinae suae dignitatis in confertissumos hostis incurrit ibique pugnans confoditur.

Sed confecto proelio tum vero cerneres, quanta audacia quantaque animi vis fuisset in exercitu Catilinae. Nam fere quem quisque vivos pugnando locum ceperat, eum amissa anima corpore tegebat. Pauci autem, quos medios cohors praetoria disiecerat, paulo divorsius, sed omnes tamen advorsis volneribus conciderant. Catilina vero longe a suis inter hostium cadavera repertus est, paululum etiam spirans ferociamque animi, quam habuerat vivos, in voltu retinens.

---

1 **vorsari** ~ *versari*

2 **succurrere** etc.: hist. Infinitive – **saucius**: verwundet

3 **ferire** ~ *necare* – **strēnuus**: tüchtig

4 **officia exsequi** ~ *officia praestare* – **Petreius**: Kommandeur der römischen Truppen

5 **contra ac**: ganz anders als – **tendere** ~ *contendere* – **cohors praetoria**: Leibgarde

6 **hostīs** ~ *hostes* – **alios alibi**: da und dort

7 **resistentis** ~ *resistentes* – **utrimque ex lateribus** h.: von beiden Innenflanken her

8 **Manlius**: Kommandeur der catilinarischen Truppen – **Faesulanus**: ein Einwohner aus Faesulae (heute Fiesole/Florenz) – **in primis**: in den ersten Reihen

10 **hostis** ↗ Z. 6

11 **confodere**: durchbohren

13/14 **nam ... ceperat**: Ⓚ *nam (eum) locum quem quisque fere ... ceperat*

13 **vivos** ~ *vivus*

14 **pugnando** ~ *pugnans*

15 **medios**: aus der Mitte – **cohors praetoria** ↗ Z. 5 – **disicere**: auseinandertreiben, zerstreuen – **paulo divorsius** *(~ diversius)*: etwas mehr abseits

16 **advorsa volnera** *(~ adversa vulnera)*: Wunden auf der Brust

17 **longe**: weit weg – **cadaver, -eris**: Leiche – **paululum** (Adv.) ~ *paulum*

18 **ferocia animi**: Unerschrockenheit – **vivos** ↗ Z. 13 – **voltu** ~ *vultu*

Zum Nach-Denken

N. Macchiavelli (1469–1527)

Es lasse sich niemand durch den Ruhm des Caesar blenden, wenn er liest, wie ihn die Schriftsteller zum Himmel erheben. Denn die ihn preisen, haben sich durch sein Glück bestechen lassen und durch die Dauer des Reiches den Mut verloren, dieses Reiches, das, unter seinem Namen regiert, nicht duldete, dass frei über ihn geschrieben würde. Wer aber wissen will, was Männer, die frei sind, von ihm sagen würden, der schaue sich an, was sie von Catilina sagen. Und doch verdiente Caesar noch viel mehr unseren Abscheu als dieser – verdient doch mehr Tadel, wer Böses getan hat, als wer es nur tun wollte. Er schaue weiter, wie hoch sie den Brutus preisen, sie, die Caesar wegen seiner Macht nicht tadeln konnten und darum seinen Freund mit Ruhm bekränzten.

Aufgaben

1. Welches Bild entwirft Macchiavelli von Caesar und Catilina?
2. Diskutiere auf Grund der Aussagen Macchiavellis, ob der Kampf Catilinas gegen Rom in dieser Weise heruntergespielt werden kann.
3. Was könnte Sallust veranlasst haben, Catilina so darzustellen, dass er am Endpunkt einer negativen Entwicklung der röm. Geschichte steht?

HORAZ

Ridentem dicere verum
(Horaz)

Lächelnd die Wahrheit sagen

HORAZ

Quintus Horatius Flaccus (65–8 v. Chr.) wurde in Venusia (Apulien, Unteritalien) geboren. Sein Vater, ein Freigelassener, siedelte schon bald – nach 65 v. Chr.? – nach Rom über, um dem Sohn dort eine sorgfältige Ausbildung zuteil werden zu lassen.

Um seine Kenntnisse in Philosophie zu vertiefen, begab sich Horaz nach Athen. Unter seinen Kommilitonen befand sich auch der (spätere) Caesarmörder Brutus, der unter den in Athen studierenden römischen Jugendlichen Anhänger für die republikanische Sache suchte. Horaz schloss sich ihm an, wurde Offizier einer Legion und kämpfte für eine „verlorene" Sache. Die Niederlage bei Philippi (Nordgriechenland) im Jahre 42 v. Chr. ließ Horaz völlig mittellos nach Rom zurückkehren. Ein Posten als Staatsschreiber garantierte ihm das Existenzminimum, gab ihm aber gleichzeitig Zeit für dichterische Betätigung. Diese machte den schon damals bekannten Dichter Vergil auf Horaz aufmerksam. Er führte ihn in den Kreis des Maecenas ein, der ein Förderer jugendlicher Talente und darüber hinaus ein Freund des Augustus war. Ihre Unterstützung bereitete Horaz ein Leben auf gesicherter finanzieller Grundlage.

Neben seinen lyrischen Gedichten *(carmina)* und Briefen *(epistulae)* begründen die Satiren, die Horaz wegen ihres (angeblich) anspruchslosen Plaudertons *sermones* (Gespräche) nannte, seinen Dichterruhm.

Von der Antike bis zur Gegenwart hat Horaz Dichter und Schriftsteller beeinflusst. Ob es nun die römischen Satiriker Persius und Juvenal waren, oder Dante, Jonathan Swift, Gotthold Ephraim Lessing, Christoph Martin Wieland, Friedrich Nietzsche, Christian Morgenstern oder Bertolt Brecht – sie alle haben sich in Sprache und Versmaß von Horaz inspirieren lassen. „Zu finden ist ein Mensch und Werk, denen zu begegnen gut tut. Man begegnet dem ethicus, der nach Nietzsches Wort Heilmittel der höchsten Art bereithält; man trifft aber auch den heiteren Genießer ...; nicht minder begegnet man dem politisch engagierten Poeten, der gegen Uneinigkeit der Bürger, für aktive Teilhabe am Staat motivieren möchte, und man wird Zeuge und Teilnehmer der Welterfahrung, in der ein sensibles Individuum die tragischen Tiefen der menschlichen Existenz erlebt, sie sich und seinen Hörern erschließt und zugleich auch den Weg weist zur Bewältigung dieser Erfahrung. ... Man mag sich in der einen Stunde von diesem, in der anderen von jenem Aspekt mehr angezogen fühlen. Immer wird man Kunst höchster Vollkommenheit erleben". (B. Kytzler, Horaz, München 1985, S. 128 f.). Die Satiren sind im Versmaß des Hexameters geschrieben (↗ Anhang Metrik).

HORAZ

Die Schwätzersatire

Ibam forte via Sacra, sicut meus est mos
nescio quid meditans nugarum, totus in illis.
Accurrit quidam notus mihi nomine tantum
arreptaque manu „Quid agis, dulcissime rerum?“
„Suaviter, ut nunc est“, inquam, „et cupio omnia, quae vis.“
Cum adsectaretur, „num quid vis?“ occupo. At ille
„noris nos“, inquit, „docti sumus.“ Hic ego „pluris
hoc“, inquam, „mihi eris.“ Misere discedere quaerens,
ire modo ocius, interdum consistere, in aurem
dicere nescio quid puero, cum sudor ad imos
manaret talos. „O te, Bolane, cerebri
felicem!“ aiebam tacitus, cum quidlibet ille
garriret, vicos, urbem laudaret. Ut illi
nil respondebam, „misere cupis“, inquit, „abire,
iamdudum video, sed nil agis, usque tenebo,
persequar hinc, quo nunc iter est tibi.“ „Nil opus est te
circumagi, quendam volo visere non tibi notum;

---

1 **viā Sacrā** (Stellung im Vers): die *‚Sacra Via‘* führte vom Esquilin (größter der Sieben Hügel Roms) am Palatinshügel entlang zum Forum und zum Kapitol (auf diesem Hügel stand der Jupitertempel) hinauf

2 **nugae**: belanglose Dinge, poetische Kleinigkeiten

3 **accurrere**: herbeieilen

4 **dulcissime rerum**: mein Bester

5 **ut nunc est**: für den Augenblick jedenfalls

6 **adsectari**: sich anschließen – **occupare** h.: zuvorkommen

7 **no***(ve)***ris** (Potentialis) – **nos** ~ *me*

8 **hōc**: um so – **misere** (Adv.): zu *quaerens* (↗ auch V. 14)

9 **ōcius** (adv.): celerius

9/10 **ire . . . consistere . . . dicere** (hist. Inf.)

10 **puero** ~ *servo* (Horaz wird von einem Diener begleitet) – **cum**: während – **sudor**: Schweiß – **imos** ~ *infimos*

11 **manare**: rinnen – **talus**: Knöchel – **Bolanus**: nicht näher bekannter Hitzkopf – **cerebrum** h.: Jähzorn

12 **felix** (m. Gen.): glücklich wegen – **aiebam** (Impf. v. *aio*) – **cum** (↗ V. 10) – **quidlibet**: alles und jedes

13 **garrire**: schwätzen – **vicus** h.: Stadtviertel

15 **iamdudum**: schon längst – **agis** ~ *efficis* – **tenebo** (erg. *te*)

17 **circumagi**: einen Umweg machen

trans Tiberim longe cubat is, prope Caesaris hortos."
„Nil habeo, quod agam, et non sum piger: usque sequar te!"
Demitto auriculas ut iniquae mentis asellus,
cum gravius dorso subiit onus. Incipit ille:
„Si bene me novi, non Viscum pluris amicum,
non Varium facies; nam quis me scribere pluris
aut citius possit versus? Quis membra movere
mollius? Invideat quod et Hermogenes, ego canto."
Interpellandi locus hic erat: „Est tibi mater,
cognati, quis te salvo est opus?" „Haud mihi quisquam.
Omnis composui." „Felices! Nunc ego resto.
Confice! Namque instat fatum mihi triste, Sabella
quod puero cecinit divina mota anus urna:
hunc neque dira venena nec hosticus auferet ensis,
nec laterum dolor aut tussis, nec tarda podagra;
garrulus hunc quando consumet cumque. Loquaces,
si sapiat, vitet, simul atque adoleverit aetas."

---

18 **cubare** h.: krank im Bett liegen – **Caesaris horti**: der südlichste Teil der Ebene zwischen Tiber (↗ V. 18) und dem rechts davon liegenden Hügel Janiculus (ca. 1 Stunde Fußweg vom Forum), früher ein Armeleuteviertel, war von Caesar zum „Park" umgestaltet und dem Volk testamentarisch geschenkt worden. Augustus hatte dort noch ein Wasserbecken (etwa für Schiffskämpfe) anlegen lassen.

20 **auricula** (Demin.) ~ *auris* – **iniquus** h.: mißmutig – **asellus** (Demin.) ~ *asinus*

21 **dorsum**: Rücken – **subire**: auf sich nehmen *(subiit)*

22 **Viscus**: Freund des Horaz und Maecenas

22/23 **pluris facere** ~ *pluris aestimare*

23 **Varius**: Dichter und Freund des Horaz

24 **citius** (Adv.) ~ *celerius*

25 **Hermogenes**: bekannter Sänger und Komponist

27 **cognatus**: (Bluts)Verwandter – **quīs** ~ *quibus* – **te salvo est opus** ~ *te salvum esse opus est*

28 **componere** h.: bestatten

29 **confice**: gib mir den Rest

29/30 **Sabellā anus**: ein altes Weib aus dem Sabinerland

30 **puero** *(mihi)* – **canere** h.: weissagen, prophezeien

31 **hosticus ensis** ~ *gladius hostium*

32 **laterum dolor**: Lungen- oder Rippenfellentzündung – **tussis**: Tuberkulose – **tardus**: lähmend – **podagra**: Gicht in den Füßen

33 **garrulus**: Schwätzer – **quando ... cumque** ~ *aliquando* – **consumere** ~ *necare*

34 **sapere**: klug sein

Ventum erat ad Vestae, quarta iam parte diei
praeterita, et casu tunc respondere vadato
debebat; quod ni fecisset, perdere litem.
„Si me amas“, inquit, „paulum hic ades.“ „Inteream, si
aut valeo stare aut novi civilia iura –
et propero, quo scis.“ „Dubius sum, quid faciam“, inquit,
„tene relinquam an rem.“ „Me, sodes!“ „Non faciam“ ille,
et praecedere coepit. Ego, ut contendere durum est
cum victore, sequor. „Maecenas quomodo tecum?“
hinc repetit. „Paucorum hominum et mentis bene sanae.“

---

35 **ad***(aedem)* **Vestae**: der Tempel der Vesta, der Göttin des Herdfeuers, stand auf dem Forum

36 **respondēre**: persönlich vor Gericht erscheinen – **vadato**: nach gestellter Bürgschaft (nach röm. Prozessordnung leisteten Kläger und Beklagter für ihr Erscheinen zum Gerichtstermin eine Bürgschaft)

37 **perdere litem**: Ⓚ *(dixit) se litem perditurum esse*

39 **valēre**: im Stande sein

41 **te-ne** – **rem** ~ *litem* – **sodes**: bitte

42 **praecedere**: vorausgehen – **ut** h.: weil

43 **quomodo tecum** (erg. *agit*) – **Maecenas** ↗ Vorbemerkung

44 **repetere**: (das Gespräch) wieder aufnehmen – **paucorum hominum** (Gen. qual; erg. *est*): er ist ein Mann, der nur für wenige zugänglich ist – **mentis . . . sanae** (Gen. qual.)

„Nemo dexterius fortuna est usus. Haberes
magnum adiutorem, posset qui ferre secundas,
hunc hominem velles si tradere: dispeream, ni
summosses omnis!“ „Non isto vivimus illic,
quo tu rere, modo; domus hac nec purior ulla est
nec magis his aliena malis; nil mi officit“, inquam,
„ditior hic aut est quia doctior; est locus uni
cuique suus.“ „Magnum narras, vix credibile.“ „Atqui
sic habet.“ „Accendis, quare cupiam magis illi
proximus esse.“ „Velis tantummodo: quae tua virtus,
expugnabis; et est, qui vinci possit, eoque
difficilis aditus primos habet.“ „Haud mihi deero:
muneribus servos corrumpam; non, hodie si
exclusus fuero, desistam; tempora quaeram,
occurram in triviis, deducam. Nil sine magno
vita labore dedit mortalibus.“ – Haec dum agit, ecce
Fuscus Aristius occurrit, mihi carus et illum
qui pulchre nosset. Consistimus. „Unde venis et

---

45 **dexter** h.: geschickt
46 **adiutor**: Helfer – **ferre secundas** *(partes)*: die zweite Rolle spielen
47 **hunc hominem** ~ *me* – **tradere** ~ *commendare* – **dispeream**: ich will verrecken!
48 **summo***(vi)***sses**; **summovēre**: aus dem Wege räumen, ausstechen
49 **rēre** ~ *reris*
50 **officere**: hinderlich sein
51 **hic**: dieser oder jener; Ⓚ *nil hic mi officit, quia di(vi)tior . . .*
52 **atqui**: aber doch
53 **sic habet**: es verhält sich so – **accendis** (erg. *me*), **quare** (h. ~ *ut*)
54 **vēlis tantummodo** ~ *dummodo velis* – **quae** *(est)* **. . .**: welche/wie . . . ist, bei . . .
55 **expugnabis** (erg. *Maecenatem*) – **eoque** ~ *et ideo*
56 **haud mihi deero** (lies *dero*): ich werde es an mir nicht fehlen lassen
58 **fuero** ~ *ero* – **tempus**: günstiger Moment
59 **trivium**: (Weg)Kreuzung – **deducere**: begleiten
60 **agit** ~ *loquitur*
61 **Aristius Fuscus**: Freund des Horaz
61/62 **illum qui** ~ *qui illum*
62 **pulchre** ~ *bene* – **no***(vi)***sset**

quo tendis?“ rogat et respondet. Vellere coepi
et pressare manu lentissima bracchia, nutans,
distorquens oculos, ut me eriperet. Male salsus
ridens dissimulare; meum iecur urere bilis.
„Certe nescio quid secreto velle loqui te
aiebas mecum.“ „Memini bene, sed meliore
tempore dicam; hodie tricesima sabbata: vin tu
curtis Iudaeis oppedere?“ „Nulla mihi“, inquam,
„religio est.“ „At mi: sum paulo infirmior, unus
multorum. Ignosces; alias loquar.“ Huncine solem
tam nigrum surrexe mihi! Fugit improbus ac me
sub cultro linquit. Casu venit obvius illi
adversarius et „quo tu, turpissime?“ magna
inclamat voce, et „licet antestari?“. Ego vero
oppono auriculam. Rapit in ius; clamor utrimque,
undique concursus. – Sic me servavit Apollo.

---

63 **tendis** ~ *contendis* – **vellere** *(togam)*: zupfen

64 **pressare** ~ *(valde) premere* – **lentus** h.: unempfindlich – **nutare**: zunicken, (mit dem Kopf) ein Zeichen geben

65 **distorquēre**: verdrehen – **male salsus**: der boshafte Schalk

66 **dissimulare . . . urere** (hist. Inf.) – **iecur** n.: Leber; galt als Sitz der Affekte – **bilis** f.: Galle

67 **secreto** (Adv.) h.: unter vier Augen

69 **tricesima sabbata**: dreißigster, d. h. etwa 30-mal heiliger/hochheiliger Sabbat (die genauere Anspielung bleibt unverständlich) – **vin** ~ *vis-ne*

70 **curtus** h.: beschnitten – **oppedere alci**: „entgegenfurzen“, jd. verhöhnen

71 **religio**: religiöse Bedenken

72 **alias**: ein andermal – **huncine** ~ *hunc-ne*

73 **surrēxe**: *surrexisse* (AcI als Ausruf der Verwünschung: dass mir . . . mußte)

74 **culter, -tri**: Messer – **linquit** ~ *relinquit* – **illi** ~ *garrulo* (↗ V. 33)

75 **adversarius** h.: Prozessgegner – **quo tu** (erg. *contendis*)

76 **inclamare**: anschreien – **antestari**: zum Zeugen nehmen

77 **opponere**: entgegenhalten (das Berühren des Ohrläppchens galt als Zeichen des Einverständnisses) – **rapere in ius**: vor Gericht schleppen

78 **Apollō**: (griech.) Schutzgott der Dichter

HORAZ

Die Unzufriedenheit der Menschen mit ihrem Beruf

Qui fit, Maecenas, ut nemo, quam sibi sortem
seu ratio dederit seu fors obiecerit, illa
contentus vivat, laudet diversa sequentis?
„O fortunati mercatores!“ gravis annis
miles ait, multo iam fractus membra labore.
Contra mercator navem iactantibus Austris:
„Militia est potior. Quid enim? Concurritur; horae
momento cita mors venit aut victoria laeta.“
Agricolam laudat iuris legumque peritus,
sub galli cantum consultor ubi ostia pulsat.
Ille, datis vadibus qui rure extractus in urbem est,
solos felices viventis clamat in urbe.
Cetera de genere hoc – adeo sunt multa – loquacem
delassare valent Fabium. Ne te morer, audi,
quo rem deducam. Si quis deus „en ego“ dicat
„iam faciam, quod vultis: eris tu, qui modo miles,
mercator; tu, consultus modo, rusticus: hinc vos,

---

1 **qui** (Adv.): wie(so) – **Maecenas** ↗ Vorbemerkung
1/2 **quam ... sortem ... illā** ~ *illā sorte, quam*
3 **diversa sequi**: andere Berufe ausüben – **sequentīs** ~ *sequentes*
4 **gravis** h.: gebeugt
5 **fractus membra**: entkräftet
6 **contra** (Adv.): dagegen; erg. *respondet* – **Auster, Austri** m.: Südwind
7 **potior** ~ *melior* – **quid enim**: und warum? – **concurritur** (erg. *proelio*)
8 **citus** ~ *celer*
10 **sub** (m. Akk.): unmittelbar nach – **gallus**: Hahn – **consultor**: Ratsuchender – **ubi** ~ *ubi primum* (oft m. Präs.) – **ostia** h. ~ *ostium*: Haustür
11 **vas, vadis**: Bürge – **extrahere** (heraus)schleppen (nämlich durch einen Gerichtstermin)
12 **viventīs** ~ *viventes*
13 **cetera** (erg. *exempla*) – **de hōc genere** ~ *huius generis*
14 **delassare** ~ *fatigare* – **valent** ~ *possent* – **Fabius**: unbedeutender Vielschreiber, ein Angehöriger der stoischen Philosophie; Horaz hielt solche Stoiker für Schwätzer – **morari**: aufhalten
15 **quo** (Adv.) **rem deducam**: worauf ich hinaus will – **en**: nun gut
16 **iam** ~ *statim*
17 **consultus** ~ *iuris peritus*

vos hinc mutatis discedite partibus. Eia!
Quid statis?“ – Nolint. Atqui licet esse beatis.
Quid causae est, merito quin illis Iuppiter ambas
iratus buccas inflet neque se fore posthac
tam facilem dicat, votis ut praebeat aurem?
Praeterea ne sic, ut qui iocularia, ridens
percurram – quamquam ridentem dicere verum
quid vetat? Ut pueris olim dant crustula blandi
doctores, elementa velint ut discere prima;
sed tamen amoto quaeramus seria ludo:
ille, gravem duro terram qui vertit aratro,
perfidus hic caupo, miles nautaeque, per omne
audaces mare qui currunt, hac mente laborem
sese ferre, senes ut in otia tuta recedant,
aiunt, cum sibi sint congesta cibaria: sicut
parvula – nam exemplo est – magni formica laboris
ore trahit, quodcumque potest, atque addit acervo,
quem struit, haud ignara ac non incauta futuri.

---

18 **eia**: los!
19 **atqui**: und doch – **licet** (erg. *iis*)
20 **quid causae est, quin** + Konj. ~ *cur non* + Konj. – **merito** zu *iratus* (präd.)
21 **buccas inflare**: die Backen aufblasen – **posthac** ~ *postea*
22 **facilis** h.: gnädig
23 **ut qui iocularia** (erg. *percurrit*): wie ein Possenreißer
24 **percurrere** *(rem)*: einen Gegenstand rasch behandeln – **quamquam** (h. neuer Hauptsatz): indes
25 **olim** ~ *interdum* – **crustulum**: Zuckerplätzchen – **blandus**: schmeichelnd
26 **doctores** ~ *magistri* – **elementum**: Grundlage
27 **amovēre** ~ *removēre* – **serius**: ernsthaft – **ludus** ~ *iocus*
29 **caupo**: Gastwirt, Kaufmann
29/32 **per omne ... aiunt**: Ⓚ *qui audaces per omne mare currunt, aiunt se hac mente laborem ferre, ut senes ...*
32 **cibaria, -orum**: Vorräte
33 **formica laboris**: die arbeitsame Ameise
34 **acervus**: Haufen
35 **incautus** (m. Gen.): unbekümmert

Quae, simul inversum contristat Aquarius annum,
non usquam prorepit et illis utitur ante
quaesitis sapiens, cum te neque fervidus aestus
demoveat lucro, neque hiems, ignis, mare, ferrum,
nil obstet tibi, dum ne sit te ditior alter.
Quid iuvat immensum te argenti pondus et auri
furtim defossa timidum deponere terra,
quod, si comminuas, vilem redigatur ad assem.
At ni id fit, quid habet pulchri constructus acervus?
Milia frumenti tua triverit area centum,
non tuus hoc capiet venter plus ac meus: ut si
reticulum panis venalis inter onusto
forte vehas umero, nihilo plus accipias quam
qui nil portarit. Vel dic, quid referat intra
naturae finis viventi, iugera centum an
mille aret? „At suave est ex magno tollere acervo."
Dum ex parvo nobis tantundem haurire relinquas,
cur tua plus laudes cumeris granaria nostris?

---

36 **quae** ~ *at ea* – **simul** ~ *simulac* – **inversus** h.: abgelaufen – **contristare**: verdüstern – **Aquarius**: Wassermann, h.: das Sternbild, in das die Sonne im Monat Januar eintritt; Sinnbild für den Winter

37 **usquam** h.: irgendwohin – **prorepere**: hervorkriechen

39 **demovēre alqa re**: abbringen (von)

40 **dum** ~ *dummodo* – **di***(vi)***tior**

42 **furtim**: heimlich – **defodere**: aufgraben – **deponere** h.: verwahren

43 **quod** (abh. von *pondus*) – **comminuere** ~ *minuere* – **redigi** h.: zusammenschmelzen – **as, assis**: Pfennig

45 **milia centum** (erg. *modi(or)um*; **modius**: Scheffel (ca. 9 Liter) – **terere** h.: dreschen (*triverit* konzessiv) – **area, -ae**: Tenne

46 **hōc**: dadurch – **plus ac** ~ *plus quam* – **ut** ~ *velut*

47 **reticulum**: Netz – **venalis inter** ~ *inter venales*; **venalis**: (zum Kauf aufgestellter) Sklave

48 **vehas** ~ *portes* – **umerus**: Schulter

49 **porta***(ve)***rit** – **refert alci**: es macht einen Unterschied (für jd.)

50 **iugerum**: Morgen (Flächenmaß)

51 **tollere** h.: nehmen

52 **parvo** (erg. *acervo* ↗ V. 34) – **tantundem**: ebenso viel – **relinquas** ~ *permittas*

53 **cumera**: Getreidekorb – **granarium**: Kornspeicher

HORAZ

Horaz (Gemälde von Giacomo Chirico, 1855–1884)

Ut tibi si sit opus liquidi non amplius urna
vel cyatho et dicas „magno de flumine mallem
quam ex hoc fonticulo tantundem sumere." Eo fit,
plenior ut si quos delectet copia iusto,
cum ripa simul avulsos ferat Aufidus acer.
At qui tantuli eget quanto est opus, is neque limo
turbatam haurit aquam neque vitam amittit in undis.
At bona pars hominum decepta cupidine falso
„nil satis est", inquit, „quia tanti quantum habeas sis."
Quid facias illi? iubeas miserum esse, libenter
quatenus id facit: ut quidam memoratur Athenis
sordidus ac dives, populi contemnere voces
sic solitus: „Populus me sibilat, at mihi plaudo
ipse domi, simul ac nummos contemplor in arca."
Tantalus a labris sitiens fugientia captat

---

54 **ut ... urna** ~ *ut* (↗ V. 46) *si tibi opus sit non amplius urna liquidi* – **liquidum** ~ *aqua* – **urna**: Eimer (ca. 13 Liter)

55 **cyathus**: Becher

56 **fonticulus**: Brünnlein

57 **plenior**: zu *copiă*

58 **avellere** *(o, velli, vulsum)*: wegreißen – **ferat** ~ *auferat* – **Aufidus** (heute Ofanto): Hauptfluss Apuliens, der Heimat von Horaz

59 **tantulus**: so wenig – **limus**: Schlamm

60 **turbatus** h.: aufgewühlt

61 **bona** ~ *magna* – **cupido, -inis** h. mask.

63 **facere alci**: mit jd. (etwas) anfangen – **iubeas** ~ *iube(eum)*

64 **quatenus** ~ *quoniam* – **memoratur** ~ *dicitur*

65 **sordidus** ~ *avarus*

66 **solitus** (erg. *esse*) – **sibilare**: auspfeifen

67 **arca**: Kasten

68 **Tantalus**: Sohn des Zeus, entwendet von der Göttertafel Ambrosia und lässt seine sterblichen Freunde davon kosten; darüber hinaus plaudert er vor seinen Freunden über Geheimnisse der Götter. Um die Allwissenheit der Götter zu erproben, tötet er seinen Sohn und setzt ihn den Göttern als Mahlzeit vor. Zur Strafe wird er in die Unterwelt verbannt und muss dort ewig Hunger und Durst leiden, obwohl er bis zum Kinn im Wasser steht und über seinem Mund Früchte hängen. Denn sooft er trinken will, weicht das Wasser zurück, und sooft er nach den Früchten greift, schnellen sie unerreichbar für ihn in die Hölle – **lăbrum**: Lippe – **sitire**: dürsten

flumina – quid rides? mutato nomine de te
fabula narratur: congestis undique saccis
indormis inhians et tamquam parcere sacris
cogeris aut pictis tamquam gaudere tabellis.
Nescis, quo valeat nummus, quem praebeat usum?
Panis ematur, holus, vini sextarius, adde,
quis humana sibi doleat natura negatis.
An vigilare metu exanimem, noctesque diesque
formidare malos fures, incendia, servos,
ne te compilent fugientes, hoc iuvat? Horum
semper ego optarim pauperrimus esse bonorum.
At si condoluit temptatum frigore corpus
aut alius casus lecto te afflixit habes, qui
adsideat, fomenta paret, medicum roget, ut te
suscitet ac reddat gnatis carisque propinquis?
Non uxor salvum te vult, non filius; omnes
vicini oderunt, noti, pueri atque puellae.
Miraris, cum tu argento post omnia ponas,
si nemo praestet, quem non merearis, amorem?

---

69 **flumina** ~ *aquam*
70/71 **saccis indormire**: auf Geldsäcken schlafen
71 **inhiare**: (gierig) den Mund aufsperren – **tamquam** (zu *saccis* und *pictis tabellis*) – **sacra, -orum**: Tempelschätze
72 **picta tabella**: Gemälde
73 **quō valeat**: wozu . . . gut ist
74 **(h)olus, -eris** n: Gemüse – **sextarius**: Schoppen (ca. $^1/_2$ Liter)
75 **quis** *(quibus)* **sibi negatis** (abl. abs.); im Dt. nominale Wiedergabe
76 **exanimis, e**: halbtot
77 **formidare** ~ *timēre*
78 **compilare**: berauben
79 **opta***(ve)***rim** – **pauper** (h. m. Gen.)
80 **condoluisse**: schmerzen, leiden – **frigus** h.: Schüttelfrost
81 **lecto affligere**: ans Bett fesseln
82 **adsidēre alci**: dabei-sitzen, pflegen (erg. *tibi*) – **fomentum**: Umschlag, Wadenwickel
83 **suscitare** h.: wieder auf die Beine bringen – **(g)natus** ~ *filius*
86 **post . . . ponas** ~ *postponas*; **postponere**: hintansetzen

HORAZ

An si cognatos, nullo natura labore
quos tibi dat, retinere velis servareque amicos,
infelix operam perdas, ut si quis asellum
in campo doceat parentem currere frenis?
Denique sit finis quaerendi, cumque habeas plus,
pauperiem metuas minus et finire laborem
incipias, parto quod avebas, ne facias, quod
Ummidius quidam; non longa est fabula: dives,
ut metiretur nummos, ita sordidus, ut se
non umquam servo melius vestiret, ad usque
supremum tempus, ne se penuria victus
opprimeret, metuebat. At hunc liberta securi
divisit medium, fortissima Tyndaridarum.
„Quid mi igitur suades? Ut vivam Naevius aut sic
ut Nomentanus?“ pergis pugnantia secum
frontibus adversis componere: non ego, avarum
cum veto te fieri, vappam iubeo ac nebulonem.

---

88 **cognati**: Verwandte

90 **infelix**: erfolglos – **ut** ↗ V. 46 – **asellus** ~ *asinus*

91 **in campo** (erg. *Martio*): Das Marsfeld diente zur Abhaltung von Volksversammlungen, zu sportlichen Zwecken und als militärischer Übungsplatz – **parentem** (präd.) von *parēre* – **frenum**: Zügel

92 **plus** (erg. *quam necesse est*)

93 **pauperiem** ~ *paupertatem*

94 **parto** ~ *eo parto* – **avēre**: begehren

95 **Umidius**: nicht weiter bekannter Mann, der aber wohl ziemlich reich war; erg. *fecit* – **dives** ~ *(ita) dives (erat), ut ...*

96 **sordidus** ↗ V. 65

97 **ad usque** ~ *usque ad*

98 **penuria**: Mangel – **victūs** (Gen.)

99 **liberta** ~ *libertina*

100 **fortissima Tyndaridarum**: gemeint ist Klytaimnestra, Tochter des spartanischen Königs Tyndareus, die ihren Mann (Agamemnon) mit einem Beil tötete

101 **Naevius**: damals bekannter Verschwender, ebenso *Nōmentānus* (↗ V. 102)

102 **pugnantia secum**: unvereinbare Gegensätze

103 **frontibus adversis**: Stirn an Stirn

Est inter Tanain quiddam socerumque Viselli.
Est modus in rebus, sunt certi denique fines,
quos ultra citraque nequit consistere rectum.
Illuc, unde abii, redeo, qui nemo, ut avarus,
se probet ac potius laudet diversa sequentis,
quodque aliena capella gerat distentius uber,
tabescat neque se maiori pauperiorum
turbae comparet, hunc atque hunc superare laboret.
Sic festinanti semper locupletior obstat,
ut, cum carceribus missos rapit ungula currus,
instat equis auriga suos vincentibus, illum
praeteritum temnens extremos inter euntem.
Inde fit, ut raro, qui se vixisse beatum
dicat et exacto contentus tempore vita
cedat uti conviva satur, reperire queamus.
Iam satis est. Ne me Crispini scrinia lippi
compilasse putes, verbum non amplius addam.

---

104 **vappam ... nebulonem**: Ⓚ *(te)iubeo(fieri) vappam et nebulonem*; **vappa**: Verschwender – **nebulo**: Taugenichts

105 **Tanais** (Akk. *Tanain*): Freigelassener des Maecenas; angeblich war er ein Eunuch – **socer** (Gen. *-eri*) **Viselli**: der Schwiegervater des Visellus soll einen Leistenbruch gehabt haben

107 **ultra** (m. Akk.): jenseits (wie *citra* h. nachgestellt) – **citra** (m. Akk.): diesseits – **consistere**: bestehen

108 **qui** ↗ V. 1 – **ut**: da er ja

109 **se probare**: mit sich zufrieden sein – **sequentīs** ↗ V. 3

110 **capella**: Ziege – **distentus**: prall – **uber, -eris** n: Euter

111 **tabescere**: schmelzen; h. sich (vor Neid) verzehren

114 **cum ... currus**: Ⓚ *cum ungula carrūs* (e) *carceribus missos rapit*; **carceres**: die Schranken an der Startlinie der Rennbahn – **ungula, -ae** ~ *equi*

115 **instare** (m. Dat.) – **auriga**: Wagenlenker

116 *(con)* **temnens illum ...** – **inter** (nachgestellt wie ↗ V. 47)

119 **uti** ~ *ut* – **satur**: gesättigt – **quire** ~ *posse*

120 **Crispīnus**: bekannter stoischer Vielschreiber – **scrinium**: (zylinderförmige) Kapsel; diente zur Aufbewahrung von Schriftrollen – **lippus**: triefäugig (infolge einer Augenkrankheit); blöd

121 **compila***(vi)***sse** ↗ V. 78

Zum Nach-Denken

K. Tucholsky (1890–1935)

Was darf die Satire?

Wenn einer bei uns einen guten politischen Witz macht, dann sitzt halb Deutschland auf dem Sofa und nimmt übel.
Satire scheint eine durchaus negative Sache. Sie sagt: „Nein!“ Eine Satire, die zur Zeichnung einer Kriegsanleihe auffordert, ist keine. Die Satire beißt, lacht, pfeift und trommelt die große, bunte Landsknechtstrommel gegen alles, was stockt und träge ist.
Satire ist eine durchaus positive Sache. Nirgends verrät sich der Charakterlose schneller als hier, nirgends zeigt sich fixer, was ein gewissenloser Hanswurst ist, einer, der heute den angreift und morgen den . . .
Der Satiriker ist ein gekränkter Idealist: er will die Welt gut haben, sie ist schlecht, und nun rennt er gegen das Schlechte an . . .
Übertreibt die Satire? Die Satire muss übertreiben und ist ihrem tiefsten Wesen nach ungerecht. Sie bläst die Wahrheit auf, damit sie deutlicher wird, und sie kann gar nicht anders arbeiten als nach dem Bibelwort: Es leiden die Gerechten mit den Ungerechten . . .
Wir sollten nicht so kleinlich sein. Wir alle – Volksschullehrer und Kaufleute und Professoren und Redakteure und Musiker und Ärzte und Beamte und Frauen und Volksbeauftragte – wir alle haben Fehler und komische Seiten und kleine und große Schwächen. Und wir müssen nun nicht immer gleich aufbegehren (‚Schlächtermeister, wahret eure heiligsten Güter!‘), wenn einer wirklich einmal einen guten Witz über uns reißt. Boshaft kann er sein, aber ehrlich soll er sein. Das ist kein rechter Mann und kein rechter Stand, der nicht einen ordentlichen Puff vertragen kann. Er mag sich mit denselben Mitteln dagegen wehren, er mag widerschlagen – aber er wende nicht verletzt, empört, gekränkt das Haupt. Es wehte bei uns im öffentlichen Leben ein reinerer Wind, wenn nicht alle übel nähmen.
So aber schwillt ständischer Dünkel zum Größenwahn an. Der deutsche Satiriker tanzt zwischen Berufsständen, Klassen, Konfessionen und Lokaleinrichtungen einen ständigen Eiertanz. Das ist gewiss recht graziös, aber auf die Dauer etwas ermüdend. Die echte Satire ist blutreinigend: und wer gesundes Blut hat, der hat auch einen reinen Teint.
Was darf die Satire?
Alles.

E. KÄSTNER (1899–1974)

Sinn und Wesen der Satire

Über dem geläufigen Satze, dass es schwer sei, *keine* Satire zu schreiben, sollte nicht vergessen werden, dass das Gegenteil, nämlich das Schreiben von Satiren, auch nicht ganz einfach ist. Das Schwierigste an der Sache wird immer die Vorausberechnung der Wirkung bleiben. Zwischen dem Satiriker und dem Publikum herrscht seit alters Hochspannung ...

Die Verfasser von Satiren pflegen missverstanden zu werden. Seit die am Werke sind – und das heißt, seit geschrieben wird –, glauben die Leser und Hörer, diese Autoren würfen ihrer Zeit die Schaufenster aus den gleichen Motiven ein wie die Gassenjungen dem Bäcker. Sie vermuten hinter den Angriffen eine böse, krankhafte Lust und brandmarken sie ...

In der Mittelschule lernt man auf Lateinisch, dass die Welt betrogen werden wolle. In der eigenen Muttersprache lernt man's erst im weiteren Verlauf – aber gelernt wird's auf alle Fälle, in *der* Schulstunde fehlt keiner. Die umschreibende Redensart, dass die Menschen sich und einander in die Augen *Sand* streuten, trifft die Sache nicht ganz. Man streut sich auf der Welt keineswegs Sand in die Augen. So plump ist man nicht. Nein, man streut einander Zucker in die Augen. Klaren Zucker, raffinierten Zucker, sehr raffinierten sogar, und wenn auch das nichts hilft, schmeißt man mit Würfelzucker! Der Mensch braucht den süßen Betrug fürs Herz. Er *braucht* die Phrasen, weich wie Daunenkissen, sonst kann sein Gewissen nicht ruhig schlafen ...

Dem Satiriker ist es verhasst, erwachsenen Menschen Zucker in die Augen und auf die Windeln zu streuen. Dann schon lieber Pfeffer! Es ist ihm ein Herzensbedürfnis, an den Fehlern, Schwächen und Lastern der Menschen und ihrer eingetragenen Vereine – also an der Gesellschaft, dem Staat, den Parteien, der Kirche, den Armeen, den Berufsverbänden, den Fußballklubs und so weiter – Kritik zu üben. Ihn plagt die Leidenschaft, wenn irgend möglich das Falsche beim richtigen Namen zu nennen. Seine Methode lautet: Übertriebene Darstellung negativer Tatsachen mit mehr oder weniger künstlerischen Mitteln zu einem mehr oder weniger außerkünstlerischen Zweck. Und zwar nur im Hinblick auf den Menschen und dessen Verbände, von der Ein-Ehe bis zum Weltstaat. Andere, anders verursachte Missstände – etwa eine Überschwemmung, eine schlechte Ernte, ein Präriebrand – reizen den Satiriker nicht zum Widerspruch. Es sei denn, er brächte solche Katastrophen mit einem anthropomorph vorgestellten Gott oder einer Mehrzahl vermenschlichter Götter in kausale Zusammenhänge.

Der satirische Schriftsteller ist, wie gesagt, nur in den Mitteln eine Art Künstler. Hinsichtlich des *Zwecks*, den er verfolgt, ist er etwas ganz anderes. Er stellt die Dummheit, die Bosheit, die Trägheit und verwandte Eigenschaften an den Pranger. Er hält den Menschen einen Spiegel, meist einen Zerrspiegel, vor, um sie durch Anschauung zur Einsicht zu bringen. Er begreift schwer, dass man sich über ihn ärgert. Er will ja doch, dass man sich über *sich* ärgert! Er will, dass man sich schämt. Dass man gescheiter wird. Vernünftiger. Denn er glaubt, zumindest in seinen glücklicheren Stunden, Sokrates und alle folgenden Moralisten und Aufklärer könnten Recht behalten: dass nämlich der Mensch durch Einsicht zu bessern sei.

Die Satire gehört, von ihrem Zweck her beurteilt, nicht zur Literatur, sondern in die Pädagogik! Die satirischen Schriftsteller sind Lehrer. Pauker. Fortbildungsschulmeister. Nur – die Erwachsenen gehören zur Kategorie der Schwererziehbaren. Sie fühlen sich in der Welt ihrer Gemeinheiten, Lügen, Phrasen und längst verstorbenen Konventionen ‚unheimlich' wohl und nehmen Rettungsversuche außerordentlich übel. Denn sie sind ja längst aus der Schule und wollen endlich ihre unverdiente Ruhe haben. Rüttelt man sie weiter, speien sie Gift und Galle. Da erklären sie dann, gefährlichen Blicks, die Satiriker seien ordinäres Pack, beschmutzten ihr eigenes Nest, glaubten nicht an das Hohe, Edle, Ideale, Nationale, Soziale und die übrigen heiligsten Güter, und eines Tages werde man's ihnen schon heimzahlen! Die Poesie sei zum Vergolden da. Mit dem schönen Schein gelte es, den Feierabend zu tapezieren. Unbequem sei bereits das Leben, die Kunst sei gefälligst bequem ...

Das wird und kann die Satiriker nicht davon abhalten, ihre Pflicht zu erfüllen. „Sie können nicht schweigen, weil sie Schulmeister sind", hab ich in einem Vorwort geschrieben, „– und Schulmeister müssen schulmeistern. Ja, und im verstecktesten Winkel ihres Herzens blüht schüchtern und trotz allem Unfug der Welt die törichte, unsinnige Hoffnung, dass die Menschen vielleicht doch ein wenig, ein ganz klein wenig besser werden könnten, wenn man sie oft genug beschimpft, bittet, beleidigt und auslacht. Satiriker sind Idealisten."

Aufgaben

1. Untersuche an Hand der Texte von Horaz, Tucholsky und Kästner die Aufgaben der Satire.
2. Stelle dich der Frage Tucholskys „Was darf die Satire? Alles." oder „Gehört die Satire in die Pädagogik?" (Kästner)!
3. Ist der Satiriker ein Idealist oder Nihilist?

OVID

Et quod temptabam scribere versus erat.
(Ovid)

Was ich zu schreiben begann: es wurde zum Vers.

OVID

Publius Ovidius Naso wurde ein Jahr nach der Ermordung Caesars am 20. März 43 v. Chr. in dem Abruzzenstädtchen Sulmo als Sohn eines begüterten römischen Ritters geboren.
Nach dem Rhetorikstudium in Rom unternahm Ovid eine Bildungsreise nach Griechenland und Kleinasien. Anschließend schlug er, den Wünschen des Vaters folgend, die Ämterlaufbahn ein, an der er jedoch keinen rechten Gefallen fand. Abgesichert durch das väterliche Vermögen widmete er sich ganz der Dichtung. Er fand Aufnahme im literarischen Kreis des Redners Messalla Corvinus, wo er die bekannten Vertreter der römischen Elegie, Tibull und Properz, kennen lernte. Bereits mit seinen ersten Dichtungen, Liebeselegien, hatte er in Rom große Erfolge und wurde zum bedeutendsten Dichter seiner Zeit. Schon bald darauf folgten brillante (Lehr-)Gedichte über die ‚Liebeskunst' (Ars amatoria) und über die ‚Heilmittel gegen die Liebe' (Remedia amoris). Die ‚Metamorphosen', ein Epos in 15 Büchern mit ca. 250 Verwandlungssagen, hatte er wohl zum größten Teil abgeschlossen, als ihn der Bannstrahl des Kaisers Augustus traf (8 n. Chr.). Man beließ Ovid das Bürgerrecht und sein Vermögen (u. a. sein Haus am Kapitol), aber er wurde aus seiner Heimat Rom nach Tomi (heute Constanza) am Schwarzen Meer verbannt. Der Grund der Verbannung ist unbekannt, und die Ursachen des kaiserlichen Zornes sind „beim gegenwärtigen Quellenstand unlösbar" (Kytzler). Die in Tomi verfassten Gedichte (Tristia; Epistulae ex Ponto) sind bestimmt von persönlicher Trauer und den Nöten der letzten Jahre. Eine Rückkehr nach Rom wurde Ovid verweigert, wie sehr er sich auch darum bemühte. Im Jahre 17 n. Chr. ist er an seinem Verbannungsort gestorben.
Neben Vergil ist Ovid der lateinische Dichter mit der breitesten Wirkung auf die Nachwelt. Während seine Liebesdichtung Anstoß bei den frühen Christen erregte, wurden die ‚Metamorphosen' gleichsam zum Nachschlagewerk der Mythologie, für die bildende Kunst waren sie über Jahrhunderte hin neben der Hl. Schrift wohl die wichtigste Quelle.
Ob im ‚Narrenschiff' des Sebastian Brant (1458–1521), ob bei dem Bildhauer Auguste Rodin (1840–1917), ob in der Komödie ‚Pygmalion' von George Bernard Shaw (1856–1950), dem Musical ‚My Fair Lady' (1956) von Frederick Loewe oder in ‚Die letzte Welt' (1988) von Christoph Ransmayr, Ovid wirkt bis in unsere Tage.

Das Versmaß der Metamorphosen ist der daktylische Hexameter (↗ Anhang Metrik).

OVID

Zu Ovids Metamorphosen

In den einleitenden Versen bittet Ovid unter Anrufung der Götter um ein Gelingen seines gewaltigen Opus. – In der wohl bekanntesten Episode der Metamorphosen – sie ist eigentlich nur eine Überleitung zweier Verwandlungssagen – führt uns der Dichter die „technische Meisterleistung“ des Daedalus vor Augen, die jedoch in dem tödlichen Absturz des jungen Ikarus ihr jähes, tragisches Ende findet.
Der Name Midas ist für uns heute ein Symbol des Reichtums. Dabei lässt uns der Dichter in fast märchenhafter Weise zweimal am Fehlverhalten des einfältigen phrygischen Königs, der weder durch Schaden klug wird noch die rechte Erkenntnis besitzt, Anteil nehmen. Sicher finden wir auch einen Schuss Humor in dieser kleinen Geschichte vom König Midas.

Einleitung (Proömium) (I 1–4)

In nova fert animus mutatas dicere formas
corpora. Di, coeptis – nam vos mutastis et illas –
aspirate meis primaque ab origine mundi
ad mea perpetuum deducite tempora carmen!

---

1 Ⓚ *animus ⟨me⟩ fert dicere formas in nova corpora mutatas* – **animus me fert**: mein Herz bringt mich dahin; meine Absicht ist es – **dicere** h.: singen, besingen

1/2 **mutatae formae in nova corpora**: damit wird der Titel des Werkes angegeben, Metamorphose

2 **coeptum, -i** (poet. Pl.): Beginnen, Unternehmen – **mutastis et illas** ~ *muta⟨vi⟩stis et ⟨iam⟩ illas ⟨formas⟩*

3 **aspirare**: zuhauchen, fördern – Ⓚ *deducite carmen meum ab prima origine mundi ⟨usque⟩ ad mea tempora*

4 **deducere** (schützend) geleiten; wie *aspirare* aus der Seefahrersprache – **carmen perpetuum**: ein fortlaufendes Gedicht (, das Erzählung an Erzählung reiht)

OVID

Des Menschen Traum vom Fliegen

Daedalus interea Creten longumque perosus
exsilium tactusque loci natalis amore
clausus erat pelago. „Terras licet“ inquit „et undas
obstruat, at caelum certe patet; ibimus illac!
Omnia possideat, non possidet aëra Minos.“
Dixit et ignotas animum dimittit in artes
naturamque novat. Nam ponit in ordine pennas,
a minima coeptas, longam breviore sequenti,
ut clivo crevisse putes: sic rustica quondam
fistula disparibus paulatim surgit avenis.
Tum lino medias et ceris alligat imas
atque ita compositas parvo curvamine flectit,
ut veras imitetur aves. Puer Icarus una
stabat et ignarus sua se tractare pericla
ore renidenti modo, quas vaga moverat aura,

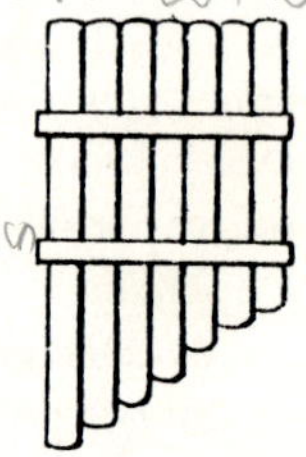

fistula rustica (Syrinx)

---

1 **Creten** gr. Akk. zu *Crete*: die Insel Kreta – **perosus**: hassend

2 **tactus** ~ *motus*

3 **pelagus, -i** n ~ *mare* – **licet** (mit Konj.): mag auch

4 **obstruere**: verbauen, verschließen – **illac**: auf jenem Weg

5 **possideat** (konzessiv) – **aēra** gr. Akk. zu *aër*: Luft – **Minos**: König von Kreta, Sohn des Zeus und der Europa

6 **animum dimittere** *in alqd*: den Sinn auf etwas richten, sich in etwas versenken

7 **novare** *(novus)*: erneuern, verändern – **penna**: Feder

8 **a minima** *(penna)* – Ⓚ *longam pennam breviore penna sequenti*: wobei die kürzere . . .

9 **clivus**: Abhang; Ⓚ *ut putes ⟨pennas in⟩ clivo crevisse* – **putes**: man hätte meinen können – **quondam** h.: manchmal

9/10 **rustica fistula**: Hirtenflöte

10 **surgere** h.: anwachsen – **avena** h.: Halm, Rohr

11 **linum**: (Leinen-)Faden – **cera** (poet. Pl.): das Wachs – **alligare**: verbinden – **imus** h.: der unterste Teil, unten – **medias . . . imas . . . compositas** *(pennas)*

12 **curvamen, -inis** n: Krümmung, Wölbung

13 **aves** ~ *avium alas* (*ala*: Flügel) – **una** *(cum eo)*

14 **ignarus** (m. AcI) – **pericla** (Synkope) = *pericula*

15 **renidēre**: glänzen, strahlen – **vagus**: unstet; säuselnd

captabat plumas, flavam modo pollice ceram
mollibat lusuque suo mirabile patris
impediebat opus. Postquam manus ultima coeptis
imposita est, geminas opifex libravit in alas
ipse suum corpus motaque pependit in aura.
Instruit et natum „medio" que „ut limite curras,

15/16 **modo ... modo**: bald ... bald

16 **pluma**: (Flaum-)Feder – **flavus**: goldgelb – **pollex, -icis** m: Daumen – Ⓚ *modo captabat plumas, quas aura vaga moverat, modo molli(e)bat pollice ceram flavam*

17 **lusus**: Spiel, Spielerei

18 **coeptum** ↗ Proöm. V. 2

19 **geminus**: beide – **opifex**: Werkmeister, Künstler – **librare**: ins Gleichgewicht bringen, (das Gewicht des Körpers) gleichmäßig verteilen – **ala** ↗ V. 13

20 **motāque ... in aurā**: Ⓚ *et pependit in aurā motā*

21 **natus** ~ *filius* – **que**: verbinde mit *ait*! – Ⓚ *moneo ⟨te⟩, ut ⟨in⟩ medio limite curras (~ voles), ne unda pennas gravet, si demissior ibis, ⟨neve⟩ ignis ⟨pennas⟩ adurat, si celsior ⟨ibis⟩* – **limes, -itis,** m: Weg, Bahn

Icare“, ait, „moneo, ne, si demissior ibis,
unda gravet pennas, si celsior, ignis adurat.
Inter utrumque vola! Nec te spectare Booten
aut Helicen iubeo strictumque Orionis ensem:
me duce carpe viam!“ Pariter praecepta volandi
tradit et ignotas umeris accommodat alas.
Inter opus monitusque genae maduere seniles,
et patriae tremuere manus. Dedit oscula nato
non iterum repetenda suo pennisque levatus
ante volat comitique timet, velut ales, ab alto
quae teneram prolem produxit in aëra nido.
Hortaturque sequi damnosasque erudit artes
et movet ipse suas et nati respicit alas.
Hos aliquis, tremula dum captat harundine pisces,
aut pastor baculo stivave innixus arator

---

22 **demissus**: tief

23 **gravare** *(gravis)*: schwer machen – **celsus**: hoch – **adurere**: anbrennen, versengen

24 Ⓚ *iubeo te non spectare Boōten aut Hélicēn* – **Boōtes** (gr. Akk. *-ēn*): „Ochsentreiber“; Sternbild wie *Helicē*

25 **Helicē** (gr. Akk. *-ēn*): der „Große Bär“ am nördl. Sternenhimmel – **Oriōn, -ŏnis**: Orion; Sternbild am südl. Sternenhimmel – **strictus ensis** (Attribut d. Orion): gezücktes Schwert

26 **viam carpere**: den Weg zurücklegen – **pariter**: zugleich

27 **umerus**: Schulter – **accomodare**: anpassen, anlegen

28 **monitus, -ūs**: Ermahnung – **gena**: Wange – **maduēre** ~ *maduerunt*; **madescere**: feucht werden – **senilis**: Adj. zu *senex*

29 **patrius**: väterlich – **osculum**: Kuss – **natus** ↗ V. 21

30 *(oscula)* **... non iterum repetenda**: (Küsse) ... die sich nicht wiederholen sollten – **pennis levatus**: von den Federn (= Flügeln) emporgehoben

31 **timere alci**: besorgt sein um jem. – Ⓚ *velut ales, quae ab alto nido teneram prolem in aëra produxit* – **ales, -itis** f. ~ *avis*

32 **tener**: zart, jung – **aër** ↗ V. 5 – **nidus**: Nest

33 **hortari** h. m. Inf. – **damnosus** Adj. zu *damnum* – **erudit** ~ *docet*

34 **respicere** (m. Akk.): zurückblicken auf

35 Ⓚ *Hos aliquis, dum ... captat, aut pastor baculo ve(l) arator stivā innixus vidit et obstipuit et ⟨eos⟩, qui ... possent, credidit esse deos* – **tremulus**: zitternd – **harundo, -inis** f.: Schilfrohr, Angelrute

36 **baculum**: Stock, Stab – **stiva**: Pflugsterz (der vom hinteren Teil des Pfluges ausgehende paarige Griff zum Führen des Pfluges) – **innixus** (m. Abl.): gestützt auf – **arator** *(arare)*: Pflüger

vidit et obstipuit, quique aethera carpere possent,
credidit esse deos. Et iam Iunonia laeva
parte Samos – fuerant Delosque Parosque relictae –
dextra Lebinthos erat fecundaque melle Calymne,
cum puer audaci coepit gaudere volatu
deseruitque ducem caelique cupidine tractus
altius egit iter. Rapidi vicinia solis
mollit odoratas, pennarum vincula, ceras.
Tabuerant cerae: nudos quatit ille lacertos
remigioque carens non ullas percipit auras;
oraque caerulea patrium clamantia nomen
excipiuntur aqua, quae nomen traxit ab illo.
At pater infelix nec iam pater „Icare“, dixit,
„Icare“, dixit, „ubi es? Qua te regione requiram?“
„Icare“ dicebat; pennas aspexit in undis
devovitque suas artes corpusque sepulcro
condidit. Et tellus a nomine dicta sepulti.

---

37 **obstipescere, -ui**: in Staunen geraten – **aethera** (gr. Akk.) **carpere**: den Weg durch die Luft zurücklegen

38 **Iunonius**: Juno gehörend (Auf Samos war ein alter Tempel der Hera/Juno)

39/40 **Samos, Delos, Paros, Lebinthus, Calymne**: Inseln in der Ägäis

40 **fecundus** (m. Abl.): fruchtbar/reich an – **mel, mellis** n: Honig

41 **volatus, -ūs** *(volare)*: Flug

43 **iter agere** ~ *viam carpere* (↗ V. 26) – **rapidus** h.: glühend, sengend – **vicinia, -ae**: Nachbarschaft

44 **odoratus**: duftend

45 **tabescere, -bui**: schmelzen – **quatere**: schütteln, schwingen – **lacertus**: (Ober-)Arm

46 **remigium**: Ruderwerk; Flügel – **carens** ~ *sine* – **percipere**: erfassen, festhalten

47 Ⓚ *ora patrium nomen clamantia excipiuntur caerulea aqua* – **ora** (poet. Pl.): Mund, Gesicht – **caeruleus** *(caelum)*: blau, blau-grün

48 **nomen trahere** *ab alqo*: den Namen bekommen von jem.

50 **qua te regione** ~ *in qua regione te*

51 **dicebat**: Tempus!

52 **devovēre**: verwünschen

53 **tellus, -uris** f (poet.) ~ *terra* – **sepultus** PPP zu *sepelire*: begraben

Zum Nach-Denken

O. Lilienthal (1848–1896)

Der Vogelflug als Grundlage der Fliegerkunst

Der Grundgedanke des freien Fliegens ist einfach der, dass der Vogel fliegt, weil er mit geeignet geformten Flügeln in geeigneter Weise die ihn umgebende Luft bearbeitet.
Wie diese geeigneten Flügel beschaffen sein müssen, und wie solche Flügel zu bewegen sind, das sind die beiden großen Fragen der Flugtechnik.
Indem wir beobachten, wie die Natur diese Fragen gelöst hat, und indem wir die ebene Flugfläche für den Flug größerer Wesen als ungeeignet verwerfen, fühlen wir jenen Alp nach und nach verschwinden, der uns vor der Beschaffung der zum Fliegen erforderlichen motorischen Kraft zurückschrecken machte. Wir werden gewahr, wie durch den gewölbten Naturflügel die Flugfrage sich ablöst von der reinen Kraftfrage und mehr in eine Frage der Geschicklichkeit sich verwandelt.
In der Kraftfrage können Zahlen Halt gebieten, doch die Geschicklichkeit ist unbegrenzt. Mit der Kraft stehen wir bald einmal vor ewigen Unmöglichkeiten, mit der Geschicklichkeit aber nur vor zeitlichen Schwierigkeiten. Schauen wir auf die Möwe, welche drei Armlängen über unserem Haupte fast regungslos im Winde schwebt! Die eben untergehende Sonne wirft den Schlagschatten der Kante ihres Flügels auf die schwach gewölbte, sonst hellgraue, jetzt rot vergoldete Unterfläche ihrer Schwingen. Die leichten Flügeldrehungen erkennen wir an dem Schmaler- und Breiterwerden dieses Schattens, der uns aber auch gleichzeitig eine Vorstellung gibt von der Wölbung, die der Flügel hat, wenn die Möwe mit ihm auf der Luft ruht . . . Nicht so leicht wird es sein, diesen Naturflügel nun auch mit allen seinen Kraft sparenden Eigenschaften für den Menschen brauchbar auszuführen, und wohl weniger leicht mag es sein, den Wind, diesen unsteten Gesellen, der so gern die Früchte unseres Fleißes zerstört, mit körperlichen Flügeln, die uns nicht angeboren sind, zu meistern. Aber dennoch für möglich müssen wir es halten, dass uns die Forschung und Erfahrung, die sich an Erfahrung reiht, jenem großen Augenblick näher bringt, wo der erste frei fliegende Mensch, und sei es nur für wenige Sekunden, sich mit Hilfe von Flügeln von der Erde erhebt und jenen geschichtlichen Zeitpunkt herbeiführt, den wir bezeichnen müssen als den Anfang einer neuen Kulturepoche.

Otto Lilienthal mit seinem Gleitsegler (1895)

Aufgaben

1. Wie versucht Daedalus, das Problem des „gewölbten Naturflügels" (Lilienthal) zu lösen? Welchen Vorteil erkennt Lilienthal darin?
2. Welche Gefahr sieht Lilienthal für den fliegenden Menschen, welche Gefahr droht Ikarus? Versuche den Unterschied zu erklären!
3. Kannst du erklären, warum Lilienthal den Augenblick des ersten frei fliegenden Menschen als den Beginn einer „neuen Kulturepoche" bezeichnet?

OVID

König Midas – der schöne Schein des Goldes

Nec satis hoc Baccho est; ipsos quoque deserit agros
cumque choro meliore sui vineta Timoli
Pactolonque petit, quamvis non aureus illo
tempore nec caris erat invidiosus harenis.
Hunc adsueta cohors, Satyri Bacchaeque frequentant:
at Silenus abest. Titubantem annisque meroque
ruricolae cepere Phryges vinctumque coronis
ad regem duxere Midan, cui Thracius Orpheus
orgia tradiderat cum Cecropio Eumolpo.
Qui simul agnovit socium comitemque sacrorum,
hospitis adventu festum genialiter egit
per bis quinque dies et iunctas ordine noctes.
Et iam stellarum sublime coëgerat agmen
Lucifer undecimus, Lydos cum laetus in agros

---

1 **Nec ...** Schließt an das vorher Geschehene an. Bacchantinnen haben Orpheus zerrissen; Lyaeus (d. i. Bacchus) bestraft sie, indem er sie in Bäume verwandelt. Der Ort des Geschehens (Thrakien) ist Bacchus nun verleidet – **deserere**: verlassen

2 **meliore choro**: Die Bacchantinnen, die Orpheus getötet hatten, waren aus dem Gefolge des Bacchus „ausgeschieden" – **vinetum**: Weinberg – **T(i)molus, i** m: Gebirge in Lydien, wo der Goldsand mit sich führende **Pactolus** (gr. Akk. *-ōn*) entspringt

4 **invidiosus**: Neid erregend – **caris harenis**: Abl. causae

5 **adsuetus** *(assuescere)*: gewöhnlich, bekannt – **Satyrus**: Satyr – **Baccha**: Bacchantin; Gefährtin des Bacchus – **frequentare**: aufsuchen; umschwärmen

6 **Silenus**: Erzieher und Begleiter des Bacchus – **titubare**: schwanken – **merum**: (nicht mit Wasser vermischter) reiner Wein

7 **ruricolae, -arum**: Bauern – **cepēre** ~ *ceperunt* – **Phryx, -gis**: phrygisch, aus Phrygien (Landschaft in Kleinasien, Lydien benachbart)

8 **dūxēre** ~ *duxerunt* – **Midan**: gr. Akk. zu Midas (König von Phrygien)

9 **orgia, -orum** n: Bacchusfeier, Geheimkult zu Ehren des Bacchus – **Cecropius**: kekropisch, athenisch – **Eumolpus**: ebenfalls ein Schüler des Orpheus

10 **Qui** ~ *Midas* – **sacra, -orum** ~ *orgia*

11/12 **genialiter** (Adv.): heiter, fröhlich – **bis quinque**: zweimal fünf

13 **sublimis, e**: hoch, erhaben – **agmen cogere** (milit. Term.): den Zug beschließen

14 **Lucifer, i** m: Morgenstern

14/15 Ⓚ *cum rex in agros Lydos laetus venit* (Lydien war Phrygien benachbart; ↗ V. 2)

rex venit et iuveni Silenum reddit alumno.
Huic deus optandi gratum, sed inutile fecit
muneris arbitrium gaudens altore recepto.
Ille male usurus donis ait: „Effice, quidquid
corpore contigero, fulvum vertatur in aurum!“
Adnuit optatis nocituraque munera solvit
Liber et indoluit, quod non meliora petisset.
Laetus abit gaudetque malo Berecyntius hēros
pollicitique fidem tangendo singula temptat.
Vixque sibi credens non alta fronde virentem
ilice detraxit virgam: virga aurea facta est.
Tollit humo saxum: saxum quoque palluit auro.
Contigit et glaebam: contactu glaeba potenti
massa fit. Arentes Cereris decerpsit aristas:
aurea messis erat. Demptum tenet arbore pomum:

---

15 **iuvenis alumnus**: jugendlicher Zögling, d. i. Bacchus

16/17 Ⓚ *deus huic gratum, sed inutile arbitrium muneris optandi fecit* – **huic** ~ *Midas* – **arbitrium facere**: Wahl gewähren

17 **muneris optandi**: ein Geschenk zu wünschen – **altor, -oris** *(alere/alumnus)*: Erzieher

18 **usurus** (Part. Fut. zu *uti*): Tempus!

19 **contigero** ~ *tetigero* – **fulvus**: (rot-)gelb; schimmernd

20 **adnuere** ~ *annuere, -ui alci rei*: einer Sache zustimmen; etw. bewilligen – **nocitura** ↗ V. 18 – **munera** (poet. Pl.) **solvere**: Geschenk gewähren

21 **Liber, i** (urspr. altitalischer Gott): Bacchus – **indolescere, -ui** (Incohat. zu *dolēre)*: Schmerz empfinden, bedauern – **peti***(vi)***sset**: Konj. obliquus

22 **Berecyntius**: phrygisch; zu Kybele gehörig (Die Göttermutter wurde am Berg Berecyntus verehrt) – **heros**: Heros, Halbgott (Midas galt als Sohn der Kybele)

23 **pollicitum, -i**: Versprechen – **fides** h.: Erfolg, Erfüllung

24/25 Ⓚ *virgam fronde virentem ⟨de⟩ ilice non alta detraxit*

24 **frons, -ondis** f.: Laub

25 **ilex, -icis** f.: Eiche

26 **pallescere, -ui**: gelb werden

27 **contigit** ~ *tetigit* ↗ V. 19 – **glaeba**: Erdscholle – **potens, -entis**: zauberkräftig, magisch

28 **massa** *(auri)*: (Gold-)Klumpen – **arens, -entis**: trocken, dürr – **Ceres, -eris**: Ceres; Göttin des Ackerbaus und der Fruchtbarkeit – **de-cerpere**: abpflücken – **arista**: Ähre

29 **messis, -is** f.: Ernte

Hesperidas donasse putes. Si postibus altis
admovit digitos, postes radiare videntur.
Ille etiam liquidis palmas ubi laverat undis,
unda fluens palmis Danaën eludere posset.
Vix spes ipse suas animo capit aurea fingens
omnia. Gaudenti mensas posuere ministri
exstructas dapibus nec tostae frugis egentes.
Tum vero, sive ille sua Cerealia dextra
munera contigerat, Cerealia dona rigebant;
sives dapes avido convellere dente parabat,
lammina fulva dapes admoto dente premebat.
Miscuerat puris auctorem muneris undis:
fusile per rictus aurum fluitare videres.
Attonitus novitate mali divesque miserque
effugere optat opes et, quae modo voverat, odit.
Copia nulla famem relevat; sitis arida guttur

---

30 **Hesperidas**: gr. Akk. zu Hesperides (Töchter des Atlas; pflegten einen Baum mit goldenen Äpfeln im Göttergarten) – **dona***(vi)***sse** – **putes**: Konj. potentialis – **postes, -ium** m.: Tür(pfosten)

31 **radiare** *(radius)*: strahlen – **videntur**: Pass. zu *videre*

32/33 Ⓚ *ubi ille etiam palmas ⟨in⟩ undis liquidis laverat, unda ⟨de⟩ palmis fluens*

32 **liquidus**: fließend; klar – **palma**: Hand

33 **Danaën**: gr. Akk. zu Danaë; ihr Vater schloss sie in einem Turm ein, wo sie als Frucht eines goldenen Regens, in dem Jupiter sie besuchte, Perseus gebar – **eludere**: necken, täuschen – **posset**: Konj. potentialis

34/35 Ⓚ *Vix ipse spes suas animo capit, cum omnia aurea fingit* – **spes**: Hoffnung; Ziel der Wünsche – **posuēre** ~ *posuerunt*

36 **exstructus** (m. Abl.): beladen (mit) – **dapes, -um** f.: (Fest-)Mahl – **frux** *(frugis)* **tosta**: Brot (aus geröstetem Korn)

37 **sive ... sive**: wenn entweder ... oder (wenn) – **Cerealia munera/dona**: Brot; ↗ V. 28

38/39 **contigerat** ↗ V. 27 – **rigēre**: starr sein – **convellere**: verzehren

40 **lammina fulva**: Goldschicht – **premere** h.: bedecken

41 **auctor muneris**: d. i. Bacchus, h. metonym. für *vinum*

42/43 **fusilis, e**: flüssig – **rictus, -ūs**: der (aufgesperrte) Mund – **fluitare** *(fluere)*: strömen – **videres**: man hätte sehen können – **attonitus** (m. Abl.): bestürzt über

44 **quae modo voverat**: Akk. Obj. zu *odit* – **vovēre, vovi**: wünschen

45 **famem relevare**: den Hunger stillen – **sitis arida**: quälender Durst – **guttur, -uris** n.: Kehle

urit et inviso meritus torquetur ab auro
Ad caelumque manus et splendida bracchia tollens
„da veniam, Lenaee pater! peccavimus," inquit,
„sed miserere, precor, speciosoque eripe damno!"
Mite deum numen. Bacchus peccasse fatentem
restituit pactique fide data munera solvit.
„Neve male optato maneas circumlitus auro,
vade "ait„ ad magnis vicinum Sardibus amnem
perque iugum ripae labentibus obvius undis
carpe viam, donec venias ad fluminis ortus;
spumigeroque tuum fonti, qua plurimus exit,
subde caput corpusque simul, simul elue crimen!"
Rex iussae succedit aquae. Vis aurea tinxit
flumen et humano de corpore cessit in amnem.
Nunc quoque iam veteris percepto semine venae
arva rigent auro madidis pallentia glaebis.

---

46 **meritus** ~ *merito* (Adv.) – **torquēre**: foltern

48 **Lenaeus** (gr.) **pater** ~ Bacchus

49 **speciosus**: blendend, gleißend

50 **mitis, -e**: mild, sanft – **de(or)um numen**: das Walten der Götter – **pecca***(vi)***sse** *(se)*

51 **restituere**: in den früheren Zustand versetzen – Ⓚ *solvit data munera fide pacti*: er löste (ihn) von dem Geschenk, das er in Erfüllung des Vertrages gegeben hatte

52/53 Ⓚ *Et „ne maneas circumlitus auro male optato, vade "ait„ . . .*

52 **circumlitus**: überzogen

53 **vadere**: gehen – **Sardes, -ium** f.: Sardes, Hauptstadt von Lydien, am Pactolus; ↗ V. 3

54 **iugum ripae**: Höhe des Ufers (d. i. der Tmolus, von dem der Pactolus herabströmt) – **obvius**: entgegen

55 **carpere viam**: den Weg zurücklegen – **ad fluminis ortūs** ~ *ad fontes fluminis (Pactoli)*

56 **spumiger**: schäumend – **qua plurimus exit**: wo sie (die Quelle) am stärksten hervorsprudelt

57 **subdere**: darunterhalten – **e-luere**: abwaschen, tilgen

58 Ⓚ *Rex succedit aquae, cui succedere iussus erat* – **succedere** (m. Dat.): unter etwas treten – **tinguere, tinxi**: färben

60/61 Ⓚ *Nunc quoque arva rigent semine percepto iam veteris venae et pallent glaebis auro madidis*

60 **vena**: Metallader; Metall

61 **rigēre** h.: strotzen, starren vor – **pallēre**: gelb sein, schimmern – **glaebae auro madidae**: golddurchzogene Erdschollen

OVID

König Midas – Eselsohren für den König

Ille perosus opes silvas et rura colebat
Panaque montanis habitantem semper in antris.
Pingue sed ingenium mansit, nocituraque, ut ante,
rursus erant domino stultae praecordia mentis.
Nam freta prospiciens late riget arduus alto
Tmolus in ascensu clivoque extensus utroque
Sardibus hinc, illinc parvis finitur Hypaepis.
Pan ibi dum teneris iactat sua carmina nymphis
et leve cerata modulatur harundine carmen,
ausus Apollineos prae se contemnere cantus,
iudice sub Tmolo certamen venit ad impar.
Monte suo senior iudex consedit et aures

---

62 **perosus** (m. Akk.): hasserfüllt gegen, verabscheuend; ↗ V. 44 – **colere**: bewohnen; verehren

63 **Pana**: gr. Akk. zu Pan (Wald- und Hirtengott)

64 **pinguis, -e**: fett; schwerfällig

65 Ⓚ *⟨et⟩ rursus, ut ante ⟨a⟩, domino nocitura erant praecordia stultae mentis* – **stultae praecordia mentis**: törichte Gesinnung

66 **Nam**: begründet die folgende Erzählung

66–68 Ⓚ *Nam freta prospiciens late Tmolus in alto ascensu arduus riget et clivo utroque extensus hinc Sardibus, illinc parvis Hypaepis finitur*

66 **fretum** ~ *mare* – **in alto ascensu arduus riget**: ragt jäh ansteigend empor

67 **Tmolus** ↗ V. 2 – **clivo extensus utroque**: nach beiden Seiten hin ausgestreckt/abfallend

68 **hinc . . . illinc**: hier, dort – **Sardes** ↗ V. 53 – **Hypaepa, -orum** n.: kleine Stadt an der Südseite des Tmolus

69 **iactare** h.: prahlerisch vortragen

70 **ceratus** *(cera)*: durch Wachs zusammengefügt – **modulari**: taktmäßig spielen – **harundo, -inis** f.: Schilfrohr; Hirtenflöte

71 **Apollineus**: apollinisch, des Apoll; Apollo ist Gott der Musik und Dichtkunst, Führer der Musen – **prae se** ~ *prae suis cantibus* – **prae** (m. Abl.): im Vergleich mit

72 Ⓚ *sub iudice Tmolo ad certamen impar venit* – **Tmolus**: tritt hier personifiziert als Gottheit und Schiedsrichter auf ↗ V. 2 – **impar, -is**: ungleich

73 **Monte suo** (poet.) ~ *⟨in⟩ monte suo* – **senior** ~ *senex* – **considere, sēdi**: sich niederlassen

liberat arboribus; quercu coma caerula tantum
cingitur et pendent circum cava tempora glandes.
Isque deum pecoris spectans „in iudice“ dixit
„nulla mora est.“ Calamis agrestibus insonat ille
barbaricoque Midan (aderat nam forte canenti)
carmine delenit. Post hunc sacer ora retorsit
Tmolus ad os Phoebi: vultum sua silva secuta est.
Ille caput flavum lauro Parnaside vinctus
verrit humum Tyrio saturata murice palla
instructamque fidem gemmis et dentibus Indis
sustinet a laeva, tenuit manus altera plectrum.
Artificis status ipse fuit. Tum stamina docto
pollice sollicitat, quorum dulcedine captus
Pana iubet Tmolus citharae submittere cannas.
Iudicium sanctique placet sententia montis
omnibus; arguitur tamen atque iniusta vocatur

---

74 **quercus, -ūs** f.: Eiche (im Deutschen Pl.) – **coma caerula**: das bläuliche Haar (Das Haar des Berggottes hat das bläuliche Aussehen eines Bergwaldes aus der Ferne.)

75 **tempora, -um** n.: Schläfen – **glans, -dis**: Eichel

76 **deus pecoris**: Pan

77 **calamus** ~ *harundo* ↗ V. 70 – **insonare**: sich hören lassen

77/78 **agrestis/barbaricus**: h. im abwertenden Sinne

78 **adesse**: zugegen sein

79 **de-lenire**: bezaubern, gewinnen – **ora** (poet. Pl.) – **re-torquēre, -si**: zuwenden

80 **Phoebus**: Apollo – **vultus, -ūs** ~ *ōs*

81 **lauro Parnaside vinctus**: bekränzt mit parnassischem Lorbeer; Parnass, ein Berg in Phokis/Griechenland, Apollo und den Musen heilig

82 **vérrere**: fegen, streifen – **Tyrius murex**: tyrischer Purpur – **saturare**: sättigen, färben – **palla, -ae**: Gewand (des Zitherspielers)

83 **instructam** ~ *ornatam* – **fidēs, -is** f.: die Lyra, Leier – **dentes Indi**: Elfenbein

84 **sustinēre** ~ *tenēre* – **a laeva** ~ *manu laeva* – **plectrum**: Stäbchen (womit die Saiten der Leier angeschlagen werden)

85 **status, -ūs**: Haltung – **stamen, -inis** n.: h. Saite

86 **pollex, -icis** m.: Daumen – **dulcedo** *(dulcis)* h.: Wohllaut; Zauber

87 **Pana** ↗ V. 63 – **submittere**: unterordnen – **cannae, -arum**: Rohrpfeife, Hirtenflöte

88 Ⓚ *Iudicium et sententia sancti montis omnibus placet* – **sanctus mons** ↗ V. 80

Silen

Satyr

unius sermone Midae. Nec Delius aures
humanam stolidas patitur retinere figuram,
sed trahit in spatium villisque albentibus implet
instabilesque imas facit et dat posse moveri.
Cetera sunt hominis; partem damnatur in unam
induiturque aures lente gradientis aselli.
Ille quidem celare cupit turpisque pudore
tempora purpureis temptat velare tiaris;
sed solitus longos ferro resecare capillos
viderat hoc famulus. Qui cum nec prodere visum
dedecus auderet, cupiens efferre sub auras,

---

90 **Delius**: Apollo; Apollo ist auf der Insel Delos geboren.

91 **stolidus** ~ *stultus*; ↗ V. 65

92 **in spatium trahere**: in die Länge ziehen – **villus, -i**: Haarbüschel – **albens, -entis**: weiß

93 **instabilis**: beweglich – **imus**: unten, an der Wurzel – Ⓚ *dat ⟨auribus⟩ posse moveri*

94 **damnare in** (m. Akk.): bestrafen in Bezug auf, bestrafen an – **unam partem** *(corporis)*

95 **induere** (m. Akk.): bekleiden mit – **gradi, -ior**: schreiten – **asellus** (Demin. zu *asinus*): Esel

96 **celare** *(aures)* – **turpis, -e**: entstellt – **pudor, -oris**: Schande, Schandfleck

97 **tempora** ↗ V. 75 – **tiara, ae** f. (poet. Pl.): (phrygische) Mütze

98/99 Ⓚ *sed famulus, ⟨qui⟩ capillos longos ferro re-secare solebat, hoc viderat*

98 **ferrum** h.: Schermesser

99 **Qui cum** ~ *cum is (famulus)*

100 **dedecus, -oris** n.: Schande, Entstellung – **efferre sub auras**: an die Öffentlichkeit bringen

nec posset reticere tamen, secedit humumque
effodit et, domini quales aspexerit aures,
voce refert parva terraeque immurmurat haustae;
indiciumque suae vocis tellure regesta
obruit et scrobibus tacitus discedit opertis.
Creber harundinibus tremulis ibi surgere lucus
coepit et, ut primum pleno maturuit anno,
prodidit agricolam; leni nam motus ab austro
obruta verba refert dominique coarguit aures.

---

101 **re-ticēre** ~ *tacēre*

103 **immurmurare** (m. Dat.): in etwas hineinmurmeln – **terra hausta**: Grube

104 **indicium**: Anzeige, Aussage – **regerere, -gessi, -gestum**: zurückwerfen, wieder zuschütten

105 **scrobes, -is** f. (poet. Pl.): Grube – **opertus** *(operire)*: zugedeckt

106 **creber** (m. Abl.) ~ *densus* – **harundinibus** ↗ V. 70 – **tremulus**: zitternd

107 **ut primum** ~ *ubi primum* – **pleno anno**: nach Ablauf eines Jahres – **maturescere, -ui**: heranreifen

108 **agricola** h.: Sämann

108/109 Ⓚ *nam ⟨lucus⟩ austro leni motus verba obruta refert et aures domini* (*i. e.* Midas) *coarguit* – **auster, -stri** m.: Südwind – **coarguere**: verraten

Zum Nach-Denken

G. Eich (1907–1972)

Ein Nachwort von König Midas

Mit Eselsohren weiß man, was in der Welt vor sich geht. Ich trage eine wollene Mütze darüber, das schönohrige Gewimmel schaut schräg an mir vorbei. Ich weiß zum Beispiel, was von Apollon zu halten ist. Er hat Macht, das bewundern sie alle, und er sieht gut aus, so gibt es nichts, was er sich nicht erlauben könnte. Er könnte Schlachten verlieren, ja sogar die Weltgeschichte, – er würde seine Anhänger nicht los. Er kann auch so schlecht singen, wie er will, alle sind von seinem harmonischen Gewinsel hingerissen. Und wer's nicht ist, wird mit Eselsohren bestraft. Wenn die Machtverhältnisse anders verteilt wären, ich gäbe ihm keine Eselsohren, ich ließe ihn weiter unwissend über seinen schlechten Gesang. So bliebe er so bestraft, wie er es schon ist.

Doch möchte ich's überliefert wissen, dass mich die Verleihung der Eselsohren nicht überzeugt hat. Übrigens: Warum wurde ich zum Schiedsrichter bestellt? Hielten mich die Wettkämpfer für einen Esel oder für einen der Künste Kundigen? Darüber denke nach, o Nachwelt. Und nun lasst mich sagen, warum Apollos Gesang nicht gut ist. Nämlich: Er ist böse. Apollon singt so, dass die Welt so bleiben muß, wie sie ist ...

Aufgaben

1. Schildere das Verhalten des Midas bei Ovid (bes. V. 95 ff.) und vergleiche es mit seinem „Nachwort" bei Günter Eich.
2. Welche Wirkung erzielt der moderne Schriftsteller mit dem Wechsel des Erzählerstandpunktes?
3. Kannst du erklären, welche Absicht der antike bzw. der moderne Dichter verfolgt?

AUGUSTUS

Wenn Euch das Spiel gefallen hat,
so spendet mir Beifall und danket mir mit Geleit.

(Augustus)

AUGUSTUS

Gaius Iulius Octavianus (Augustus) wurde im Jahre 63 v. Chr. geboren. Er war Großneffe Caesars, der ihn in seinem Testament adoptiert und zum Erben eingesetzt hatte. Als C. Iulius Caesar Octavianus trat er nach der Ermordung Caesars (44) dessen politische Erbschaft an. Im November 43 schloss er mit Antonius und Lepidus das zweite Triumvirat (Verfassungsausschuss); nach dem Sieg über die Caesarmörder bei Philippi (Ostmakedonien) teilten sie das Reich unter sich: Antonius erhielt den Osten und verbündete sich mit Kleopatra, Lepidus bekam Nordafrika, Octavian Italien. Das ungleiche Bündnis hielt jedoch nicht lange. Nach Ausschaltung des Lepidus gewann Octavian nach weiteren Auseinandersetzungen (u. a. Schlacht bei Aktium) die Alleinherrschaft. Im Januar 27 v. Chr. verlieh ihm der Senat den Titel *Augustus* (der Erhabene), so dass er fortan Imperator Caesar Augustus hieß. Innenpolitisch waren die nun folgenden vierzig Jahre von relativer Ruhe geprägt; sie werden als *saeculum Augustum*, als *pax Augusta* oder auch *aurea aetas* bezeichnet. 14 n. Chr. ist Augustus in Nola (Kampanien) gestorben.

Werk und Person des Augustus wurden schon früh verklärt. Er galt als Herrschervorbild für die römischen wie für die mittelalterlichen Kaiser. Der Name Augustus wurde bis zu den Habsburger Herrschern in der Kaisertitulatur verwendet. Die Friedensherrschaft, die *pax Augusta*, wurde von christlichen Schriftstellern der Spätantike in eine *pax Christiana* umgemünzt. Städte wie Augsburg *(Augusta Vindelicorum)*, Autun in Frankreich *(Augustodunum)* und Zaragoza in Spanien *(Caesar Augusta)* erinnern uns heute ebenso an den Herrscher der Zeitenwende wie der Name des Monats August.

Zu den „Res Gestae" des Augustus

Augustus war nicht nur politisch aktiv, sondern auch literarisch. Von ihm stammt der 1555 in Ancyra (Ankara) aufgefundene Tatenbericht *(Index rerum gestarum)*, der dort mit der griechischen Übersetzung in die Wand des Augustus/Roma-Tempels eingemeißelt war. Während in unserem Jahrhundert in zwei anderen Städten Kleinasiens weitere Überreste der Inschrift bekannt wurden, ist das römische Original verloren. Nach dem Hauptfundort erhielt die „Königin der Inschriften" (Mommsen) den Namen „Monumentum Ancyranum".
„Der Text kann als historische Quelle für eine außerordentlich bedeutsame Epoche, eine Art Achsenzeit, und für ihre prominenteste Persönlichkeit nicht hoch genug eingeschätzt werden."

Text der „Res Gestae" (moderne Kopie an der Ara Pacis in Rom)

AUGUSTUS

Selbstdarstellung eines Herrschers

Rerum gestarum divi Augusti, quibus orbem terrarum imperio populi Romani subiecit, et impensarum, quas in rem publicam populumque Romanum fecit, incisarum in duabus aheneis pilis, quae sunt Romae positae, exemplar subiectum.

Annos undeviginti natus exercitum privato consilio et privata impensa comparavi, per quem rem publicam a dominatione factionis oppressam in libertatem vindicavi. Eo nomine senatus decretis honorificis in ordinem suum me adlegit C. Pansa et A. Hirtio consulibus consularem locum sententiae dicendae tribuens et imperium mihi dedit. Res publica ne quid detrimenti caperet, me pro praetore simul cum consulibus providere iussit.

Populus autem eodem anno me consulem, cum consul uterque in bello cecidisset, et trium virum rei publicae constituendae creavit. Qui parentem meum trucidaverunt, eos in exilium expuli iudiciis legitimis ultus eorum facinus et postea bellum inferentis rei publicae vici bis acie.

---

1 Die Überschrift des Tatenberichts ist wohl erst nach der Erhebung des Augustus unter die Götter *(divus Augustus)* durch Senatsbeschluss am 17. September 14 n. Chr. verfasst worden.

2 **impensa**: Aufwand

3 **incīsus** *(incīdere)*: eingehauen, eingemeißelt – **ahenea pila**: Bronzepfeiler

4 **exemplar, aris** n.: Abschrift, Kopie – **subiectus** *(subicere)* h.: folgend, nachstehend

5 **annos undeviginti natus** ↗ Einleitung

6/7 **dominatio factionis**: Willkürherrschaft einer Partei (des Antonius und Dolabella)

7 **eo nomine** h.: aus diesem Grund

9 **consularis locus sententiae dicendae**: der Rangplatz eines Konsularen bei der Abstimmung

11 **cum consulibus**: (Aulus Hirtius und Gaius Pansa)

12 **consul uterque** ↗ Z. 8/9

13 **triumvir rei publicae constituendae**: Triumvir zur Neuordnung des Staates (↗ Einleitung)

14 **parentem meum**: (d. i. Gaius Iulius Caesar ↗ Einleitung)

14/15 **iudicium legitimum**: gesetzmäßiges Urteil

15 **inferentīs** ~ *inferentes*

16 **bis acie**: in der Doppelschlacht (bei Philippi 42 v. Chr. gegen Cassius und Brutus)

Bella terra et mari civilia externaque toto in orbe terrarum saepe gessi victorque omnibus veniam petentibus civibus peperci. Externas gentes, quibus tuto ignosci potuit, conservare quam excidere malui.

Millia civium Romanorum sub sacramento meo fuerunt circiter quingenta. Ex quibus deduxi in colonias aut remisi in municipia sua stipendis emeritis millia aliquanto plura quam trecenta, et iis omnibus agros adsignavi aut pecuniam pro praemis militiae dedi.

Naves cepi sescentas praeter eas, si quae minores quam triremes fuerunt.

Bis ovans triumphavi et tris egi curulis triumphos et appellatus sum viciens et semel imperator, decernente pluris triumphos mihi senatu, quibus omnibus supersedi.

Laurum de fascibus deposui in Capitolio votis, quae quoque bello nuncupaveram, solutis. Ob res a me aut per legatos meos auspicis meis terra marique prospere gestas quinquagiens et quinquiens decrevit senatus supplicandum esse dis immortalibus. Dies autem, per quos ex senatus consulto supplicatum est, fuere DCCCLXXXX.

---

18 **veniam petere**: um Gnade bitten

21 **sacramentum**: Fahneneid

22 **deducere in colonias**: in Kolonien ansässig machen – **municipium**: Bürgergemeinde (mit eigener Verfassung)

23 **stipendi(i)s emeritis**: nach Ableistung der Dienstzeit – **aliquanto plura**: bedeutend mehr

24 **adsignare**: zuweisen

25 **triremis, -is** f.: Dreiruderer

27 **ovans triumphare**: zu Fuß einen Triumphzug halten (sog. kleiner Triumph mit Myrtenkranz) – **curulis triumphus**: kurulischer Triumph (dabei wird der Feldherr, ausgestattet mit Purpurgewand, Lorbeerkranz und Adlerzepter, an der Spitze seiner Soldaten von den Senatoren auf das Kapitol geleitet.)

29 **supersedere alci rei**: eine Sache unterlassen

30 **laurus de fascibus**: Lorbeer der Rutenbündel (der den Feldherrn begleitenden Liktoren)

31 **nuncupare**: feierlich aussprechen

31/32 **auspici*(i)*s meis**: unter meinem Oberbefehl

32 **prosperus**: günstig

33 **supplicare**: Dankgebet darbringen, Dankfest feiern

AUGUSTUS

In triumphis meis ducti sunt ante currum meum reges aut regum liberi novem. Consul fueram terdeciens cum scribebam haec et eram septimum et tricensimum tribuniciae potestatis.

Dictaturam et apsenti et praesenti mihi delatam et a populo et a senatu M. Marcello et L. Arruntio cos. non recepi. Non sum deprecatus in summa frumenti penuria curationem annonae, quam ita administravi, ut intra dies paucos metu et periclo praesenti civitatem universam liberarem impensa et cura mea.

Consulatum quoque tum annuum et perpetuum mihi delatum non recepi.

(In der Zeit von 22 bis 19 v. Chr. hielt sich Augustus im Osten des Reiches zur Neuordnung der Verhältnisse auf; dabei gelang durch diplomatische Verhandlungen auch die Rückgabe der Feldzeichen, die Crassus im Jahre 53 an die Parther bei Carrhae verloren hatte. – In Rom war es 19 v. Chr. zu Wahlunruhen gekommen.)

Ex senatus auctoritate pars praetorum et tribunorum plebi cum consule Q. Lucretio et principibus viris obviam mihi missa est in Campaniam, qui honos ad hoc tempus nemini praeter me est decretus. Cum ex Hispania Galliaque, rebus in iis provinciis prospere gestis, Romam redi Ti. Nerone et P. Quintilio consulibus, aram Pacis Augustae senatus pro reditu meo consecrandam censuit ad campum Martium, in qua magistratus et sacerdotes virginesque Vestales anniversarium sacrificium facere iussit.

---

37 **cum scribebam haec** (dieser Satz wird wohl kurz vor Augustus' Tod eingefügt worden sein)

38 **esse alcis rei**: im Besitz einer Sache sein

40 **Marcus Marcellus et Lucius Arruntius** (Konsuln des Jahres 22 v. Chr.)

41 **deprecari**: (höflich) ablehnen – **penuria**: Mangel – **curatio annonae**: Aufsicht über die Getreidezufuhr

43 **impensa et cura**: materielle Mittel und persönliche Fürsorge

47 **principes viri**: führende Männer (des Staates)

49 **ex Hispania Galliaque** (nach der Befriedung Spaniens und Galliens kehrte Augustus im Juli 13 v. Chr. nach Rom zurück.)

50 **redi** ~ *redii*

51 **ara Pacis Augustae** (die Errichtung eines Altars für die Pax Augusta wurde im Jahre 13 v. Chr. vom Senat beschlossen; eingeweiht wurde der Altar 9 v. Chr.)

53 **anniversarius**: jährlich

Ianum Quirinum, quem claussum esse maiores nostri voluerunt, cum per totum imperium populi Romani terra marique esset parta victoriis pax, cum, priusquam nascerer, a condita urbe bis omnino clausum fuisse prodatur memoriae, ter me principe senatus claudendum esse censuit.

(Die Bautätigkeit des Augustus war beachtlich. Er vollendete nicht nur die unter seinem Vorgänger begonnenen Bauwerke und erneuerte die angegriffene Bausubstanz, sondern ließ – nicht allein in Rom – prächtige Bauten errichten.)

Capitolium et Pompeium theatrum utrumque opus impensa grandi refeci sine ulla inscriptione nominis mei. Rivos aquarum compluribus locis vetustate labentes refeci et aquam, quae Marcia appellatur, duplicavi fonte novo in rivum eius inmisso.
Forum Iulium et basilicam, quae fuit inter aedem Castoris et aedem Saturni, coepta profligataque opera a patre meo perfeci et eandem basilicam consumptam incendio, ampliato eius solo, sub titulo nominis filiorum meorum incohavi et, si vivus non perfecissem, perfici ab heredibus meis iussi.
Duo et octoginta templa deum in urbe consul sextum ex auctoritate senatus refeci, nullo praetermisso, quod eo tempore refici debebat.

---

54 **Ianus Quirinus** (der Janus Quirinustempel war im 7. Jh. errichtet worden; seine Tore waren in Friedenszeiten geschlossen.) – **claussum** ~ *clausum*

56 **bis** (nach der Herrschaft des Numa Pompilius und nach dem 1. punischen Krieg)

57 **ter** (nach Aktium und nach dem Cantabrerkrieg 25 v. Chr.; die 3. Schließung ist zeitlich nicht mehr festzulegen.)

59 **Capitolium**: Kapitol (dort Tempel des Jupiter, der Iuno und Minerva) – **Pompeium theatrum** (im Jahre 55 v. Chr. als erstes römisches Theater aus Stein errichtet)

60 **rivus aquarum**: Wasserleitung

62 **duplicare**: um das Doppelte vergrößern

63 **Forum Iulium et basilica (Iulia)** (wurden von Caesar begonnen; nach dem Brand 12 n. Chr. wurde die neu errichtete Basilica den beiden früh verstorbenen Söhnen des Augustus geweiht)

64 **profligatus** h.: beinahe beendet

65 **ampliare solum**: die Grundfläche erweitern

66 **incohare**: anfangen

68 **deum** ~ *deorum* – **consul sextum** (im Jahre 28 v. Chr.)

69 **nullo** (erg. *templo*)

AUGUSTUS

Consul septimum viam Flaminiam ab urbe Ariminum refeci pontesque omnes praeter Mulvium et Minucium.

(In den drei abschließenden Kapiteln faßt Augustus die entscheidenden Stationen seiner Herrschaft zusammen.)

A me gentes Parthorum et Medorum per legatos principes earum gentium reges petitos acceperunt, Parthi Vononem, regis Phratris filium, regis Orodis nepotem, Medi Ariobarzanem, regis Artavizdis filium, regis Ariobarzanis nepotem.
In consulatu sexto et septimo, postquam bella civilia exstinxeram, per consensum universorum potitus rerum omnium, rem publicam ex mea potestate in senatus populique Romani arbitrium transtuli. Quo pro merito meo senatus consulto Augustus appellatus sum et laureis postes aedium mearum vestiti publice coronaque civica super ianuam meam fixa est et clupeus aureus in curia Iulia positus, quem mihi senatum populumque Romanum dare virtutis clementiaeque iustitiae et pietatis causa testatum est per eius clupei inscriptionem. Post id tempus auctoritate omnibus praestiti, potestatis autem nihilo amplius habui quam ceteri, qui mihi quoque in magistratu conlegae fuerunt.

---

70 **Ariminum, -i**: Rimini

70/71 **pons Mulvius**: Ponte Molle (ca. 4 km nördl. von Rom) – **pons Minucius** (Lage bisher unbekannt)

72 **Parthi et Medi** (vorderasiatische Volksstämme)

73 **Vonones** (ältester Sohn der parthischen Königs Phraates IV.; seit 6 n. Chr. ist Vonones als König der Parther bezeugt)

74 **Ariobarzanes** (etwa 9 n. Chr. König über Medien)

76 **in consulatu . . . septimo** (in seinem 7. Konsulat, am 13. Januar 27, legte Octavian feierlich im Senat seine Allgewalt nieder.)

79 **Augustus**: Erhabener, Verehrungswürdiger

80 **laurea, -ae**: Lorbeerbaum – **postis, -is** m.: Türpfosten

81 **ianua**: Tür – **clupeus**: der Schild

83 **clupeus** ↗ Z. 81

85 **ceteri** (damit sind die Mitkonsuln und Mitinhaber der *tribunicia potestas* gemeint)

Widmung eines Ehrenschildes für Augustus

Tertium decimum consulatum cum gerebam, senatus et equester ordo populusque Romanus universus appellavit me patrem patriae idque in vestibulo aedium mearum inscribendum et in curia Iulia et in foro Aug. sub quadrigis, quae mihi ex s. c. positae sunt, censuit. Cum scripsi haec, annum agebam septuagensumum sextum.

---

88 **pater patriae** (am 5. Februar 2 v. Chr. bot Valerius Messala Corvinus vor versammeltem Senat im Namen aller Stände Augustus den Ehrentitel an.)

89 **vestibulum**: Vorhalle

90 **quadrigae, -arum** f.: Viergespann

91 **septuagensumus** ~ *septuagesimus* (das 76. Lebensjahr hatte Augustus am 23. Sept. 13 n. Chr. begonnen; er starb am 19. August 14. n. Chr.)

Zum Nach-Denken

Friedrich der Grosse (1712–1786)

Die erste Bürgerpflicht ist, seinem Vaterlande zu dienen. Ich habe sie in allen verschiedenen Lagen meines Lebens zu erfüllen gesucht. Als Träger der höchsten Staatsgewalt hatte ich die Gelegenheit und die Mittel, mich meinen Mitbürgern nützlich zu erweisen. Meine Liebe zu ihnen gibt mir den Wunsch ein, ihnen auch nach meinem Tod noch einige Dienste zu leisten. Doch bin ich nicht so anmaßend zu glauben, dass mein Verhalten denen, die meinen Platz einnehmen werden, zur Richtschnur dienen soll. Ich weiß, dass der Augenblick des Todes den Menschen und seine Pläne vernichtet und dass alles in der Welt dem Gesetz des Wandels unterliegt. Mit der Abfassung dieses politischen Testaments verfolge ich daher keine andere Absicht, als einem Piloten gleich, der die stürmischen Zonen des politischen Meeres kennt, meine Erfahrungen der Nachwelt mitzuteilen.

Aufgaben

1. Welche Leistungen schreibt sich Augustus, welche Friedrich II. im Anfangskapitel seines politischen Testaments zu?
2. Erörtere, inwieweit die „Res Gestae“ des Augustus ein Programm für nachfolgende Herrscher sein konnten.
3. Erläutere aus beiden Texten das Verhältnis des Herrschers zu seinen Untertanen.

PHAEDRUS

Der Wolf kam zum Bach. Da entsprang das Lamm. Bleib nur, du störst mich nicht, rief der Wolf. Danke, rief das Lamm zurück, ich habe im Äsop gelesen.

(H. Arntzen)

PHAEDRUS

Phaedrus, römischer Fabeldichter des 1. Jahrhunderts nach Christus – seine genauen Lebensdaten sind nicht bekannt; nach eigenen Angaben ist er in Makedonien geboren – gelangte infolge uns unbekannter Umstände als Sklave nach Rom in die Familie des Augustus, von dem er später freigelassen wurde.
Seine dichterische Betätigung fällt wohl nicht mehr unter die Herrschaft des Augustus, sondern in die Regierungszeit seiner Nachfolger. Seine ursprüngliche Absicht, Fabeln seines griechischen Vorbilds Aesop in Verse zu bringen, änderte sich mit den Jahren, indem er auch eigene Fabeln verfasste und sich zu einem Zeitkritiker entwickelte, der im Kostüm der Tierfabel versteckte Anspielungen auf Schwächen und Fehler der damaligen römischen Gesellschaft und ihrer Machthaber machte. Dass man sich so keine Freunde schafft, leuchtet ein. Und so scheint er, wie eigene Angaben nahelegen, von Sejan, dem Gardepräfekten des Kaisers Tiberius, angeklagt und auch bestraft worden zu sein.
Sein dichterisches Schaffen hat wohl fünf Bücher umfasst, die allerdings nicht alle vollständig erhalten sind.
Wie häufig im Leben eines Dichters, so hat auch Phaedrus zu Lebzeiten nicht die erwartete Anerkennung gefunden. Dafür aber hat man ihn im Mittelalter und in der Neuzeit viel gelesen. Martin Luther, Gotthold Ephraim Lessing, La Fontaine und andere haben sich ebenso von ihm inspirieren lassen wie James Thurber, ein amerikanischer Fabeldichter unserer Zeit, oder Helmut Arntzen.
Phaedrus' Fabeln sind in jambischen Senaren geschrieben (↗ Anhang Metrik).

Wolf und Lamm

Ad rivum eundem lupus et agnus venerant
siti compulsi; superior stabat lupus
longeque inferior agnus. Tunc fauce improba
latro incitatus iurgii causam intulit.
„Cur“, inquit, „turbulentam fecisti mihi
aquam bibenti“? Laniger contra timens:
„Qui possum, quaeso, facere, quod quereris, lupe?
A te decurrit ad meos haustus liquor“.
Repulsus ille veritatis viribus:
„Ante hos sex menses male“, ait, „dixisti mihi“.
Respondit agnus: „Equidem natus non eram“.
„Pater hercle tuus“, ille inquit, „male dixit mihi“.
Atque ita correptum lacerat iniusta nece.
Haec propter illos scripta est homines fabula,
qui fictis causis innocentes opprimunt.

---

1 **rivus**: Bach – **agnus**: Lamm
3 **faux, faucis** (in der Prosa meistens Pl.): Schlund; h. Heißhunger, Gier
4 **iurgium**: Streit – **causam inferre** h.: einen Vorwand suchen
5 **turbulentus**: trüb
6 **laniger** ~ *agnus*
7 **qui** (Adv.): wie – **quaeso**: bitte; h.: um Himmels willen
8 **ad meos haustūs** ~ *ad me haurientem* – **liquor** ~ *aqua*
10 **male dixisti** (m. Dat.) ~ *maledixisti*
12 **hercle**: beim Herkules; fürwahr
13 **correptum lacerat** ~ *corripit et lacerat*

PHAEDRUS

Die Dohle und der Pfau

Ne gloriari libeat alienis bonis
suoque potius habitu vitam degere,
Aesopus nobis hoc exemplum prodidit.
Tumens inani graculus superbia,
pennas, pavoni quae deciderant, sustulit
seque exornavit. Deinde contemnens suos
se immiscuit pavonum formoso gregi.
Illi impudenti pennas eripiunt avi
fugantque rostris. Male mulcatus graculus
redire maerens coepit ad proprium genus;
a quo repulsus tristem sustinuit notam.
Tum quidam ex illis, quos prius despexerat:
„Contentus nostris si fuisses sedibus
et, quod natura dederat, voluisses pati,
nec illam expertus esses contumeliam
nec hanc repulsam tua sentiret calamitas".

---

1 **libet** h.: man bekommt Lust

2 **-que** ~ *et ut* (erg. *libeat*) – **vitam degere**: sein Leben verbringen

4 **tumēre**: aufgeblasen sein – **gracŭlus**: Dohle

5 **penna**: Feder – **pavo, onis**: Pfau – **decidere**: ausfallen, abfallen

6 **exornare** ~ *ornare* – **suos** ~ *graculos*

7 **se immiscēre alci rei**: sich einreihen, sich unter etwas mischen – **formosus** ~ *pulcher*

8 **impudens**: unverschämt

9 **rostrum**: Schnabel – **mulcare**: prügeln, misshandeln

11 **sustinuit** ~ *accepit* – **nota**: Beschimpfung

16 **repulsa**: Zurückweisung – **tua calamitas**: du in deinem Unglück

PHAEDRUS

Der Esel und der alte Hirte

In principatu commutando saepius
nil praeter domini mores mutant pauperes.
Id esse verum parva haec fabella indicat.
Asellum in prato timidus pascebat senex.
Is hostium clamore subito territus
suadebat asino fugere, ne possent, capi.
At ille lentus: „Quaeso, num binas mihi
clitellas impositurum victorem putas“?
Senex negavit. „Ergo quid refert mea,
cui serviam, clitellas dum portem meas“?

---

1 **commutare** ~ *mutare*
3 **fabella** ~ *fabula*
4 **asellus** (Demin.) ~ *asinus* – **pratum**: Wiese
7 **lentus** h.: gleichgültig, gelassen – **quaeso**: bitte – **binas** ~ *duas*
8 **clitellae**: Packsattel – **impositurum** *(esse)*
9 **quid refert mea**: was macht es mir schon aus
10 **dum** ~ *dummodo*

PHAEDRUS

Der Frosch und der Ochse

Inops, potentem dum vult imitari, perit.
In prato quondam rana conspexit bovem
et tacta invidia tantae magnitudinis
rugosam inflavit pellem. Tum natos suos
interrogavit, an bove esset latior.
Illi negarunt. Rursus intendit cutem
maiore nisu et simili quaesivit modo,
quis maior esset. Illi dixerunt bovem.
Novissime indignata dum vult validius
inflare sese, rupto iacuit corpore.

---

1 **inops/potentem** h.: substantivisch
2 **pratum**: Wiese – **rana**: Frosch
4 **rugosus**: runzelig – **inflare**: aufblasen
6 **nega***(ve)***runt** – **cutis**: Haut
7 **nisus, -ūs**: Anstrengung
9 **novissime** ~ *denique/postremo*
10 **ruptus** h.: zerplatzt

PHAEDRUS

Die Fehler der Menschen

Peras imposuit Iuppiter nobis duas:
Propriis repletam vitiis post tergum dedit,
alienis ante pectus suspendit gravem.
Hac re videre nostra mala non possumus:
alii simul delinquunt, censores sumus.

---

1 **pera**: Ranzen
2 **repletam** (erg. *peram*)
3 **suspendere, o, pendi**: aufhängen
5 **simul** ~ *simulac* (h. m. Präs.) – **delinquere**: einen Fehler begehen – **censor**: Sittenrichter

Simonides

Homo doctus in se semper divitias habet.
Simonides, qui scripsit egregios melos,
quo paupertatem sustineret facilius,
circum ire coepit urbes Asiae nobiles,
mercede accepta laudem victorum canens.
Hoc genere quaestus postquam locuples factus est,
redire in patriam voluit cursu pelagio;
erat autem, ut aiunt, natus in Cia insula.
Ascendit navem, quam tempestas horrida
simul et vetustas medio dissolvit mari.
Hi zonas, illi res pretiosas colligunt,
subsidium vitae. Quidam curiosior:
„Simonide, tu ex opibus nil sumis tuis"?

---

2 **Simōnidēs, -is**: griech. Lyriker (ca. 556–ca. 467 v. Chr.) – **melos** (n.): lyrisches Gedicht; Pl. h. nach der o-Dekl.
3 **quo facilius ... sustinēret**: Finalsatz zu *ire* (4)
7 **cursus pelagius**: Seereise
8 **Cia**: Keos (Insel südöstl. von Attika)
11 **zona**: Geldgürtel
12 **curiosus**: besorgt
13 **Simonide** (Vok.)

„Mecum“, inquit, „mea sunt cuncta“. Tunc pauci enatant,
quia plures onere degravati perierant.
Praedones adsunt, rapiunt, quod quisque extulit,
nudos relinquunt. Forte Clazomenae prope
antiqua fuit urbs, quam petierunt naufragi.
Hic litterarum quidam studio deditus,
Simonidis qui saepe versus legerat
eratque absentis admirator maximus,
sermone ab ipso cognitum cupidissime
ad se recepit; veste, nummis, familia
hominem exornavit. Ceteri tabulam suam
portant rogantes victum. Quos casu obvios
Simonides ut vidit: „Dixi“, inquit, „mea
mecum esse cuncta; vos quod rapuistis, perit“.

---

14 **enatare** h.: sich durch Schwimmen retten
15 **degravatus**: beschwert
17 **Clazomenae**: Klazomenä, Stadt in der Nähe von Milet (Kleinasien)
18 **peti***(v)***erunt** – **naufragus**: Schiffbrüchiger
21 **absentis** ~ *Simonidis* – **admirator**: Bewunderer
22 **ab** h.: infolge – **cognitum** ~ *postquam (eum) cognovit*
23 **familia** h.: Dienerschaft
24 **exornare**: ausstatten – **tabula**: Schiffbrüchige zogen, mit einer bildlichen Darstellung ihrer Schiffskatastrophe Gaben erheischend, in den Straßen umher
25 **obvius**: begegnend

Zum Nach-Denken

J. W. L. Gleim (dt. Lyriker, 1719–1803)

Die reisende Fabel

Die arme Tochter des Äsop,
die Fabel reiste von Athen,
Entfernte Länder zu besehn.

Ihr Anzug war zwar schlecht, jedoch nicht grob
Und sonsten sehr bequem;
Wohin sie kam, da war sie angenehm.

Zu Rom gab ihr ein römisch Kleid
Ein Freigelassener, es war ihm nicht zu weit,
Es lag recht an, es war gemacht
Nett, aber ohne Pracht.

Darin begab sie sich von dannen nach Paris;
Ein Ritter nahm sie auf und unterwies
Die Pilgerin, die seine Freundin ward,
In seiner Landesart.

Einst führt er sie in einer Galanacht
An Ludwigs Hof in Galatracht.
Ein Fuchs schlich nach bis an des Königs Haus.
Und mit hinein lief eine Maus.

Weil sie der Maintenon viel glich,
So zog sie Ludwigs Aug auf sich.

Er rühmte sie den Damen, sie gefiel,
Und sitzend bei dem Spiel
Nannt' eine sie die Menschenlehrerin.

Ach, sagte sie, Madam, ich bin,
Ich weiß es wohl, nur eine Zeitvertreiberin;
Die Kinder hören mich nur gern.
Ich, Menschen lehren? Das sei fern!
Das ist das Amt der Priester und der Weisen,
Die müssen unterweisen.

G. E. LESSING (dt. Dichter und Kritiker, 1729–1781)

Wenn wir einen allgemeinen moralischen Satz auf einen besonderen Fall zurückführen, diesem besonderen Falle die Wirklichkeit erteilen und eine Geschichte daraus erdichten, in welcher man den allgemeinen Satz anschauend erkennt: so heißt diese Erdichtung eine Fabel.

Aufgaben

1. Auf welche Fabeltradition wird bei Gleim hingewiesen?
2. Untersuche, inwieweit Fabeln des 20. Jhdts., z. B. von H. Arntzen oder J. Thurber, auf diese Tradition zurückgreifen.
3. Erörtere, inwieweit alle von Lessing in seiner Fabeldefinition angeführten Kriterien in den vorliegenden Fabeln beachtet sind.
4. Verfasse aufgrund dieser Kriterien eine eigene Fabel, wobei du als Grundlage eine volkstümliche Redensart oder sprichwörtliche Wendung wählst.

SENECA

Recede in te ipse.
(Seneca)

Ziehe dich auf dich selbst zurück

SENECA

Lucius Annaeus Seneca (d. Jüngere) wurde um die Zeitwende in der römischen Provinz, im südspanischen Corduba (Cordoba) geboren. Er war der mittlere der drei Söhne des bekannten Rhetors und Anwalts gleichen Namens. Sein älterer Bruder Gallio begegnet uns in der Apostelgeschichte (18,12) als Statthalter von Achaia (Griechenland), der jüngere Bruder ist der Vater des berühmten Dichters Lukan.

Schon in jungen Jahren kam Seneca nach Rom. Wohl weniger den Vorstellungen seines Vaters folgend, der wünschte, dass er, wie seine beiden Brüder, die politische Laufbahn einschlagen sollte, neigte er zur Philosophie, eine Neigung, die Seneca von seiner Mutter Helvia mitbekommen hatte.

Seneca war schon ein bekannter Redner in Rom, als er sich zur Linderung eines chronischen Asthmaleidens nach Ägypten begab, wo sein Onkel Gaius Galerius Präfekt war. Nach seiner Rückkehr im Jahre 32 wurde Seneca Quästor und beschritt damit die römische Ämterlaufbahn.

Nach der Ermordung des Kaisers Caligula im Jahre 41 wurde Seneca in undurchschaubare Palastintrigen hineingezogen und auf Betreiben Messalinas, der Gattin des Kaisers Claudius (41–54), nach Korsika verbannt. Wie Cicero und Ovid in ähnlicher Lage setzte er alle Hebel in Bewegung, um nach Rom zurückkehren zu dürfen. In dieser Zeit verfasste Seneca neben einigen Tragödien eine Trostschrift an seine Mutter und eine „Bittschrift“ an den kaiserlichen Sekretär Polybios.

Auf Fürsprache Agrippinas, der letzten Frau des Kaisers Claudius, wurde Seneca nach Rom zurückgeholt und zum Erzieher des Prinzen Nero bestellt. Nach der Vergiftung des Claudius hat Seneca als Prinzenerzieher nicht nur die Trauerrede, die Nero zu halten hatte und die auf Grund der üblichen Lobsprüche Heiterkeit bei den Zuhörern hervorgerufen haben soll, sondern auch die bissige Satire ‚Apokolokyntosis‘ (Verkürbissung) auf die Vergöttlichung (Apotheose) des Kaisers verfasst. Der im Jahre 55 zum Konsul aufgestiegene Philosoph und der Gardepräfekt Burrus leiteten die Regierungsgeschäfte des jungen Kaisers Nero (54–68). Die ersten fünf Jahre seiner Herrschaft werden im allgemeinen als glücklich und friedvoll bezeichnet. Ehrgeiz und Extravaganzen des Kaisers nahmen zu. Im Jahre 62 zog sich Seneca, einer der reichsten Männer Roms, vom Hofe zurück. Seine letzten Jahre widmete er der schriftstellerischen und philosophischen Tätigkeit. Es entstanden neben der Schrift „De otio“, die stark von stoischem Gedankengut geprägten „Epistulae morales“, von denen uns 124 Briefe, alle an den Freund Lucilius gerichtet, überliefert sind.

Als im Jahre 65 eine gegen Nero angezettelte Verschwörung aufgedeckt wurde, beschuldigte man auch Seneca der Beteiligung; eindrucksvoll wird von Tacitus geschildert, wie Seneca sich auf kaiserlichen Befehl hin das Leben nimmt. Seine Frau Paulina, die mit ihm aus dem Leben scheiden wollte, wurde daran gehindert.
Die Wirkung Senecas auf die Nachwelt ist beachtlich. Im 4. Jahrhundert hatte man sogar einen Briefwechsel zwischen ihm und dem Apostel Paulus erfunden. Nicht nur Senecas zahlreiche philosophischen Schriften haben auf die europäische Literatur und Geisteswelt, besonders vom 16. bis zum 18. Jahrhundert, eingewirkt, sondern auch seine Tragödien (z. B. Troades, Medea) hatten einen nachhaltigen Einfluss auf die Tragödiendichtung des Abendlandes.

Zu den Briefen des Seneca

In seinen „Epistulae morales“ (Moralische Mahnbriefe), rethorisch ausgefeilten Kunstbriefen, von denen wir nicht mit endgültiger Bestimmtheit sagen können, ob ihnen ein reale Korrespondenz zugrunde liegt, behandelt Seneca die unterschiedlichsten Themen seiner Zeit, die auch für uns an Aktualität nichts verloren haben. Häufig wird ein Brief nicht nur von einem Thema, von einem Gedanken bestimmt, sondern es ergeben sich gleichsam Nebenthemen, Nebengedanken, die, da bisweilen eng miteinander verflochten, erst durch mehrmaliges Lesen voneinander getrennt werden müssen.
Gemeinsam ist den Briefen, dass ein konkretes Ereignis oder eine Anfrage des jüngeren Lucilius Grundlage für die Entwicklung seiner persönlich gehaltenen Reflexionen sind, die mahnende, ja bisweilen missionarische Züge tragen. Seneca ist zwar der Lehrmeister, aber der Leser erlebt immer wieder, wie auch er, der Philosoph, seine Unvollkommenheit erkennt und um eine vernunftgemäße Lebensführung ringt.
Bezieht der Brief 7 seine Spannung aus der Dialektik zwischen dem einzelnen und der Masse, der 15. Brief aus dem rechten Verhältnis von Körper und Geist, so zeigt uns Seneca im 104., dass häufiges Reisen oder Ortsveränderungen ein Symptom innerer Unruhe oder Krankheit und zugleich ein untaugliches Mittel zur Beseitigung dieses Zustandes ist.

SENECA

Meide die Masse und suche dich selbst!

SENECA LUCILIO SUO SALUTEM

Quid tibi vitandum praecipue existimes, quaeris? turbam. Nondum illi tuto committeris. Ego certe confitebor imbecillitatem meam: numquam mores, quos extuli, refero; aliquid ex eo, quod composui, turbatur, aliquid ex iis, quae fugavi, redit. Quod aegris evenit, quos longa imbecillitas usque eo adfecit, ut nusquam sine offensa proferantur, hoc accidit nobis, quorum animi ex longo morbo reficiuntur.

Inimica est multorum conversatio: nemo non aliquod vitium aut commendat aut imprimit aut nescientibus adlinit. Utique quo maior est populus, cui miscemur, hoc periculi plus est.

Nihil vero tam damnosum bonis moribus quam in aliquo spectaculo desidere; tunc enim per voluptatem facilius vitia subrepunt.

Quid me existimas dicere? avarior redeo, ambitiosior, luxuriosior? immo vero crudelior et inhumanior, quia inter homines fui.

Casu in meridianum spectaculum incidi, lusus expectans et sales et

---

2 **praecipue** (Adv.): besonders

3 **tuto** (Adv.): gefahrlos – **certe** (Adv.): h.: wenigstens – **imbecillitas**: Schwäche

4 **mores efferre**: eine sittliche Haltung in die Öffentlichkeit hinaustragen – **refero** *(domum)*

5 **aeger**: krank

6 **usque eo**: bis dahin, so weit – **adficere** h.: schwächen, erschöpfen – **offensa**: Anfall, Schädigung

7 **proferre**: ins Freie bringen

9 **conversatio**: Umgang, Verkehr

10 **imprimere**: einprägen, aufdrängen – **adlinere**: anschmieren, anhängen – **utique**: jedenfalls

10/11 **quo ... hoc** ~ *quo ... eo*

12 **damnosus** *(damnum)*: schädlich – **spectaculum**: Gladiatorenkämpfe und Tierhetzen

13 **desidēre**: müßig dasitzen – **per voluptatem**: durch Lust am Vergnügen – **subrepere**: sich einschleichen

14 **ambitiosus** *(ambitio)*: ehrsüchtig, nach Gunst haschend

15 **immo vero** (steigernd): ja vielmehr, ja sogar

16 **meridianum spectaculum**: Mittagsvorstellung (Die Hauptvorstellungen fanden vormittags und nachmittags statt.) – **lusus, -ūs**: Spiel, Zeitvertreib – **sal, -is**: Witz

Gladiatorenkampf (Szene aus dem Film „Spartacus“)

aliquid laxamenti, quo hominum oculi ab humano cruore adquiescant. – Contra est: quidquid ante pugnatum est, misericordia fuit; nunc omissis nugis mera homicidia sunt. Nihil habent, quo tegantur; ad ictum totis corporibus expositi numquam frustra manum mittunt. Hoc plerique ordinariis paribus et postulaticiis praeferunt. Quidni praeferant? non galea, non scuto repellitur ferrum.

---

17 **laxamentum**: Entspannung – **cruor, -oris** m.: Blut, Blutvergießen

17/18 **adquiescere**: zur Ruhe kommen

18 **contra est**: das Gegenteil ist der Fall

19 **nugae, -arum**: Possen – **merus**: rein, weiter nichts als – **homicidium** *(homo; caedere)*: Totschlag, Mord

19–21 **habent . . . manum mittunt** (Subj. *gladiatores*)

20 **ictus, -ūs**: Schlag, Hieb

20/21 **manum mittere**: zuschlagen

21 **ordinarii pares** (Kämpfen nach festgelegter Regel und Bewaffnung) – **postulaticius** (vom Volk) verlangt, erbeten

22 **quidni**: warum nicht – **galea, -ae**: Helm

Quo munimenta? quo artes? omnia ista mortis morae sunt. Mane leonibus et ursis homines, meridie spectatoribus suis obiciuntur. Interfectores interfecturis iubent obici et victorem in aliam detinent caedem; exitus pugnantium mors est. Ferro et igne res geritur. Haec fiunt, dum vacat harena.

‚Sed latrocinium fecit aliquis, occidit hominem!‘ Quid ergo? quia occidit, ille meruit, ut hoc pateretur: tu quid meruisti miser, ut hoc spectes?

‚Occide, verbera, ure! Quare tam timide incurrit in ferrum? quare parum audacter occidit? quare parum libenter moritur? Plagis agatur in vulnera mutuos ictus nudis et obviis pectoribus excipiant.‘

Intermissum est spectaculum:

‚interim iugulentur homines, ne nihil agatur.‘

Age, ne hoc quidem intellegitis, mala exempla in eos redundare, qui faciunt? Agite dis immortalibus gratias, quod eum docetis esse crudelem, qui non potest discere.

Subducendus populo est tener animus et parum tenax recti: facile transitur ad plures.

---

23 **quo**: wozu – **munimentum**: Schutz(-mittel) – **artes** (Pl.): Fechterkünste

24 **ursus**: Bär

25 **detinere**: zurückhalten, aufbewahren – **iubent ... dentinent** (Subj. *spectatores*)

26 **ferro et igne**: mit Eisen und Feuer, d. h. glühende Eisenstangen, mit denen man zaghafte und erschöpfte Gladiatoren antrieb

27 **dum vacat harena**: solange die Arena frei ist (von den üblichen Vorstellungen während der Mittagspause)

28 **Sed ...**: fiktiver Einwand eines fanatischen Anhängers der Gladiatorenkämpfe – **latrocinium**: Raub

31 **Occide ...**: Anfeuerungsrufe der Zuschauer – **verberare**: zuschlagen – **incurrere in ferrum**: ins Schwert laufen

32 **plaga**: Schlag

33 **ictus** ↗ Z. 20 – **obvius** h.: sich willig darbietend

35 **iugulare**: die Kehle durchschneiden, abstechen

36 **age** (bei gedanklichen Überleitungen) h.: schon gut – **redundare**: zurückfluten; zurückwirken

37 **eum** (Vermutlich eine Anspielung auf Nero, der in seiner Jugendzeit die Gladiatorenspiele abschaffen wollte.)

39 **subducere**: entziehen – **tener**: zart, lenksam – **tenax** *(tenere)* m. Gen.: an etwas festhaltend, in etwas gefestigt

40 **plures, -ium**: Mehrzahl, Mehrheit

Socrati et Catoni et Laelio excutere morem suum dissimilis multitudo potuisset: adeo nemo nostrum, qui cum maxime concinnamus ingenium, ferre impetum vitiorum tam magno comitatu venientium potest.
Unum exemplum luxuriae aut avaritiae multum mali facit: convictor delicatus paulatim enervat et mollit, vicinus dives cupiditatem inritat, malignus comes quamvis candido et simplici rubiginem suam adfricuit: quid tu accidere his moribus credis, in quos publice factus est impetus? Necesse est aut imiteris aut oderis. Utrumque autem devitandum est: neve similis malis fias, quia multi sunt, neve inimicus multis, quia dissimiles sunt.
Recede in te ipse, quantum potes; cum his versare, qui te meliorem facturi sunt, illos admitte, quos tu potes facere meliores. Mutuo ista fiunt, et homines, dum docent, discunt.
Non est, quod te gloria publicandi ingenii producat in medium, ut recitare istis velis aut disputare; quod facere te vellem, si haberes isti populo idoneam mercem: nemo est, qui intellegere te possit.

---

41 **Socrates**: Sokrates (gest. 399 v. Chr.), Vorbild der Charakterfestigkeit – **Cato**: Marcus Porcius Cato Uticensis (gest. 46 v. Chr.): Stoiker, gerühmt wegen seiner Sittenstrenge – **Laelius**: Gaius Laelius Minor (gest. 129 v. Chr.); Stoiker, Freund des jüng. Scipio – **excutere**: entreißen, austreiben

42 **adeo nemo**: geschweige denn, dass jemand – **cum maxime**: gerade jetzt – **concinnare**: die rechte Fassung geben

43 **comitatus, -ūs**: Gefolge

45/46 **convictor** *(convivere)*: Tischgenosse, Hausfreund

46 **delicatus**: verwöhnt – **enervare**: entnerven, entkräften – **mollire** *(mollis, e)*

47 **inritare**: erregen, reizen – **malignus**: bösartig – **quamvis** (h. mit Adj.): noch so – **rubigo, -inis** f.: Fäulnis; üble Gewohnheit

48 **adfricare** (*-ui*; m. Dat.): anreiben, anstecken (*adfricuit*: sog. gnomisches Perfekt bei allgemeinen Erfahrungen der Vergangenheit; übers. präsentisch!)

49 **necesse est**: (h. mit bloßem Konj.)

50 **devitare** ~ *vitare* – **neve ... neve**: weder ... noch

52 **re-cedere**: sich zurückziehen – **versari** h.: verkehren

53 **mutuo** (Adv.): gegenseitig

55 **non est, quod** (m. Konj.): es besteht kein Grund, dass – **gloria** h.: Ruhmsucht, Ehrgeiz – **publicare** *(publicus)*: öffentlich zeigen – **producere in medium**: in die Öffentlichkeit führen

Aliquis fortasse, unus aut alter incidet, et hic ipse formandus tibi erit instituendusque ad intellectum tui. ‚Cui ergo ista didici?‘ Non est, quod timeas, ne operam perdideris, si tibi didicisti.

Sed ne soli mihi hodie didicerim, communicabo tecum, quae occurrunt mihi egregie dicta circa eundem fere sensum tria; ex quibus unum haec epistula in debitum solvet, duo in antecessum accipe!

Democritus ait, ‚Unus mihi pro populo est, et populus pro uno.‘ Bene et ille, quisquis fuit (ambigitur enim de auctore), cum quaereretur ab illo, quo tanta diligentia artis spectaret ad paucissimos perventurae, ‚satis sunt,‘ inquit ‚mihi pauci, satis est unus, satis est nullus‘. Egregie hoc tertium Epicurus, cum uni ex consortibus studiorum suorum scriberet: ‚haec,‘ inquit, ‚ego non multis, sed tibi; satis enim magnum alter alteri theatrum sumus‘.

Ista, mi Lucili, condenda in animum sunt, ut contemnas voluptatem ex plurium adsensione venientem. Multi te laudant: Ecquid habes, cur placeas tibi, si is es, quem intellegant multi?

Introrsus bona tua spectent. Vale

---

58 **incidere** ~ *occurrere (tibi)*

59 **ad intellectum tui** ~ *ut te intellegat*

60 **operam perdere**: Mühe verschwenden

61 **communicare cum alqo**: jem. mitteilen

62 **dictum**: Spruch, Sentenz – **circa** h.: bezüglich; mit

63 **in debitum solvere alqd.**: mit etwas seine Schuld entrichten (Seneca beendete seine Briefe häufig mit einer philosophischen Sentenz.) – **in antecessum**: als Vorschuss, im Voraus

64 **Democritus**: griech. Philosoph (460–371 v. Chr.); wirkte über Epikur auf das atomistische Weltbild des Lukrez – **pro** (m. Abl.): für, so gut wie

65 **amb-igere**: zweifeln

66 **quo**: wohin, zu welchem Zweck – **spectare**: ausgerichtet sein, zielen

66/67 Ⓚ *quo tanta diligentia artis spectaret, quae ad paucissimos homines perveniret*

68 **Epicurus** gründete um 300 v. Chr. eine Philosophenschule in Athen; **consors, -tis**: Teilhaber, Gefährte

69 **ego** *(scribo)*

70 **theatrum** h.: Publikum

72 **adsensio** *(assentiri)*: Zustimmung, Beifall

72/73 **ecquid habes, cur** (m. Konj.): hast du denn etwa einen Grund, dass

74 **introsus** (aus *intro-versus*; Adv.): nach innen hin

SENECA

Reisen – wozu?

SENECA LUCILIO SUO SALUTEM

In Nomentanum meum fugi. Quid putas? urbem? immo febrem, et quidem subrepentem; iam manum mihi iniecerat. Medicus initia esse dicebat motis venis et incertis et naturalem turbantibus modum. Protinus itaque parari vehiculum iussi; Paulina mea retinente exire perseveravi. Illud mihi in ore erat domini mei Gallionis, qui cum in Achaia febrem habere coepisset, protinus navem ascendit clamitans non corporis esse, sed loci morbum. Hoc ego Paulinae meae dixi, quae mihi valetudinem meam commendat. Nam cum sciam spiritum illius in meo verti, incipio, ut illi consulam, mihi consulere. Et cum me fortiorem senectus ad multa reddiderit, hoc beneficium aetatis amitto. Venit enim mihi in mentem, in hoc sene et adulescentem esse, cui parcitur. Itaque quoniam ego ab illa non impetro, ut me fortius amet, a me impetrat illa, ut me diligentius amem.

Im folgenden macht Seneca Ausführungen zu den Pflichten gegenüber seiner Gattin, der Familie und seinen Freunden. Ihnen zuliebe muss man auch im Alter auf seine Gesundheit achten.
Er fährt dann fort:

---

2 **Nomentanum**: Landgut Senecas bei Nomentum (heute Mentana) – **febris, -is**: Fieber

3 **subrepere** (sich ein-)schleichen – **iniecerat** *(febris)* – **initia** *(febris)*

4 **venae, -arum** h.: Puls – **motis venis et incertis et naturalem turbantibus modum**: da der Puls schlägt, aber unregelmäßig, und den natürlichen Kreislauf stört

5 **protinus** (Adv.): sofort, unverzüglich – *Pompeia* **Paulina**, Senecas zweite Gattin, vermutlich bedeutend jünger als Seneca – **retinente** *(me)*

6 **perseverare** h.: darauf bestehen – **illud** (verbum) – **Gallio**: Senecas älterer Bruder; von dem Rhetor Lucius Iunius Gallio adoptiert (↗ Vorbemerkung) – **dominus meus**: wohl respektvoll hier verwendet

8 **clamitare** ~ *clamare*

9 **commendare** h.: ans Herz legen

10 **verti**: sich drehen

11 **cum**: obwohl – **reddiderit** ~ *fecerit*

12 **in hoc sene**: ~ *in me ipso*

SENECA

Quaeris ergo, quomodo mihi consilium profectionis cesserit? Ut primum gravitatem urbis excessi et illum odorem culinarum fumantium, quae motae, quidquid pestiferi vaporis sorbuerunt, cum pulvere effundunt, protinus mutatam valetudinem sensi. Quantum deinde adiectum putas viribus, postquam vineas attigi? In pascuum emissus cibum meum invasi. Repetivi ergo iam me. Non permansit marcor ille corporis dubii et male cogitantis. Incipio toto animo studere.

Non multum ad hoc locus confert, nisi se sibi praestat animus, qui secretum in occupationibus mediis, si volet, habebit; at ille, qui regiones eligit et otium captat, ubique, quo distringatur, inveniet. Nam Socraten querenti cuidam, quod nihil sibi peregrinationes profuissent, respondisse ferunt: ‚Non inmerito hoc tibi evenit; tecum enim peregrinabaris'. O quam bene cum quibusdam ageretur, si a se aberrarent! Nunc premunt se ipsi, sollicitant, corrumpunt, territant. Quid prodest mare traicere et urbes mutare? Si vis ista, quibus urgueris, effugere, non aliubi sis oportet, sed alius. Puta

---

16 **profectio**: Aufbruch, Reise – **cedere** h.: ver-, ablaufen

17 **gravitas**: Schwere, Widrigkeit (der Luft) – **culina**: Garküche

18 **fumare**: rauchen, qualmen – **motae** ~ *postquam motae* (tätig geworden) *sunt* – **quidquid pestiferi vaporis sorbuerunt**: was immer sie an schädlichem Rauch geschluckt haben

19 **effundere** h.: ausströmen lassen

21 **pascuum**: Weide – **invadere** h.: sich stürzen auf – **se repetere** ~ *se reficere*

22 **marcor**: Schlaffheit – **dubius** h.: unentschlossen – **male cogitare**: übel gesinnt sein

24 **conferre** h.: beitragen – **se sibi praestare**: für sich selber Verantwortung übernehmen, einstehen für sich selber

25 **secretum**: Abgeschiedenheit – **occupatio** ~ *neg-otium*

26 **distringere**: auseinander ziehen; (geistig) zerstreuen

27 **Socraten**: gr. Akk. zu *Socrates* – **peregrinatio** *(peregrinari)*: der Aufenthalt, das Reisen ins Ausland

28 **ferunt**: man sagt

29/30 **mecum bene agitur**: mit mir ist es gut bestellt

30 **a se aberrare** h.: von sich loskommen

31 **territare** ~ *terrēre*

32 **urguēre** ~ *urgēre* – **puta** (m. AcI): zum Beispiel

venisse te Athenas, puta Rhodon; elige arbitrio tuo civitatem: quid ad rem pertinet, quos illa mores habeat? Tuos adferes. Divitias iudicabis bonum: torquebit te paupertas, quod est miserrimum, falsa. Quamvis enim multum possideas, tamen, quia aliquis plus habet, tanto tibi videris defici, quanto vinceris. Honores iudicabis bonum: male te habebit ille consul factus, ille etiam refectus; invidebis, quotiens aliquem in fastis saepius legeris. Tantus erit ambitionis furor, ut nemo tibi post te videatur, si aliquis ante te fuerit.

Maximum malum iudicabis mortem, cum in illa nihil sit mali, nisi, quod ante ipsam est, timeri. Exterrebunt te non tantum pericula, sed suspiciones vanis semper agitaberis. Quid enim proderit evasisse tot urbes Argolicas mediosque fugam tenuisse per hostis? Ipsa pax timores sumministrabit; ne tutis quidem habebitur fides consternata semel mente; quae ubi consuetudinem pavoris inprovidi fecit, etiam ad tutelam salutis suae inhabilis est. Non enim vitat, sed fugit; magis autem periculis patemus aversi.

---

33 **Rhodon** (griech. Akk.): Insel Rhodos

33/34 **quid ad rem pertinet**: was für einen Sinn hat es

35 **divitias iudicabis bonum**: du wirst Reichtum für ein Gut halten – (Bis Z. 57 führt Seneca Beispiele von Gütern und Übeln an, die nach Urteil der Masse zu erstreben bzw. zu fliehen sind, das Urteil des Weisen aber nicht bestimmen dürfen, da sie ihm den Weg zu sich selbst, letztlich zu seinem Glück verstellen können.)

36 **falsus** h.: eingebildet

37 **tanto tibi videris defici, quanto vinceris**: so viel, meinst du, fehlt dir, um wie viel der andere dich übertrifft

38 **male habere**: beunruhigen, quälen – **refectus**: wieder gewählt

39 *totiens* **... quotiens**: so (oft) ... wie – **fasti, -orum**: amtliches Verzeichnis (aller Jahresbeamten)

40 **post te**: hinter dir (dem Range nach)

43 *(id)* **, quod ante ipsam est, timeri** ~ *metus mortis* – **ex-terrēre** ~ *terrēre*

44 **vana, -orum**: Nichtigkeiten, Einbildungen

45 **evadere**: m. Akk. – **fugam tenēre** ~ *fugere* – **Argolicus** h. ~ *Graecus*

46 **sum-ministrare** *(sub-)*: verschaffen, liefern – **tuta, -orum**: sichere Orte

47 **consternare**: außer Fassung bringen, aufregen – **consuetudinem facere** (m. Gen.): sich gewöhnen an

47/48 **im-pro-vidus**: unbedacht, unvorhergesehen

48 **inhabilis**: untauglich (zu)

49 **aversus** (mit dem Gesicht) abgewendet

Gravissimum iudicabis malum aliquem ex his, quos amabis, amittere, cum interim hoc tam ineptum erit quam flere, quod arboribus amoenis et domum tuam ornantibus decidant folia. Quicquid te delectat, aeque vide, ut virides frondes: dum virent, utere! Alium alio die casus excutiet. Sed quemadmodum frondium iactura facilis est, quia renascuntur, sic istorum, quos amas quosque oblectamenta vitae putas esse, damnum, quia reparantur, etiam si non renascuntur.

‚Sed non erunt idem.‘ Ne tu quidem idem eris. Omnis dies, omnis hora te mutat; sed in aliis rapina facilius apparet, hic latet, quia non ex aperto fit. Alii auferentur, at ipsi nobis furto subducimur. Horum nihil cogitabis nec remedia vulneribus oppones, sed ipse tibi seres sollicitudinum causas alia sperando, alia desperando? Si sapis, alterum alteri misce: nec speraveris sine desperatione nec desperaveris sine spe.

Quid per se peregrinatio prodesse cuiquam potuit? Non voluptates illa temperavit, non cupiditates refrenavit, non iras repressit, non indomitos amoris impetus fregit, nulla denique animo mala eduxit. Non iudicium dedit, non discussit errorem, sed ut puerum ignota mirantem ad breve tempus rerum aliqua novitate detinuit. Ceterum

---

51 **ineptus** *(aptus)*: unpassend, töricht

52 **decĭdere**: abfallen – **folium**: Blatt

53 **aeque** *(~ sic)* . . . *ut* – **viridis**: grün – **frons, -ondis**: Laub, Laubwerk – **virere** *(↗ viridis)*: grün sein, blühen

54 **excutere, -io**: abschütteln, entreißen – **iactura**: das Abwerfen, Verlust

55 **re-nasci**: wieder wachsen

55/56 **oblectamentum**: Zeitvertreib, Freude

56 **re-parare**: ersetzen (durch andere)

60 **ex aperto**: offen – **furtum**: Diebstahl – **furto subducere**: insgeheim wegnehmen

61 **serere, sero**: säen, pflanzen

62 **sapere, sapio**: verständig sein

63 **desperatio** ↗ *desperare*

65 **peregrinatio** ↗ Z. 27

66 **refrenare**: zügeln, hemmen

67 **indomitus**: unbändig, wild – **mala** (wofür Zusammenfassung?)

68 **iudicium**: gesundes Urteil – **discutere, -io, -cussi**: zerschlagen, vertreiben

69 **rerum aliqua novitate**: durch irgendwelche neuen Reize

inconstantiam mentis, quae maxime aegra est, lacessit, mobiliorem levioremque reddit ipsa iactatio. Itaque, quae petierant cupidissime loca, cupidius deserunt et avium modo transvolant citiusque, quam venerant, abeunt.

Peregrinatio notitiam dabit gentium, novas tibi montium formas ostendet, invisitata spatia camporum et inriguas perennibus aquis valles, alicuius fluminis sub observatione naturam, sive ut Nilus aestivo incremento tumet, sive ut Tigris eripitur ex oculis et acto per occulta cursu integrae magnitudinis redditur, sive ut Maeander, poetarum omnium exercitatio et ludus, implicatur crebris anfractibus et saepe in vicinum alveo suo admotus, antequam sibi influat, flectitur; ceterum neque meliorem faciet neque saniorem. Inter studia versandum est et inter auctores sapientiae, ut quaesita discamus, nondum inventa quaeramus; sic eximendus animus ex miserrima servitute in libertatem adseritur. Quamdiu quidem nescieris, quid fugiendum, quid petendum, quid necessarium, quid supervacuum, quid iustum, quid iniustum, quid

---

70 **inconstantia**: Unbeständigkeit – **lacessit** (Subj. *peregrinatio*)

70/71 **mobiliorem levioremque** *(mentem)*

71 **iactatio**: der unstete Aufenthalt, unstetes Hin und Her

71/72 Ⓚ *Itaque loca, quae cupidissime peti(v)erant, cupidius deserunt ...*

72 **modo** (m. Gen.): wie

74 **notitia**: Kenntnis

75 **in-visitatus**: unbesucht – **inriguus**: bewässert, feucht – **per-ennis** *(annus)*: dauernd, nie versiegend

76 **sub observatione**: bei der Beobachtung

77 **aestivus**: sommerlich – **incrementum** *(crescere)*: Wachstum, Überschwemmung – **tumēre**: zunehmen, anschwellen

78 **acto per occulta cursu**: nach einem Lauf im Verborgenen (unter der Erde) – *(flumen)* **integrae magnitudinis** (welcher Gen.?)

79 **Maeander**: heute Fluss Menderez in der Türkei; er mündet nach stark gewundenem Lauf in die Ägäis. Neben dem Nil und Tigris häufig von antiken Schriftstellern erwähnt – **ludus** h.: Musterbeispiel – **implicari** h.: sich winden/schlängeln

80 **an-fractus, -us**: Krümmung, Windung – **alveus**: (Fluß-)Bett – **saepe in vicinum alveo suō admotus**: oft seinem eigenen Bett ganz nahe

81 **ceterum** ~ *sed* – **faciet** *(peregrinatio)*

84 **eximere**: herausnehmen – **in libertatem adserere** (jur. Ausdruck): in Freiheit setzen, für frei erklären

honestum, quid inhonestum sit, non erit hoc peregrinari, sed errare.

Nullam tibi opem feret iste discursus; peregrinaris enim cum adfectibus tuis et mala te tua sequuntur. Utinam quidem sequerentur! Longius abessent. Nunc fers illa, non ducis. Itaque ubique te premunt et paribus incommodis urunt. Medicina aegro, non regio quaerenda est.

Fregit aliquis crus aut extorsit articulum: non vehiculum navemque conscendit, sed advocat medicum, ut fracta pars iungatur, ut luxata in locum reponatur. Quid ergo? Animum tot locis fractum et extortum credis locorum mutatione posse sanari? Maius est istud malum, quam ut gestatione curetur.

Peregrinatio non facit medicum, non oratorem; nulla ars loco discitur: quid ergo? sapientia, ars omnium maxima, in itinere colligitur? Nullum est, mihi crede, iter, quod te extra cupiditates, extra iras, extra metus sistat; aut si quod esset, agmine facto gens illuc humana pergeret. Tamdiu ista urguebunt mala macerabuntque per terras ac maria vagum, quam diu malorum gestaveris causas.

Fugam tibi non prodesse miraris? Tecum sunt, quae fugis. Te igitur emenda, onera tibi detrahe et desideria intra salutarem modum contine! Omnem ex animo erade nequitiam! Si vis peregrinatione habere iucundas, comitem tuum sana. Haerebit tibi avaritia, quamdiu avaro sordidoque convixeris; haerebit tumor, quamdiu superbo

---

89 **discursus, -us**: Hin- und Herlaufen/-reisen

91 **ducis** *(tecum)*: d. h. außerhalb deiner selbst

92 **incommodum**: Unannehmlichkeit

94 **crus, -ris** n.: (Unter-)Schenkel, Bein – **extorquēre, -torsi**: verdrehen, ausrenken – **articulus**: Gelenk, Glied

95/96 **luxare**: ausrenken – **locum** *(suum)*

98/99 **gestatio**: Spazierfahrt – **loco** (Abl. instr.): ~ *mutatione locorum*

102 **agmine facto**: in geschlossenem Zug

103 **pergeret** ~ *iret* – **urguēre** ↗ Z. 32 – **macerare**: mürbe machen; quälen

104 **vagum** ~ *(te) vagantem* – **gestare** *(gerere)*: mit sich herumtragen

106 **emendare**: von Fehlern befreien, bessern – **desiderium**: Wunsch, das natürliche Bedürfnis – **salutaris** *(salus)*: heilsam, zuträglich

107 **eradere**: austilgen – **nequitia**: Schlechtigkeit

109 **sordidus**: schmutzig; knauserig – **convivere** (m. Dat.): zusammenleben mit – **tumor**: Aufgeblasenheit

conversaberis. Numquam saevitiam in tortoris contubernio pones; incendent libidines tuas adulterorum sodalicia.

Si velis vitiis exui, longe a vitiorum exemplis recedendum est. Avarus, corruptor, saevus, fraudulentus, multum nocituri si prope a te fuissent, intra te sunt. Ad meliores transi: cum Catonibus vive, cum Laelio, cum Tuberone. Quod si convivere etiam Graecis iuvat, cum Socrate, cum Zenone versare: alter te docebit mori, si necesse erit, alter antequam necesse erit.

Vive cum Chrysippo, cum Posidonio: hi tibi tradent humanorum divinorumque notitiam, hi iubebunt in opere esse nec tantum scite loqui et in oblectationem audientium verba iactare, sed animum indurare et adversus minas erigere. Unus est enim huius vitae fluctuantis et turbidae portus, eventura contemnere, stare fidenter ac paratum tela fortunae adverso pectore excipere, non latitantem nec tergiversantem.

---

110 **conversari**: Umgang haben – **saevitia** *(saevus)* – **tortor, -oris** *(torquēre)*: Folterknecht – **contubernium**: Wohn-, Lebensgemeinschaft – **pones** ~ *depones*

111 **adulter, -eri**: Ehebrecher – **sodal-icium**: Kameradschaft

112 **exuere, -ui** (m. Abl.): einer Sache entledigen

113 **corruptor**: Verführer – **fraudulentus**: Betrüger, Gauner

113/114 **prope a**: nahe bei

114 **ad meliores** *(comites)* – **Catones**: die beiden Cato; 1. Cato Censorius (234–149 v. Chr.), 2. (dessen Urenkel) Cato Uticensis (95–46 v. Chr.); beide wegen ihrer Sittenstrenge Vorbilder der Stoa

115 **Laelius** (ca. 190–129 v. Chr.); Stoiker, Freund des jüng. Scipio – **Tubero**: Neffe des Scipio Aemilianus (gest. nach 130 v. Chr.), Stoiker

116 **Socrates** ↗ Z. 27 – **Zeno(n)**: Begründer der Stoa (um 300 v. Chr.)

118 **Chrysippus**: zweiter Begründer der Stoa (ca. 281–208 v. Chr.) – **Posidonius** = Poseidonius (ca. 135–50 v. Chr.); großer Universalgelehrter und bedeutender Stoiker z. Z. Ciceros

119 **notitia** ↗ Z. 74 – **in opere esse**: aktiv sein – **scite** (Adv.): klug, nett

120 **oblectatio**: Ergötzung, angenehme Unterhaltung – **verba iactare**: mit Worten prahlen

121 **indurare**: abhärten

122 **fluctuare**: hin und her wogen – **eventura** ~ *res futuras* – **fidenter** (Adv.): zuversichtlich

123 **paratus**: m. Inf. – **adverso pectore**: vorn auf der Brust – **latitare** ~ *latēre*

124 **tergi-versari**: Ausflüchte machen, ausweichen

Zum Nach-Denken

G. Kunert (dt. Schriftsteller, geb. 1929)

Reisesucht

... Millionen strömen in Europa von Nord nach Süd, von West nach Ost, vorgeblich um Urlaub zu machen und sich zu erholen, wo doch überdeutlich Klarheit herrscht, dass stets nur die gleichen Zusammenballungen an neuen Plätzen entstehen. Alles nur Fluchtversuche aller: vor dem ozeanweiten Abgrund ihrer individuellen Leere weichen sie zurück über riesige Entfernungen, um, angelangt irgendwo, erneut den klaffenden Schlund der eigenen Nichtigkeit zu erblicken. Mit Alkohol, Speisen, Geld versuchen sie, ihn zu füllen: Opfer für einen Moloch, unversöhnlich und entpersönlicht, und nichts als der drohende Reflex ihrer eigenen Gesamtheit.
Die große ungestillte Sehnsucht nach Abwesenheit von sich selber ist keine andere als die nach dem verlorenen Gott, nach seinem immer noch nicht neu erstandenen irdischen Ersatz.
Wehe, es käme wer und richtet auf sich, was bisher in die Ferne strebt, ins Nebulose, wo es doch niemals Erfüllung finden wird.

Aufgaben

1. Nach Kunert ist die Reisesucht ein Kennzeichen unserer Gesellschaft. Warum können die Menschen ihre eigentliche Absicht, nämlich „Urlaub zu machen“, nicht verwirklichen? Kannst du Gemeinsamkeiten mit Seneca dabei feststellen?
2. Seneca gibt in seinem Brief dem Leser eine Mahnung, zumindest eine Empfehlung mit auf den Weg, wie er leben soll. Warum finden wir nicht Ähnliches bei Kunert?

SENECA

Ein gesunder Geist in einem gesunden Körper

SENECA LUCILIO SUO SALUTEM

Mos antiquis fuit, usque ad meam aetatem, primis epistulae verbis adicere ,si vales, bene est, ego valeo‘. Recte nos dicimus ,si philosopharis, bene est‘. Valere enim hoc demum est. Sine hoc aeger est animus; corpus quoque, etiam si magnas habet vires, non aliter quam furiosi aut frenetici validum est.

Ergo hanc praecipue valetudinem cura, deinde et illam secundam; quae non magno tibi constabit, si volueris bene valere.

Stulta est enim, mi Lucili, et minime conveniens litterato viro occupatio exercendi lacertos et dilatandi cervicem ac latera firmandi; cum tibi feliciter sagina cesserit et tori creverint, nec vires umquam opimi bovis nec pondus aequabis. Adice nunc, quod maiore corporis sarcina animus eliditur et minus agilis est.

Itaque quantum potes, circumscribe corpus tuum et animo locum laxa!

Multa sequuntur incommoda huic deditos curae: primum exercitationes, quarum labor spiritum exhaurit et inhabilem intentioni ac studiis acrioribus reddit; deinde copia ciborum subtilitas impeditur. Accedunt pessimae notae mancipia in magisterium recepta, homi-

---

3 **hoc**: d. h. *philosophari*
5 **furiosus** (subst.): Rasender – **freneticus** (subst.): Geisteskranker
8 **conveniens**: angemessen
9 **lacertus**: (Ober-)Arm – **dilatare**: breiter machen, erweitern – **cervix, -icis**: Nacken, Genick
10 **feliciter sagina cesserit**: die Mast hat angeschlagen – **torus**: der Muskel
11 **opimus**: fett – **bos, bovis** m.: Ochse – **aequare**: erreichen
12 **sarcina**: Last – **elidere**: heraustreiben; zerdrücken – **agilis**: beweglich, regsam
13 **circum-scribere** h.: beschränken, nicht zu stark werden lassen
13/14 **locum laxare**: Platz machen
15/16 **exercitatio**: Leibesübung
16 **ex-haurire**: erschöpfen, schwächen
16/17 **(spiritum) inhabilem reddere**: (den Geist) unfähig machen
17 **subtilitas**: Scharfsinn
18 **pessimae notae mancipium**: Sklave der schlimmsten Sorte – **magisterium**: (Sport-) Unterricht

SENECA

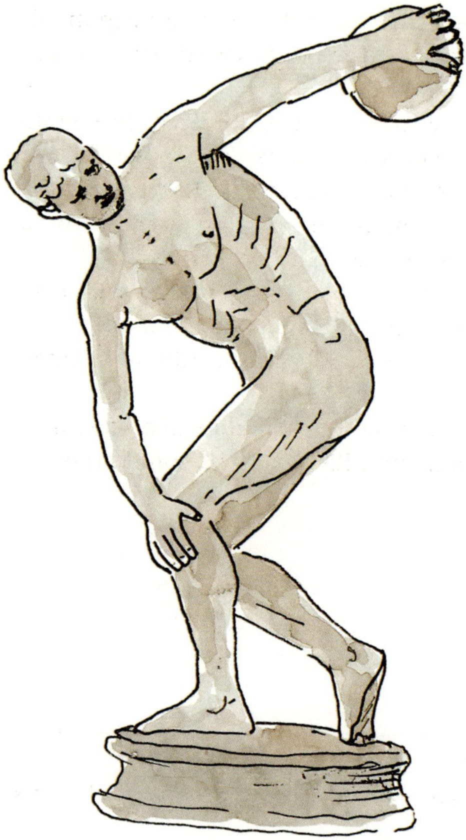

MENS SANA
IN CORPORE SANO

nes inter oleum et vinum occupati, quibus ad votum dies actus est, si bene desudaverunt, si in locum eius, quod effluxit, multum potionis altius in ieiuno iturae regesserunt. Bibere et sudare vita cardiaci est.

Sunt exercitationes et faciles et breves, quae corpus et sine mora lassent et tempori parcant, cuius praecipua ratio habenda est: cursus et cum aliquo pondere manus motae et saltus vel ille, qui corpus in altum levat, vel ille, qui in longum mittit, vel ille, ut ita dicam, saliaris aut, ut contumeliosius dicam, fullonius.

Quidquid facies, cito redi a corpore ad animum; illum noctibus ac diebus exerce! Labore modico alitur ille; hanc exercitationem non frigus, non aestus impediet, ne senectus quidem. Id bonum cura, quod vetustate fit melius.

Neque ego te iubeo semper imminere libro aut pugillaribus: dandum est aliquod intervallum animo, ita tamen, ut non resolvatur, sed remittatur.

---

19 **ad votum**: nach Wunsch

20 **desudare**: stark schwitzen – **effluere, -fluxi**: herausströmen – **potio, -nis** f.: das Trinken, Getränk

21 **in ieiuno**: auf nüchternen Magen – **re-gerere, -gessi**: wiederbringen – **cardiacus**: der Magenkranke

24 **lassare**: müde machen – **praecipua** ~ *praecipue*

25 **saltus, -us**: Sprung

27 **saliaris** *(saltus)*: Saliersprung, Saliertanz (Salier waren Priester im Dienst des Kriegsgottes Mars; führten beim Beginn und Ende eines Feldzuges altertümliche Tänze auf) – **contumeliosus**: schmählich, wenig würdevoll – **fullonius** *(saltus)*: Tuchwalkersprung

30 **aestus, -ūs**: Hitze

31 **vetustas**: Alter

32 **imminēre alci**: eifrig nach etwas streben – **pugillares, -ium**: Schreibtafel

33 **intervallum**: Pause, Erholung – **re-solvere**: auflösen, der Spannkraft berauben

34 **remittere** h.: Erholung gönnen

Zum Nach-Denken

B. Brecht (dt. Schriftsteller und Dramatiker, 1898–1956)

Ich habe schon gelesen, dass man Leibesübungen für Knaben vorschlug, damit sie besser Griechisch lernen konnten. Nach Leibesübungen hätten sie einen klaren Kopf. In diesen klaren Kopf könnte man dann Griechisch hineintun. Ist *das* verlockend?
Man kann viele Leute hereinbekommen, wenn man ihnen sagt, dass Sport gesund sei. Aber soll man es ihnen sagen? Wenn sie Sport genau so weit treiben, als er gesund ist, ist es dann Sport, was sie treiben? Der große Sport fängt da an, wo er längst aufgehört hat, gesund zu sein.
Das Scheußlichste, was man sich ausdenken kann, als Äquivalent. Diese Leute argumentieren so: Heute braucht man seinen Kopf mehr als im Jahre 1880. Also muss man Sport treiben, damit es sich ausgleicht. Ganz abgesehen davon, dass man mir erst beweisen müsste, wobei heute mehr Kopf gebraucht worden ist als 1880 – wieso sollte dann der Zustand, dass die Leute heute mit ihren Angelegenheiten weniger leicht fertig werden als 1880, zu der Annahme berechtigen, sie könnten körperlich leistungsfähiger sein?
...
Kurz: ich bin gegen alle Bemühungen, den Sport zu einem Kulturgut zu machen, schon darum, weil ich weiß, was diese Gesellschaft mit Kulturgütern alles treibt, und der Sport dazu wirklich zu schade ist. Ich bin für den Sport, weil und solange er riskant (ungesund), unkultiviert (also nicht gesellschaftsfähig) und Selbstzweck ist.

Aufgaben

1. Welche Aufgaben soll nach B. Brecht der Sport erfüllen?
2. Was meint Brecht mit der Formulierung „Äquivalent“ des Sportes? Kannst du einen ähnlichen Gedanken bei Seneca entdecken?
3. Vergleiche die Haltung Brechts zum Sport mit der Senecas.

PLINIUS DER JÜNGERE

Sonntag waren wir in Pompeji. – Es ist viel Unheil in der Welt geschehen, aber wenig, das den Nachkommen so viel Freude gemacht hätte.

(J. W. v. Goethe)

PLINIUS DER JÜNGERE

Gaius Plinius Caecilius Secundus wurde im Jahre 61 oder 62 n. Chr. in Novum Comum/Como (Oberitalien) geboren. Nach dem frühen Tod seines Vaters wurde er von seinem Onkel mütterlicherseits adoptiert; dieser Adoptivvater, der sogenannte ältere Plinius (C. Plinius Secundus maior), war auf Grund seiner hohen Ämter im Staatsdienst und seiner schriftstellerischen Tätigkeit berühmt. – Plinius der Jüngere studierte Rhetorik bei Quintilian in Rom, wo bald angesehene Schriftsteller und Persönlichkeiten zu seinen Bekannten zählten, der Historiker Cornelius Tacitus gar in enger Freundschaft mit ihm verbunden war. Geschätzt als glänzender Redner durchlief Plinius zügig hohe militärische und politische Ämter. Als Konsul hielt er im Jahre 100 aus Dankbarkeit einen Panegyrikus (Lobrede) auf Kaiser Trajan. Nach der Aufsicht über das Flussbett des Tiber und die Abwässer in Rom (104–107) übernahm er als kaiserlicher Legat 111 (bis 113) die Verwaltung der Provinz Bithynien-Pontus, um die dort eingetretenen Missstände zu beseitigen. Aus jener Zeit ist uns der Briefwechsel des Plinius mit Trajan erhalten. Dort, in der Provinz, ist er wahrscheinlich im Jahre 113 gestorben. –

Neben der amtlichen Korrespondenz ist eine private Briefsammlung in neun Büchern überliefert. Die Themen der Privatbriefe, die vor der Publikation stilistisch und inhaltlich von Plinius kunstvoll ausgearbeitet worden sind, berühren alle möglichen Bereiche des öffentlichen und privaten Lebens; sie gewähren Einblick in das Alltagsleben der Römer und in die gesellschaftlichen Verhältnisse, geben Beschreibungen von Villen und Landschaften, behandeln literarische und historische Fragen, schildern das Verhalten von Menschen in Ausnahmesituationen. Jeder Brief ist in sich ein kleines Kunstwerk.

Gebildeter Römer
(Römisches Sarkophagrelief)

PLINIUS DER JÜNGERE

Zu den Vesuv-Briefen des Plinius

Der Historiker Cornelius Tacitus hatte Plinius gebeten, ihm aus der Kenntnis der Ereignisse heraus über den Tod des älteren Plinius, Plinius' Onkel, zu berichten. Als junger Mann von 18 Jahren wohnte er damals mit seiner Mutter bei seinem Onkel, der die römische Flotte im Kriegshafen Misenum befehligte, und erlebte so im August 79 n. Chr. die Katastrophe des Vesuvausbruchs mit.
Während Plinius im 1. Brief die Ereignisse des Vesuvausbruchs kunstvoll mit den letzten Stunden seines offenbar rastlosen Onkels verknüpft, schildert er im 2. Brief, um den ihn Tacitus ebenfalls gebeten hatte, das Unglück aus seinem persönlichen Erleben heraus.
Zwischen der Katastrophe von 79 und der Abfassung der Briefe liegt wohl ein Zeitraum von gut 20 Jahren.

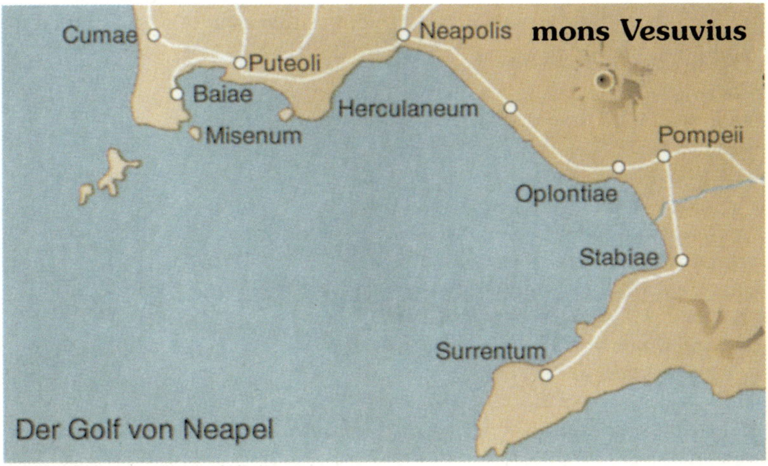

PLINIUS DER JÜNGERE

Der Tod des Admirals und Wissenschaftlers Plinius

C. PLINIUS TACITO SUO S.

Petis, ut tibi avunculi mei exitum scribam, quo verius tradere posteris possis. Gratias ago; nam video morti eius, si celebretur a te, immortalem gloriam esse propositam. Quamvis enim pulcherrimarum clade terrarum, ut populi, ut urbes, memorabili casu quasi semper victurus occiderit, quamvis ipse plurima opera et mansura condiderit, multum tamen perpetuitati eius scriptorum tuorum aeternitas addet.

Equidem beatos puto, quibus deorum munere datum est aut facere scribenda aut scribere legenda, beatissimos vero, quibus utrumque. Horum in numero avunculus meus et suis libris et tuis erit. Quo libentius suscipio, deposco etiam, quod iniungis.

Erat Miseni classemque imperio praesens regebat. Nonum kal. Septembres hora fere septima mater mea indicat ei apparere nubem inusitata et magnitudine et specie.

Usus ille sole, mox frigida, gustaverat iacens studebatque; poscit

---

1 **S.** ~ *salutem dicit*

2 **avunculus**: Onkel (↗ Vorbemerkung) – **quo verius**: damit möglichst wahrheitsgetreu

5 **clades** h.: Untergang, Vernichtung – **terra**: Landschaft – **memorabilis, e**: denkwürdig – **casus** h.: Katastrophe

6 **victurus** (final): *vivere*

6/7 **opera condere**: Werke schaffen

6 **mansurus** (nkl.): dauerhaft

7 **perpetuitas**: Fortleben

8 **aeternitas**: Unvergänglichkeit

11/12 **Quo libentius suscipio**: umso bereitwilliger nehme ich auf mich (nämlich die Abfassung des Berichts)

12 **iniungere**: auferlegen, auftragen

13 **Misenum**: ↗ Vorbemerkung – **praesens**: persönlich

13/14 *(ante diem)* **nonum kal** *(endas)* **Septembres** = 24. August

14 **horā fere septimā** d. h. gegen 13 Uhr

15 **nubes**: Wolke – **inusitatus**: ungewöhnlich

16 **uti sole**: ein Sonnenbad nehmen – **mox** ~ *tum* – **frigidā** (aquā) – **gustare**: kosten; einen Imbiss zu sich nehmen

soleas, ascendit locum, ex quo maxime miraculum illud conspici poterat.

Nubes – incertum procul intuentibus, ex quo monte (Vesuvium fuisse postea cognitum est) – oriebatur, cuius similitudinem et formam non alia magis arbor quam pinus expresserit. Nam longissimo velut trunco elata in altum quibusdam ramis diffundebatur, credo quia recenti spiritu evecta, dein senescente eo destituta aut etiam pondere suo victa in latitudinem vanescebat, candida interdum, interdum sordida et maculosa, prout terram cineremve sustulerat.

Magnum propiusque noscendum, ut eruditissimo viro, visum. Iubet liburnicam aptari; mihi, si venire una vellem, facit copiam; respondi studere me malle, et forte ipse, quod scriberem, dederat.

Egrediebatur domo; accipit codicillos Rectinae Tasci imminenti periculo exterritae (nam villa eius subiacebat, nec ulla nisi navibus fuga): ut se tanto discrimini eriperet, orabat. Vertit ille consilium et, quod studioso animo incohaverat, obit maximo.

---

17 **solea**: Sandale

19 **incertum** *(erat)* – **intuēri**: betrachten

20/21 **similitudo et forma**: Ähnlichkeit und Form, äußere Ähnlichkeit

21 **pinus** f.: Pinie – **exprimere**: ausdrücken, darstellen (*expresserit* Konj. potent.)

22 **truncus**: Baumstamm – **effere in altum**: (in die Höhe) emportragen – **diffundi** h.: sich ausbreiten, teilen

23 **spiritus** h.: Luftstrom – **e-vehere** ~ *ef-ferre* – **senescente eo**: da der Luftstrom nachließ – **destitui** h.: den Auftrieb verlieren

24 **vanescere**: abnehmen, zerfließen

25 **sordidus**: schmutzig – **maculosus**: fleckig – **prout**: je nachdem

26 **magnum propiusque noscendum**: bedeutsam und näherer Beachtung wert – **visum** *(ei est)*

27 **liburnica** *(navis)*: Schnellsegler – **aptare**: bereit/segelfertig machen – **una** *(cum eo)* – **copiam facere**: Möglichkeit geben

29 **egrediebatur/accipit**: Tempora! – **codocillus**: Schreibtafel; (Pl.) Notizbuch, Brief – **Rectina Tasci**: Rectina, die Frau des Tascus

29/30 **imminenti periculo**: Abl. causae

30 **subiacebat** ~ *sub Vesuvio monte iacebat*

31 **orabat**: Subj. *Rectina*

32 **studiosus animus**: Wissensdrang, Eifer eines Wissenschaftlers – **incohare**: anfangen – **maximus** *(animus)*: höchster (Helden-)Mut – **obire**: herangehen, ausführen

Deducit quadriremes, ascendit ipse non Rectinae modo, sed multis (erat enim frequens amoenitas orae) laturus auxilium. Properat illuc, unde alii fugiunt, rectumque cursum, recta gubernacula in periculum tenet adeo solutus metu, ut omnes illius mali motus, omnes figuras, ut deprenderat oculis, dictaret enotaretque.
Iam navibus cinis incidebat, quo propius accederent, calidior et densior; iam pumices etiam nigrique et ambusti et fracti igne lapides; iam vadum subitum ruinaque montis litora obstantia.
Cunctatus paulum, an retro flecteret, mox gubernatori, ut ita faceret, monenti ‚Fortes' inquit ‚fortuna iuvat: Pomponianum pete.'
Stabiis erat diremptus sinu medio (nam sensim circumactis curvatisque litoribus mare infunditur); ibi, quamquam nondum periculo appropinquante, conspicuo tamen et, cum cresceret, proximo, sarcinas contulerat in naves, certus fugae, si contrarius ventus resedisset.

---

33 **deducere**: ins Wasser ziehen, zu Wasser bringen – **quadriremis, -is** f.: Vierruderer (großes Schlachtschiff mit vier Ruderbänken übereinander.)

34 **frequens** h.: dicht bevölkert – **amoenitas**: reizende Lage, anmutige Gegend

35 **gubernaculum**: Steuerruder – **rectum/recta**: prädikativ

36 **mali motus**: Phasen des Unglücks

37 **figura**: Erscheinung – **enotare**: aufschreiben

38 *(quo . . .)* **accederent**: nkl. statt **accedebant** – *(eo)* **calidior . . .**

39 **pumex, -icis** m.: Bimsstein, Lava – **amb-ustus** (↗ *amb-urere*): ringsum verbrannt, versengt

40 **vadum**: Untiefe – **subitum** *(erat)* – **ruinaque montis litora obstantia** *(erant)*: und durch das Niederstürzen des Berges (der Felsbrocken) waren die Ufer unzugänglich

41 **retro flectere**: umkehren

41/42 Ⓚ *mox gubernatori monenti, ut ita faceret, . . .*

42 **Pomponianus**: ein dem älteren Plinius befreundeter Flottenoffizier

43 **Stabiae, -arum**: Küstenstadt am Golf von Neapel (↗ Karte S. 207) – **dirimere** *(-imo, -emi, -emptum)*: trennen (Subj. ist *Pomponianus*) – **sinus medius**: die dazwischen liegende Bucht *(sinus Cumanus)* – **sensim** (Adv.): allmählich

43/44 **circumactus curvatusque** (Hendiadyoin): bogenförmig gekrümmt

44 **infundi** (m. Dat.): sich ergießen in – **quamquam**: h. mit abl. abs.

46 **sarcinae, -arum**: Gepäck – **contulerat** *(Pomponianus)* – **certus fugae**: zur Flucht entschlossen – **contrarius ventus**: Gegenwind (für Plinius jedoch sehr günstig: *secundissimus ventus*)

47 **residěre**: sich legen, nachlassen

Quo tunc avunculus meus secundissimo invectus, complectitur trepidantem, consolatur, hortatur, utque timorem eius sua securitate leniret, deferri in balineum iubet; lotus accubat cenat, aut hilaris aut, quod aeque magnum, similis hilari.

Interim e Vesuvio monte pluribus locis latissimae flammae altaque incendia relucebant, quorum fulgor et claritas tenebris noctis excitabatur. Ille agrestium trepidatione ignes relictos desertasque villas per solitudinem ardere in remedium formidinis dictitabat.

Tum se quieti dedit et quievit verissimo quidem somno; nam meatus animae, qui illi propter amplitudinem corporis gravior et sonantior erat, ab iis, qui limini obversabantur, audiebatur.

Sed area, ex qua diaeta adibatur, ita iam cinere mixtisque pumicibus oppleta surrexerat, ut, si longior in cubiculo mora, exitus negaretur.

Excitatus procedit, seque Pomponiano ceterisque, qui pervigilaverant, reddit. In commune consultant, intra tecta subsistant an in aperto vagentur. Nam crebris vastisque tremoribus tecta nutabant,

---

48 **invehi**: hinfahren

49 **securitas**: Furchtlosigkeit, Gemütsruhe

50 **deferri** *(se)* – **balineum**: Bad – **lotus** (nkl. *lautus*, von *lavare*) gebadet – **accubare**: bei Tisch liegen – **hilaris**: heiter, vergnügt

53 **relucēre**: aufleuchten – **fulgor et claritas**: leuchtender Schein – **tenebrae, -arum**: Dunkelheit

54 **excitare** h.: steigern, verstärken – **agrestis, -is**: Bauer – **trepidatio**: Verwirrung, ängstliche Eile – **ignis** h.: Herdfeuer

55 **per solitudinem**: in der Einsamkeit – **in remedium formidinis**: als Mittel gegen die Angst – **dictitare**: immer wieder erklären

56 **quidem** h.: tatsächlich

57 **meatus animae**: Atemzug – **amplitudo**: Umfang, Fülle

58 **limini obversari**: sich vor der Schwelle aufhalten

59 **area**: freier Platz, Innenhof – **diaeta** (griech.): Wohnraum

59/60 **ita iam cinere mixtisque pumicibus oppleta surrexerat, ut . . .**: lag bereits so hoch voll Asche, vermischt mit Bimssteinen, dass . . .

60 **cubiculum**: Schlafzimmer

62/63 **pervigilare**: wach bleiben

63 **se reddere** (m. Dat.): sich zurückbegeben zu – **in commune**: gemeinsam – **subsistere**: stehen bleiben, verweilen

63/64 **in aperto**: im Freien

64 **vastus** h.: gewaltig, heftig – **tremor** h.: Erdstoß – **nutare**: schwanken

et quasi emota sedibus suis nunc huc, nunc illuc abire aut referri videbantur. Sub divo rursus quamquam levium exesorumque pumicum casus metuebatur, quod tamen periculorum collatio elegit; et apud illum quidem ratio rationem, apud alios timorem timor vicit.

Cervicalia capitibus imposita linteis constringunt; id munimentum adversus incidentia fuit.

Iam dies alibi, illic nox omnibus noctibus nigrior densiorque; quam tamen faces multae variaque lumina solvebant.

Placuit egredi in litus et ex proximo aspicere, ecquid iam mare admitteret; quod adhuc vastum et adversum permanebat.

Ibi super abiectum linteum recubans semel atque iterum frigidam aquam poposcit hausitque. Deinde flammae flammarumque praenuntius odor sulpuris alios in fugam vertunt, excitant illum. Innitens servolis duobus assurrexit et statim concidit, ut ego colligo, crassiore caligine spiritu obstructo clausoque stomacho, qui illi natura invalidus et angustus et frequenter interaestuans erat.

Ubi dies redditus (is ab eo, quem novissime viderat, tertius), corpus inventum integrum, inlaesum opertumque, ut fuerat indutus: habitus corporis quiescenti quam defuncto similior.

---

65 **emota sedibus**: d. h. aus den Fundamenten gerissen

66 **sub divo**: unter freiem Himmel – **quamquam**: Hauptsatz! – **exesus**: ausgehöhlt

67 **collatio**: Vergleich

69 **cervical, -alis** n.: Kopfkissen – **linteum**: Lein(en)tuch – **constringere**: festbinden – **munimentum** *(munire)*: Schutz

70 **incidentia** (Part., n. Pl.) h.: Aschen- und Steinregen

72 **fax, facis** f.: Fackel – **solvere** h.: mildern, erhellen

74 **admittere**: (die Abfahrt) zulassen

75 **abicere**: hinwerfen, ausbreiten – **recubare**: auf dem Rücken liegen, ruhen

76 **haurire** ~ *bibere*

76/77 **praenuntius** (präd.): als Vorbote

77 **sulpur, -uris**: Schwefel – **excitare** h.: aufschrecken – **in-nitens** ~ *nitens*

78 **colligere**: folgern, schließen

79 **crassa caligo**: dichter Rauch, Qualm – **ob-struere**: versperren, hemmen – **stomachus** (gr.): Magen; Luftröhre

80 **inter-aestuans** *(↗ aestuare)*: keuchend, asthmatisch

81 **novissime**: zuletzt

82 **in-laesus**: unverletzt

83 **habitus**: Aussehen – **defunctus** ~ *mortuus*

Einwohner von Pompeji fliehen vor dem Aschen- und Steinregen
(Illustration aus einem Jugendbuch)

Interim Miseni ego et mater – sed nihil ad historiam, nec tu aliud quam de exitu eius scire voluisti. Finem ergo faciam. Unum adiciam, omnia me, quibus interfueram quaeque statim, cum maxime vera memorantur, audieram, persecutum.

Tu potissima excerpes; aliud est enim epistulam, aliud historiam, aliud amico, aliud omnibus scribere. Vale.

---

84 **nihil ad historiam** *(hoc pertinet)*: dies (nämlich das Verhalten des jüngeren Plinius und seiner Mutter) hat keine Bedeutung für dein Geschichtswerk

86 Ⓚ *omnia me persecutum (esse), quibus interfueram et quae statim, cum ..., audiveram* – **cum**: temporal

87 **memorare** ~ *narrare* – **persequi**: einer Sache nachgehen, beschreiben

88 **potissima** n.: das Wichtigste – **ex-cerpere**: herauspflücken, auswählen

PLINIUS DER JÜNGERE

Der Vesuvausbruch als persönliches Erlebnis

C. PLINIUS TACITO SUO S.

Ais te adductum litteris, quas exigenti tibi de morte avunculi mei scripsi, cupere cognoscere, quos ego Miseni relictus (id enim ingressus abruperam) non solum metus, verum etiam casus pertulerim. ‚Quamquam animus meminisse horret, ... incipiam.‘
Profecto avunculo ipse reliquum tempus studiis (ideo enim remanseram) impendi; mox balineum, cena, somnus inquietus et brevis.
Praecesserat per multos dies tremor terrae, minus formidulosus, quia Campaniae solitus; illa vero nocte ita invaluit, ut non moveri omnia, sed verti crederentur. Irrupit cubiculum meum mater; surgebam invicem, si quiesceret, excitaturus.
Resedimus in area domus, quae mare a tectis modico spatio dividebat. Dubito, constantiam vocare an imprudentiam debeam (agebam enim duodevicesimum annum): posco librum Titi Livi, et quasi per otium lego atque etiam, ut coeperam, excerpo.

---

2 **exigere** h.: verlangen, erbitten
3 **scripsi**: ↗ VI 16 – **quos**: zu *metūs ... casūs* – **Misenum** (↗ Karte S. 207)
3/4 **relictus ... abruperam**: ↗ VI 16 Z. 84 – **ingredi** h.: beginnen; *id ingressus abruperam*: damit brach ich meinen Bericht ab
5 **Quamquam ... horret**: Vergil, Aeneis II 12; Beginn der Schilderung des Unterganges von Troja
6 **avunculus**: Onkel (↗ Vorbemerkung)
6/7 **remanseram**: ↗ VI 16 Z. 27/8 – **tempus impendere alci rei**: Zeit verwenden für
7 **mox** ~ *tum* – **balineum**: Bad
8 **tremor**: Beben – **formidulosus**: furchterregend
9 **Campania**: Die Landschaft Kampanien (um den Golf von Neapel) ist immer noch erdbebengefährdet – **invalescere** *(-valui)*: erstarken, zunehmen
10 **verti** h.: einstürzen – **irrumpere** (m. Akk.): hineinstürzen in – **cubiculum**: Schlafzimmer
11 Ⓚ *surgebam invicem excitaturus (eam), si ...* – **surgebam**: Tempus! – **invicem** h.: meinerseits – **excitaturus**: final!
12 **re-sídere**: sich setzen – **area**: (Innen-)Hof
13 **dubito** *(utrum)* ... **an**
14 **Titus Livius** (römischer Historiker 59 v.–17 n. Chr.)
15 **ex-cerpere**: Auszüge machen, exzerpieren

Ecce amicus avunculi, qui nuper ad eum ex Hispania venerat, ut me et matrem sedentes, me vero etiam legentem videt, illius patientiam, securitatem meam corripit. Nihilo segnius ego intentus in librum.

Iam hora diei prima, et adhuc dubius et quasi languidus dies. Iam quassatis circumiacentibus tectis, quamquam in aperto loco, angusto tamen, magnus et certus ruinae metus.

Tum demum excedere oppido visum; sequitur vulgus attonitum, quodque in pavore simile prudentiae, alienum consilium suo praefert, ingentique agmine abeuntes premit et impellit. Egressi tecta consistimus.

Multa ibi miranda, multas formidines patimur. Nam vehicula, quae produci iusseramus, quamquam in planissimo campo, in contrarias partes agebantur, ac ne lapidibus quidem fulta in eodem vestigio quiescebant.

Praeterea mare in se resorbēri et tremore terrae quasi repelli videbamus. Certe processerat litus multaque animalia maris siccis harenis detinebat.

---

16 **Hispania**: Plinius d. Ä. war i. J. 67 n. Chr. dort als Prokurator tätig gewesen

17/18 **patientia** h.: Gleichgültigkeit

18 **securitas**: Sorglosigkeit – **corripere**: schelten, tadeln – **nihilo segnius**: umso eifriger, genauso konzentriert – **intentus** *(sum)* **in**: ich bin beschäftigt mit

20 **horā diei primā** *(erat)*: d. h. ca. 6 Uhr – **languidus**: schläfrig

21 **quassare**: erschüttern; beschädigen

22 **certus** *(erat)* h.: begründet

23 **visum** *(est nobis)*: es schien uns gut, angebracht – **attonitus**: bestürzt, verstört

24 Ⓚ *et quod in pavore simile prudentiae est* – **pavor**: Angst – **suo** *(consilio)*

25 **abeuntes** *(nos)* – **premere et pellere** h.: drängen und stoßen – **egredi** (m. Akk.): verlassen, hinter sich lassen

27 **mirandus**: bewundernswert, merkwürdig – **formido, -inis** f.: Schrecken, Bild des Schreckens – **vehiculum**: Fahrzeug, Wagen

28/29 **in contrarias partes agebantur**: hin und her getrieben werden

29 **fulcire** *(fulsi, fultum)*: stützen, festhalten – **vestigium** h.: Stelle

30 **quiescere** ~ *manere*

31 **in se resorbēri**: zurückfluten

32 **siccus**: trocken

33 **detinēre**: festhalten

Ab altero latere nubes atra et horrenda, ignei spiritus tortis vibratisque discursibus rupta, in longas flammarum figuras dehiscebat; fulguribus illae et similes et maiores erant.

Tum vero idem ille ex Hispania amicus acrius et instantius ‚Si frater' inquit ‚tuus, tuus avunculus vivit, vult esse vos salvos; si periit, superstites voluit. Proinde quid cessatis evadere?' Respondimus non commissuros nos, ut de salute illius incerti nostrae consuleremus. Non moratus ultra proripit se effusoque cursu periculo aufertur.

Nec multo post illa nubes descendere in terras, operire maria; cinxerat Capreas et absconderat, Miseni, quod procurrit, abstulerat.

Tum mater orare, hortari, iubere, quoquo modo fugerem; posse enim iuvenem, se et annis et corpore gravem bene morituram, si mihi causa mortis non fuisset.

Ego contra salvum me nisi una non futurum; dein manum eius amplexus addere gradum cogo. Paret aegre incusatque se, quod me moretur.

---

34 **nubes**: Wolke – **igneus spiritus**: Feuerschein (Gen. qual. zu *discursibus*)

34/35 **torti vibratique discursus**: Schlangen- und Zickzacklinien

35 **dehiscere**: sich zerteilen

36 **fulgur, -uris** n.: Blitz – **et . . . et** h.: einerseits . . ., andererseits aber

37 **instans**: drängend

39 **superstites** *(vos esse)* – **proinde**: daher, also – **cessare**: zögern

40 *(id)* **committere, ut**: es dahin kommen lassen, dass – **de salute illius incerti**: in Ungewissheit um das Schicksal des Onkels – **nostrae** *(saluti)*

41 **ultra** (Adv.): länger – **se proripere**: sich losreißen – **effuso cursu**: in wildem Lauf

42 **auferri** (m. Abl.): sich entziehen/davonmachen

44 **Capreae, -arum**: (die Insel) Capri – **abscondere**: verbergen, einhüllen – **Miseni, quod procurrit** ~ *promunturium Miseni* (Kap Misenum)

44/45 **abstulerat** *(oculis)*

46 **orare . . . iubēre** (h. mit bl. Konj.): hist. Inf.

46/47 **posse enim** *(me)* **iuvenem** *(fugere)* . . .: ind. Rede

49/50 **ego contra** *(dixi)* – **una** *(cum ea)* – **amplecti** ~ *complecti* – **addere gradum**: den Schritt beschleunigen – **incusare** ~ *accusare*

Iam cinis, adhuc tamen rarus. Respicio: densa caligo tergis imminebat, quae nos torrentis modo infusa terrae sequebatur.

‚Deflectamus', inquam, ‚dum videmus, ne in via strati comitantium turba in tenebris obteramur.' Vix consideramus, et nox, non qualis inlunis aut nubila, sed qualis in locis clausis lumine exstincto.

Audires ululatus feminarum, infantum quiritatus, clamores virorum; alii parentes alii liberos, alii coniuges vocibus requirebant, vocibus noscitabant; hi suum casum, illi suorum miserabantur; erant, qui metu mortis mortem precarentur; multi ad deos manus tollere, plures nusquam iam deos ullos aeternamque illam et novissimam noctem mundo interpretabantur.

Nec defuerunt, qui fictis mentitisque terroribus vera pericula augerent. Aderant, qui Miseni illud ruisse, illud ardere falso, sed credentibus nuntiabant.

Paulum reluxit, quod non dies nobis, sed adventantis ignis indicium videbatur. Et ignis quidem longius substitit; tenebrae rursus, cinis rursus, multus et gravis. Hunc identidem assurgentes excutiebamus; operti alioqui atque etiam oblisi pondere essemus.

---

52 **caligo, -inis** f.: Qualm, Dampf; Dunkelheit
52/53 **tergis imminēre**: im Rücken drohen
53 **torrens, -ntis** m.: Sturzbach – **torrentis modo**: wie ein Sturzbach – **infusus** (m. Dat.): ausgegossen über
54 **deflectere**: vom Weg abbiegen – **sternere** (stravi, stratum) h.: niederstoßen
55 **ob-terere**: zertreten – **consideramus** ~ *consederamus* – **et nox** *(fuit)*
56 **inlunis, e**: mondlos – **nubilus** ↗ *nubes*
57 **ululatus, -ūs**: Geheul, Wehklagen – **quiritatus, -ūs**: Geschrei, Angstruf
59 **noscitare**: erkennen; Tempus!
60 **precari** (h. trans.): herbeiwünschen
61 **tollere**: Inf. hist.
62 **novissimus** (h. mit Dat.): der letzte (für)
61/62 **nusquam ... mundo** *(esse)*
62 **interpretari**: erklären, deuten
63 **mentitus**: erlogen
66 **relucescere, -luxi**: wieder hell werden – **adventare** (nkl.) ~ *advenire*
67 **longius subsistere**: in größerer Entfernung Halt machen
68 **identidem**: immer wieder – **assurgere** ~ *surgere*
68/69 **excutere**: abschütteln
69 **alioqui** (Adv.): sonst – **oblidere,** *(-lisi, -lisum)*: erdrücken, zerquetschen

Possem gloriari non gemitum mihi, non vocem parum fortem in tantis periculis excidisse, nisi me cum omnibus, omnia mecum perire misero, magno tamen mortalitatis solacio credidissem. Tandem illa caligo tenuata quasi in fumum nebulamve discessit; mox dies verus; sol etiam effulsit, luridus tamen, qualis esse, cum deficit, solet. Occursabant trepidantibus adhuc oculis mutata omnia altoque cinere tamquam nive obducta. Regressi Misenum curatis utcumque corporibus suspensam dubiamque noctem spe ac metu exegimus. Metus praevalebat; nam et tremor terrae perseverabat, et plerique lymphati terrificis vaticinationibus et sua et aliena mala ludificabantur.

Nobis tamen ne tunc quidem, quamquam et expertis periculum et exspectantibus, abeundi consilium, donec de avunculo nuntius. Haec nequaquam historia digna non scripturus leges et tibi, scilicet qui requisisti, imputabis, si digna ne epistula quidem videbuntur. Vale.

---

70 **gemitus, -ūs**: Seufzer – **parum**: zu wenig
71 **ex-cidere** h.: entschlüpfen
72 **misero, magno**: zu *solacio* – **solacium mortalitatis** (Gen. obj.): Trost über die Sterblichkeit (wegen des nahen Todes)
73 **tenuare**: verdünnen, abschwächen – **fumus, -i**: Rauch – **discedere** *(in)*: sich auflösen (in)
74 **effulgēre, -fulsi**: hervorleuchten – **luridus**: gelblich
74/75 **cum deficit** *(sol)*: bei Sonnenfinsternis
75 **occursare**: entgegenkommen, erscheinen
76 **obducere** (m. Abl.): überziehen/bedecken (mit) – **re-gredi** ~ *redire*
77 **utcumque**: wie auch immer; so gut es ging – **suspensus**: unruhig
78 **ex-igere** *(noctem)*: verbringen – **perseverare**: fortdauern
79 **lymphatus**: besessen, wie wahnsinnig – **terrificus**: Schrecken erregend – **vaticinatio** *(vates; canere)*: Weissagung
80 **ludificari**: verspotten
81/82 **nobis . . . consilium** *(erat)*
81 **experiri** h.: kennen lernen, erleben
82 **nuntius** *(afferretur)*
83 **Haec nequaquam historiā dignă non scripturus leges**: du wirst diese Ereignisse, die deines Geschichtswerkes keineswegs würdig sind, lesen, ohne sie niederzuschreiben
84 **re-quisi***(vi)***sti** – **sibi imputare**: sich zuschreiben

Zum Nach-Denken

E. G. Bulwer-Lytton (engl. Schriftsteller und Politiker, 1803–1875)

Die letzten Tage von Pompeji

Bisweilen brachen größere Steine, im Niedersturz aneinander stoßend, in zahllose Stücke und sprühten Feuerfunken aus, die jeden brennbaren Gegenstand in ihrer Nähe entzündeten, so dass die Finsternis um die Stadt her endlich furchtbar erhellt wurde; denn mehrere Häuser und sogar Weingärten waren in Flammen geraten, und mit kurzen Unterbrechungen stieg das Feuer immer wieder jählings und grimmig gegen das schwere Dunkel an. Der teilweisen Erleuchtung zu Hilfe kommend, hatten die Bewohner hie und da an den öffentlichen Plätzen, wie z. B. den Säulenhallen der Tempel und den Zugängen auf das Forum, Reihen von Fackeln aufzustellen gesucht; aber diese hielten selten lange an; Regen und Winde löschten sie aus, und die plötzliche Finsternis, in welche das plötzliche Licht verwandelt wurde, hatte etwas doppelt Schreckhaftes, das der Unmacht menschlicher Hoffnungen die Lehre der Verzweiflung doppelt einprägte.
Häufig begegneten einander während des augenblicklichen Scheins solcher Fackeln Haufen von Flüchtlingen, einige nach dem Meere zueilend, andere von dem Meer nach dem Land fliehend. Denn der Ozean hatte sich schnell von dem Gestad zurückgezogen; eine undurchdringliche Nacht lag über demselben und auf seine stöhnenden, gegeneinander schlagenden Wogen fiel der Sturm der Asche und Steine ohne den Schutz, den auf dem Land Straßen und Dächer gewährten. Wild, verzerrt, Gespenstern gleich trafen diese Gruppen aufeinander, ohne sich die Zeit zu nehmen zu sprechen, um Rat zu fragen oder Rat zu geben; denn immer häufiger, wenn auch nicht ohne Unterbrechung, stürzte das Wasser herab, löschte die Lichter aus, welche die totenähnlichen Gesichter der Vorübergehenden einander zeigten, und jagten alle dem nächstbesten Obdach zu. Die Elemente des gesellschaftlichen Zustandes waren gebrochen. Da und dort sah man bei den flackernden Lichtern einen Dieb an den höchsten Behörden des Gesetzes vorübereilen, taumelnd und keuchend unter der Last seines schnellen Raubes. Kam in der Finsternis die Gattin von dem Gatten, das Kind von den Eltern ab, so war die Hoffnung auf Wiedervereinigung umsonst. Alles stürmte blind und wirr dahin. Nichts von dem vielseitigen, verwickelten Gewebe des geselligen Lebens blieb zurück als das Urgesetz der Selbsterhaltung!

Aufgaben

1. In der Vorrede zu seinem Buch gibt Bulwer-Lytton an, dass er ein „nicht ganz unähnliches Gemälde ... jener Zeit ... zu schildern versucht“ hat. – Stelle fest, wo der Autor im oben stehenden Text Schilderungen des Plinius verwendet hat! Wie hat er sie verändert?
2. Was meint Bulwer-Lytton mit der Feststellung: „Die Elemente des gesellschaftlichen Zustandes waren gebrochen.“?
3. Welcher Literatur-Gattung würdest du, wenn du u. a. Stil, Wortwahl und Aufbau des Textabschnittes genau beachtest, Bulwer-Lyttons Buch zuordnen?

Inschrift

Als im September des Jahres 31 v. Chr. Octavian – der spätere Kaiser Augustus – in der Schlacht bei Aktium im Nordwesten Griechenlands Marc Anton und Kleopatra besiegte und im darauffolgenden Jahr Ägypten eroberte, war damit nicht nur die Grundlage für den Aufstieg Octavians zum Alleinherrscher, für eine neue Staatsform gelegt, sondern die schrecklichen Bürgerkriege, die Rom jahrelang heimgesucht hatten, hatten so ein Ende gefunden. Sowohl bei den Dichtern Horaz und Vergil als auch auf Münzen dieser Jahre finden wir eindrucksvolle Zeugnisse der Siege Octavians. Nach der Neuordnung des Ostens des römischen Reiches kehrte er erst im Sommer 29 v. Chr. nach Rom zurück, wo er zum Zeichen des Friedens die Tore des Janustempels (vgl. Mon. Anc. Z. 54 ff.) schließen lies und einen dreitägigen spektakulären Triumph feierte (13. bis 15. August 29).

Ein Dokument seines Sieges bei Aktium liegt uns in der Weihinschrift von Nikopolis aus dem Jahre 29 vor. Nikopolis war dort gegründet worden, wo sich während der Seeschlacht das Heerlager der Truppen Octavians befand.

> Neptuno et Marti Imperator Caesar divi Iuli filius victoriam maritimam consecutus bello, quod pro re publica gessit, in hac regione castra, ex quibus ad hostem insequendum egressus est, spoliis ornata dedicavit consul quintum, imperator septimum, pace parta terra marique.

---

4 **dedicare**: weihen – **consul quintum**: Octavian war 29 v. Chr. zum fünften Male Konsul

Anhang: Metrik

Die lateinische Versdichtung

Die Dichtung in lateinischer Sprache hat vieles aus der griechischen Versgestaltung übernommen, aber auch selbst einige Regeln entwickelt. Das Regelwerk der Verskunst nennt man **Metrik**.

1 Quantitäten

Die lateinische Versdichtung beruht auf dem geregelten Wechsel von langen und kurzen Silben (Quantitäten).
Lang ist eine Silbe dann, wenn ihr Vokal von Natur aus lang ist, z. B. vōx, clāmāre. Doppelvokale (ae, au, oe) sind immer lang.

▷ Lange Vokale in Stammsilben sind aus der Sprachgeschichte zu erkennen oder im Wörterbuch nachzuschlagen.
Lange Vokale in Suffixen und Endungen ersieht man aus den Deklinations- und Konjugationstabellen.

Lang ist eine Silbe auch dann, wenn auf einen an sich kurzen Vokal zwei oder mehr Konsonanten folgen. Man spricht hier von Positionslänge. Die Konsonanten können demselben Wort angehören, z. B. a**nn**us, cu**lp**a, da**mn**āre, oder zwischen zwei aufeinander folgenden Wörtern stehen, z. B. Si**t s**ervu**s m**enti**s v**ente**r**, **sit s**erva libīdō.
Muta[1] (p b, t d, c g) cum liquida[2] (l r m n) können Positionslänge ergeben oder nicht, z. B. sŭblīmis oder sublimis (ū), látĕbra oder latébra (ē).

▷ Dichter erlauben sich manchmal Freiheiten durch Kürzung oder Längung von Vokalen; i und u behandeln sie gelegentlich als Konsonanten (j, v).

▷ Griechische Wörter behalten ihre Quantitäten:
Aenēās, āĕr Luft (Akk. āĕr**a**), hērō**es** Heroen (Akk. hērō**as**).

2 Elision

Das Nebeneinander von Vokalen empfand man als hiātus (‚Kluft', Unterbrechung des Stimmflusses). Man suchte ihn auf diese Weise zu vermeiden:

---

[1] mūta (vōx) ‚stummer' (nicht klingender) Laut, Verschlusslaut
[2] liquida (vōx) ‚flüssiger' (dahinfließender) Dauerlaut

Wenn auf ein vokalisch auslautendes Wort ein vokalisch (oder mit h) anlautendes folgt, wird der Auslautvokal beim Rezitieren *elidiert* (ausgestoßen) oder auch klanglich mit dem Vokal verschmolzen:

Ex ign(e) ‿ ut fūmus, sīc fām(a) ‿ ex crīmine surgit.

Wenn ein Wort oder eine Wortform mit dem Konsonanten **m** endet, wird der vorausgehende Vokal nasal gesprochen und mit dem Vokal des folgenden Wortes verschmolzen oder einfach elidiert:

mōnstr(um) ‿ horrend(um) ‿ īnfōrm(e) ‿ ingēns (der Riese Polyphem).

Wenn est auf einen Vokal (oder Vokal mit m) folgt, wird immer der Laut **e** von **est** elidiert:

Ōrandum ‿ (e)st, ut sit mēns sān(a) ‿ in corpore sānō.

3 Metrische Einheiten

Die kleinste Einheit im Rhythmus eines Verses ist der *Fuß* (vergleichbar mit dem Takt in der Musik). Man unterscheidet

zweisilbige Versfüße:

Trochäus[1] – ◡ (z. B. nōmen) und Jambus[2] ◡ – (z. B. homō)

und dreisilbige Versfüße:

Daktylus[3] – ◡ ◡ (z. B. nōmina) und Anapäst[4] ◡ ◡ – (z. B. dominō).

Für – ◡ ◡ und ◡ ◡ – kann oft ein Spondéus – – eintreten (z. B. vōcēs).

Je zwei Trochäen, Jamben und Anapäste fasst man zu einem *Metrum*[5] zusammen, dagegen gilt ein einzelner Daktylus selbst schon als Metrum.

4 Verse

Die Zusammenordnung einer bestimmten Anzahl von Metren nennt man *Vers*.

Nach der Art der verwendeten Metren unterscheidet man: trochäische, jambische, daktylische und anapästische Verse; je nach der Anzahl der

---

[1] τρόχος (trōchos) Lauf
[2] ἴαμβος (íambos): ist ungeklärt
[3] δάκτυλος (dáktylos) Finger
[4] ἀναπαίειν (anapaíein) zurückschlagen, -prallen
[5] μέτρον (métron) Maß

Metren: Dimeter (2 Metren), Trimeter (3), Tetrámeter (4), Pentámeter (5) und Hexámeter (6).

Für jeden Vers gilt, dass die letzte Silbe einer Verszeile **anceps** ‚doppelköpfig', d. h. lang oder kurz ist.

Weil in der deutschen Dichtung der Rhythmus in einem Wechsel von betonten und unbetonten Silben besteht, *ersetzen* wir üblicherweise beim Vortrag lateinischer Verse die Längen der einzelnen Metra durch Betonungen (auch *Hebungen* genannt).

5 Versarten

1. Der daktylische **Hexameter** wurde vor allem in der epischen Dichtung verwendet. Er besteht aus 6 Daktylen, von denen der letzte (nach der zweiten Silbe) abbricht:

– ⏑ ⏑ | – ⏑ ⏑ | – ⏑ ⏑ | – ⏑ ⏑ | – ⏑ ⏑ | – ⏓

lū́ra dabát populī́s positṓ modo praétor arā́trō (im alten Rom).

Die ersten 4 Daktylen können durch Spondéen ersetzt sein, der 5. Daktylus nur zur Erzielung einer besonderen Wirkung:

– ⏕ | – ⏕ | – ⏕ | – ⏕ | – ⏑ ⏑ | – ⏓

Tántae mṓlis erát Rōmā́nam cóndere géntem.

Beim Sprechen des Hexameters (und vieler anderer Verse) macht man nach einem Sinnblock gewöhnlich eine kleine Atempause (oder auch zwei). Man nennt sie Zäsur (Kerbe), wenn sie ein Metrum zerteilt:

Fḗlīx, quī́ potuít | rērúm cognṓscere caúsās.

2. Der jambische Trimeter besteht aus drei jambischen Metren. Die erste Kürze jedes Metrums kann durch eine Länge ersetzt werden:

⏓ – ⏑ –́ | ⏓ – ⏑ –́ | ⏓ – ⏑ ⏓́ |

Nōn est ad ástra mollis ḗ terrīs viá.

Weil der jambische Trimeter in der lateinischen Dramen- und **Fabeldichtung** verwendet wurde, ist er sehr variabel geworden. Er wurde in Rom ein sechsfüßiger Vers und hieß **Senar** (von sēnī, ae, a je sechs).
Alle Kürzen können durch Längen ersetzt werden, alle Längen durch Doppelkürzen, jedoch nicht im letzten Fuß.

⏓ ⏖́ ⋮ ⏓ ⏖́ | ⏓ ⏖́ ⋮ ⏓ ⏖́ | ⏓ ⏖́ ⋮ ⏑ ⏓́

Qui fért malís auxílium, póst tempús dolét.
Homo dóctus ín sē sémper dī́vitiā́s habét.

Stellennachweis der Sekundärtexte

S. 8 B. Kytzler, Die Klassiker der römischen Literatur, Econ Taschenbuch, Düsseldorf 1985, S. 98
S. 16 Aristoteles, Nikomachische Ethik, IV 13, übersetzt von F. Dirlmeier, Berlin–Frankfurt 1957, S. 100
S. 28 W. Treue, Kunstraub, Düsseldorf 1957, S. 16f.
S. 29 J. Kurz, Kunstraub in Europa 1938–1945, Facta Oblita Verlag, Hamburg 1989, S. 361
S. 40 Auszug aus „Die Welt" vom 7. Sept. 1977
S. 47 B. Kytzler, a. a. O., S. 135
S. 50 G. Mann, Erinnerungen und Gedanken. Eine Jugend in Deutschland, Frankfurt 1986, S. 100
S. 94 J. Fernau, Caesar lässt grüßen. Die Geschichte der Römer, Herbig Verlag, München–Berlin 1971, S. 220f.
S. 106 O. Perlwitz, Titus Pomponius Atticus, Steiner Verlag, Stuttgart 1992, S. 11
S. 114 Deutsche Liebesgedichte, hrsg. von S. Braun u. H. Lobentanzer, in: Arbeitstexte für den Unterricht, Reclam, Stuttgart 1985, S. 7; 58
S. 128 Macchiavelli. Auswahl und Einleitung von C. Schmid, Fischer Taschenbuch, Frankfurt 1956, S. 80
S. 144 K. Tucholsky, Gesammelte Werke in 10 Bänden, hrsg. von M. Gerold-Tucholsky und F. J. Raddatz, Rowohlt Taschenbuch, Hamburg 1975, Bd. 2, S. 42–44 (gekürzt)
S. 145f. Kästner für Erwachsene, hrsg. von R. W. Leonhardt, Lizenzausgabe des Atrium Verlages, London, für Bertelsmann Reinhard Mohn OHG, Gütersloh o. J., S. 367–370 (gekürzt)
S. 164 G. Eich, Gesammelte Maulwürfe, Frankfurt/M. 1974, S. 68f.
S. 167 B. Kytzler, a. a. O., S. 22
S. 174 Friedrich d. Große, Das politische Testament von 1752, aus dem Französischen übertragen von F. von Oppeln-Bronikowski, Reclam, Stuttgart 1974, S. 3
S. 183 R. Dithmar, Die Fabel. Geschichte, Struktur, Didaktik. UTB 73, Paderborn 1971, S. 55
S. 184 G. E. Lessing, Fabeln / Abhandlungen über die Fabel, hrsg. H. Rölleke, Reclam Bd. 27 [2], Stuttgart 1987, S. 104
S. 200 G. Kunert, Reisesucht, in: Tagträume in Berlin und Andernorts, Hanser Verlag, München 1972, S. 92f.
S. 204 B. Brecht, Die Krise des Sports, in: Große kommentierte Berliner und Frankfurter Ausgabe in 30 Bänden, Bd. 14, Frankfurt/M. 1993, S. 34
S. 219 E. G. Bulwer-Lytton, Die letzten Tage von Pompeji. Aus dem Englischen von F. Notter, Insel Verlag, Frankfurt/M. 1986, S. 533f.